本书获得上海师范大学重点学科"城市经济学"
(课题编号:A-7031-15-001005)的资助

金融管理研究
Journal of Finance and Management Research

城镇化的健康发展与投融资管理

The Healthy Development and the Management of
Investment and Financing of New-Type Urbanization in China

王周伟 等著

图书在版编目(CIP)数据

城镇化的健康发展与投融资管理/王周伟等著. —北京:北京大学出版社,2015.7
ISBN 978-7-301-25805-7

Ⅰ.①城… Ⅱ.①王… Ⅲ.①城市化—关系—金融—风险管理—研究—中国 Ⅳ.①F299.23 ②F832.1

中国版本图书馆 CIP 数据核字(2015)第 095871 号

书　　　名	城镇化的健康发展与投融资管理
著作责任者	王周伟　等著
责 任 编 辑	旷书文　王业龙
标 准 书 号	ISBN 978-7-301-25805-7
出 版 发 行	北京大学出版社
地　　　址	北京市海淀区成府路 205 号　100871
网　　　址	http://www.pup.cn
电 子 信 箱	sdyy_2005@126.com
新 浪 微 博	@北京大学出版社
电　　　话	邮购部 62752015　发行部 62750672　编辑部 021-62071998
印 刷 者	三河市博文印刷有限公司
经 销 者	新华书店
	720 毫米×1020 毫米　16 开本　16.5 印张　275 千字
	2015 年 7 月第 1 版　2015 年 7 月第 1 次印刷
定　　　价	48.00 元

未经许可,不得以任何方式复制或抄袭本书之部分或全部内容。
版权所有,侵权必究
举报电话:010-62752024　电子信箱:fd@pup.pku.edu.cn
图书如有印装质量问题,请与出版部联系,电话:010-62756370

目　录

中国省域新型城镇化发展的系统评价与时序分析 …… 王周伟　柳　闫　(1)

中国省域新型城镇化发展的空间异质性与相关性分析
　…………………………………………… 王周伟　柳　闫 (40)

中国省级新型城镇化的动态耦合发展机制研究
　…………………………………………… 王周伟　柳　闫 (63)

现代城市治理系统视角下中国大城市全球化发展策略研究
　……………………………………………………… 王周伟 (96)

中国大城市新型世界城镇建设研究
　——以北京、上海为例 ……………… 王周伟　柳　闫 (108)

城市区域视角下的上海全球化转型发展研究 ………… 王周伟　王　衡 (121)

中国新型城镇化建设的永续高效投融资机制研究 … 王周伟　柳　闫 (136)

金融集聚对新型城镇化支持作用的空间网络分解研究
　…………………………………………… 王周伟　柳　闫 (154)

我国省际创新转型推动城镇化发展的效率及其影响因素研究
　——基于四阶段 DEA 模型 ………… 周水松　王周伟 (178)

自由贸易区的税收竞争策略及其效应研究
　——以北美自由贸易区为例 ……………………… 王周伟 (198)

基于李嘉图等价定理的政府融资方式选择研究 ………… 马安庆 (213)

房地产市场投资者情绪对中国银行业系统性风险的影响研究
　…………………………………………… 王周伟　杨小兵 (223)

城市吸引力、劳动力流动与房地产风险
　——基于空间面板计量模型的实证研究
　………………………… 王建金　王周伟　崔百胜 (248)

中国省域新型城镇化发展的系统评价与时序分析[*]

王周伟[①] 柳闫[②]

摘 要：以中央城镇化工作会议精神与《国家城镇化发展规划2014—2020》为指导，本文选取反映新型城镇化发展规划趋势的五个一级指标、十九个二级指标、五十八个三级指标构成综合评价指数，然后，收集全国31个省份在1994—2012年期间的相关指标数据，构建因子扩展的面板向量自回归模型（FAPVAR）及其结构脉冲响应分析与方差分解方法，系统地确定了相互作用情况下各级指标的权重，构造了中国省域新型城镇化发展指数。在此基础上，分区域观察了中国省域新型城镇化发展的时序趋势。

关键词：国家新型城镇化规划；FAPVAR 模型；结构脉冲响应分析；方差分解；系统评价

一、引言

改革开放以来，中国工业化与现代化加速，产业结构调整与升级加快，城镇化数量与规模有了大幅度的提高。从1978年至2013年，城镇常住人口从1.7亿人增加到7.3亿人，人口城镇化率从17.9%提升到53.7%，年均增长

---

[*] 本文得到国家自然科学基金项目《住房保障家庭福利依赖及经济自助行为研究》（项目号：71473266）与上海师范大学"城市经济学"（第七期）重点学科、"投资学"（第六期）重点学科的资助。文章先后两次在"城市经济学"重点学科研讨会上汇报交流过，刘江会、崔光灿、张震、朱敏等均给予了建设性的修改意见，作者感谢"城市经济学"重点学科团队全体成员的支持。

[①] 王周伟（1969.1—），男，博士，副教授，上海师范大学房地产与城市发展研究中心，研究领域：城市经济与发展，金融管理。

[②] 柳闫（1990.6—），女，硕士，特聘助理研究员，上海师范大学房地产与城市发展研究中心，研究领域：城市经济与发展、金融管理。

1.02%;城市数量从 193 个增加到 658 个,增长了 3.4 倍,年均提高 9.7%;建制镇数量从 2173 个增加到 20113 个,增加了 9.26 倍,年均增加 26.5%。与此同时,中国城镇化的快速发展也出现了一些问题,如城市化泡沫(王家庭,2011;昝国江,2012 等)与城市病等问题,如环境污染、城乡差距过大、空城睡城鬼城等现象。所以,只使用以人口城镇化率为主的单一评价对城镇化进程进行监测评估是不全面不系统的,特别是新型城镇化的内涵是丰富而又综合的,涉及到人、经济、环保、资源与发展等方面,而且这些方面又都是相互作用的。为此,部分学者与 2007 年十七大报告提出了有中国特色的城镇化理念;2012 年十八大报告及 2013 年中央城镇化工作会议提出了新型城镇化概念,特别是 2014 年《国家新型城镇化发展规划 2014—2020》(以下简称城镇化规划)具体描述了其远景特征与部分主要指标的目标值。不同于以往的城镇化,新型城镇化更加注重协调持续、功效提升、效率导向及市场决定与政府引导机制的融合等,因此,分析研究新型城镇化全面发展的现状与规律,监测评估与组织实施《国家新型城镇化发展规划 2014—2020》,都急需建立起系统综合的测评体系。

随着中国城镇化的不断加速与深化发展,越来越多的国内学者对城镇化评价从某些视角做出了一些探索。有的学者从以人口城镇化率为主的单一评价转为多维的综合评价。如叶裕民(2001)、李成群(2007)、吴江等(2009)、罗宏斌(2010)等;也有学者研究了全国或单一省份或某个城市群区域的城镇化评价,如常阿平(2005)、王德利(2011)等;2013 年以来,学者们开始从相对完整意义上探讨评价城镇化的进程或质量。如夏斌(2013)提出城镇化建设应当包括农民工市民化、城市基础设施建设、城市空间布局等;单卓然、黄亚平(2013)探讨了其内涵、目标与内容;何平、倪苹(2013)构建了七个一级指标、二十九个二级指标的城镇化质量综合评价体系;魏后凯等(2013)构建了三个一级指标、七个二级指标、三十四个三级指标的城镇化质量全面评价体系。这些文献按照各自的理解,利用不同方法确定权重,构建了大类差异大、具体指标比较类似的评价体系。但是,经济与社会是个大系统,各子系统之间是相互作用的。以系统化的理念为指导,既比较全面地反映新型城镇化的特征属性,又比较系统地反映其内在作用机制的系统评价体系还很少。

针对这个急需解决的问题,本文将以系统论为指导,力求构建一个能够反映新型城镇化全面发展的系统评价框架。本文的主要贡献在于三个方面:第一是理念新、指标全。以中央城镇化工作会议精神与城镇化规划为指导,构建了由五个一级指标、十九个二级指标、五十八个三级指标组成的新型城镇化发展指数;第二,方法更加合理有效。利用因子扩展的面板向量自回归(FAPVAR)

模型与 BL 结构脉冲响应分析方法及方差分解分析法,既利用了主成分分析法的降维特点,又利用了面板向量自回归模型的系统分析优势,考虑区域年度数据的空间效应与时间效应,也可以在长期与短期约束条件下描述分析同期与长期的脉冲响应动态作用机制;第三,多层次评价与适用范围广。在全国与四个区域层面上,也在各省份层面上做了系统评价,具有普适性与可比性。

二、中国新型城镇化的内涵与评价方案设计

本文对新型城镇化发展的系统评价,首先是按照新型城镇化的内涵与特征,构建指标体系;其次是收集指标数据,利用功效系数法,把指标正向归一化与无量纲化,做预处理;然后是确定各层次上的指标权重,最后,利用加权平均综合评价的方法,计算指数取值。

(一)新型城镇化发展的系统评价指标体系

新型城镇化的核心特征在于以人为本、城乡一体、产城融合、节约集约、生态宜居、持续协调。它是个系统工程,具有等级结构性、整体性与关联性。根据城镇化规划对新型城镇化发展的具体规划和要求,本着系统性、整体性、可比性与可得性等准则,综合利用理论分析、文献统计与专家建议的结论,本文把新型城镇化发展的特征要素归结为居民生活、经济效率、城镇服务、生态环保与协调持续五个核心特征,作为一级(特征)指标,并进一步分解,选取体现这五个特征的十九个二级(方面)指标、五十八个三级(基本)指标,构建系统评价属性特征及其内在作用机制的新型城镇化发展指数。

第一,居民生活(JS)。全国城镇化规划的首要指导思想就是"以人为本,公平共享"。这就是要有序推进农业人口市民化,推动以包容性人口城镇化为核心的新型城镇化水平的提高与质量发展,城镇基本公共服务要覆盖全体居民,城镇应当使全体城镇居民宜居乐业,共享改革开放与城镇化建设成果。所以,一级指标"居民生活"可以用收入分配、生活水平、生活压力与基本公共服务消费四个二级指标反映,这些再具体化为十三个三级指标。

第二,经济效率(JX)。全国城镇化规划的新型城镇化是集约高效的城镇化。即经济活力不断增强,城市产业经济结构不断优化升级,各要素的投入产出效率及运营比较高,能源资源消耗低。所以,一级指标"经济效率"包括总体效率、运营效率、投资效率、劳动生产率、投入产出比、资源消耗与转型升级七个二级指标,及十四个三级指标。

第三,城镇服务(CF)。全国城镇化规划的发展目标之一就是城市生活和谐宜人。这需要优化城镇空间发展布局,完善城镇基本公共服务体系,加快交通与基础设施建设,所以,一级指标"城镇服务"用服务水平与质量、城市道路设施与基本公共服务三个二级指标,及十一个三级指标反映。

第四,生态环保(SH)。全国城镇化规划的指导思想之一就是"生态文明,绿色环保",明确提出了"提高城市可持续发展能力"。加强环境治理与保护,完善生态补偿机制,激励生态修复,以生态文明理念推进绿色化与低碳化发展。这是可持续发展的需要,也是创建宜居和谐的城镇生活的需要。所以,一级指标"生态环保"用生态养护与环境治理两个二级指标,及十个三级指标反映。

第五,协调持续(XC)。全国城镇化规划明确提出以"四化同步,统筹城乡"为指导思想,构建多元持续的城镇化发展融资模式,统筹推动城乡发展一体化,提高能源资源利用效率,不断完善科学合理的城镇化持续发展体制,所以,一级指标"协调持续"用金融持续、城乡协调与可持续性三个二级指标及十个三级指标反映。

相关指标的计算公式、经济意义与指标属性如表1所示。

表1 新型城镇化发展的系统评价指标体系

总指标	一级指标	二级指标	三级指标	计算公式	单位	经济意义	指标属性
新型城镇化综合指数(nurb)	居民生活(js)	收入分配	城乡居民收入比重	城乡居民总人均收入占人均GDP比重	无	反映在居民、企业、政府三者之间的收入分配结构,该比重越大,居民生活消费越高	正向
			城乡居民转移性收入比	城市与乡村居民转移性收入之比	无	反映调整收入分配结构,改善城乡生活二元结构的力度	适度
		生活水平	城乡人均可支配收入比	城镇可支配收入/区域城镇总人口	万元/人	这是反映城乡居民收入水平的重要指标,体现了切实的民生改善	正向
			城镇居民家庭恩格尔系数	城镇居民食品支出/总的消费支出	无	衡量居民生活质量的高低情况	逆向
			农村居民人均居住面积	农村居民居住面积/农村人口数	平方米/人	居住环境直接影响居民的生活质量,住房问题是新型城镇化发展所必须要解决的问题	正向
			人均新施工建筑面积	新施工建筑面积/总人口数	平方米/人	住有所居是发展新型城镇化所必须解决的问题	正向

（续表）

总指标	一级指标	二级指标	三级指标	计算公式	单位	经济意义	指标属性
新型城镇化综合指数（nurb）	居民生活（js）	生活水平	人均私人汽车拥有量	私家车拥有量/总人口	辆/人	随着生活水平的提高，私家车拥有量不断增加	正向
			常住人口城镇化率	城镇常住人口数/总人口数	无	该指标反映一个地区城镇化水平高低，衡量城乡二元结构的改善状况，是反映城乡统筹发展的重要指标	正向
		生活压力	总抚养比	非劳动年龄人口数/劳动年龄人口数	无	指人口总体中非劳动年龄人口数与劳动年龄人口数之比，说明每100名劳动年龄人口大致要负担多少名非劳动年龄人口	逆向
			城镇登记失业率	城镇失业人口数/区域总人口	无	从就业角度分析城镇化水平	逆向
		基本公共服务消费	人均博物馆数量	博物馆数量/总人口数	个/万人	反映一个省市对居民精神生活领域的重视情况	正向
			千人拥有病床数	无	张/千人	从社会服务角度反映城镇化服务水平	正向
			城镇基本医疗保险参保率	基本医疗参保人数/城镇人口数	无	反映了区域居民的基本医疗保障情况	正向
	经济效率（jx）	总体效率	GDP增长率	GDP的增加额/上一期GDP	无	国民生产总值的增长情况是经济效率最为直接的体现	正向
		运营效率	工业成本费用利润率	利润总额/成本费用总额	无	从企业效率方面反映经济效率	正向
		投资效率	固定资产交付使用率	一定时期新增固定资产/同期完成投资额	无	该指标是反映固定资产动用速度，衡量建设过程中宏观投资效果的综合指标	正向
		劳动生产率	单位劳动力实现的GDP	地区GDP/劳动人口	万元/人	体现劳动力的生产效率水平	正向
		投入产出比	单位固定资产投资实现的GDP	地区GDP/固定资产投资	亿元/亿元	固定资产投资效率能够很好地反映投资的效率水平	正向
			单位建成区面积实现的GDP	地区GDP/建成区面积	亿元/平方公里	这一指标是从土地利用的效率反映经济效率，进而影响着城镇化的发展水平	正向

(续表)

总指标	一级指标	二级指标	三级指标	计算公式	单位	经济意义	指标属性
新型城镇化综合指数（nurb）	经济效率（jx）	资源消耗	单位建成区面积吸纳的人口数量	区域总人口/建成区面积	万人/每平方公里	单位建成区面积吸纳人口越多说明土地利用越充分	正向
			单位GDP的耗电量A	耗电量/区域GDP	千瓦小时/亿元	这一指标从电的利用效率衡量经济效率	逆向
			单位GDP的耗水量A	用水量/区域GDP	万立方米/亿元	这一指标从水的利用效率衡量经济效率	逆向
			农业现代化效率	粮食产量/机械总动力	吨/千瓦	反映农业现代化的水平	正向
			节约集约用地	区域GDP/建成区面积	亿元/平方公里	通过节约集约用地指标可以衡量出土地资源的利用效率情况	正向
		转型升级	服务业比重	服务业增加值占GDP比重	无	这是反映产业结构优化升级的指标	正向
			消费比重	居民消费占GDP比重	无	这是反映优化经济增长需求结构的指标	正向
			技术市场比重	技术市场成交额占工业总产值比重	无	这是反映产业结构优化升级的指标，体现工业结构调整的重要方向，是提高产业竞争力、走新型工业化道路的重要途径	正向
	城市服务（cf）	服务水平与质量	城市人口密度	城市人口数/区域面积	万人/平方公里	从人口密度角度体现区域的整体布局	正向
			人均公共服务水平	人均基本公共服务支出	万元/人	这是反映政府提供公共服务的指标，既反映城市又反映农村，体现公共财政的发展方向、政府职能的转变和城乡统筹的思想	正向
			产城融合度	规模以上企业资产总值/总人口	万元/人	利用规模以上企业资产总值与人口之比来反映区域的产城融合情况	正向
		城市道路设施	人均道路面积	区域道路面积/区域总人口	平方米/人	道路设施是否完善是城镇服务情况的反映	正向

（续表）

总指标	一级指标	二级指标	三级指标	计算公式	单位	经济意义	指标属性
新型城镇化综合指数（nurb）	城市服务（cf）	基本公共服务	万人拥有公交车辆数	公共交通运营车标台数/(城区人口+城区暂住人口)	标台/人	从交通工具的拥有情况反映城市硬件设备情况	正向
			城市公共交通占机动化出行比例	万人拥有公交车辆数/万人私人汽车拥有量	无	城市公共交通体系的建设是新型城镇化发展中一个非常重要的方面	正向
			移动电话交换机容量	按报告期末已割接入网正式投入使用的设备实际容量统计	亿户	指移动电话交换机根据一定话务模型和交换机处理能力计算出来的最大同时服务用户的数量，从科技、信息化方面反映城镇服务	正向
			城市燃气普及率	城区用气人口/(城区人口+城区暂住人口)	无	从城市燃气普及率反映城镇服务	正向
			城市用水普及率	城区用水人口/(城区人口+城区暂住人口)	无	从城市用水普及率反映城镇服务	正向
			普通高等学校师生比	高等学校学生数/教师人数	无	从现有教育资源情况反映区域的城镇服务	正向
			人均社会服务设施数	无	个/万人	从软文化方面体现城镇服务情况	正向
	生态环保（sh）	生态养护	人均公园绿地面积	区域公园绿地面积/区域人口数	平方米/人	人均公园绿地面积是区域生态环保发展情况的重要体现	正向
			森林覆盖率	森林面积/土地总面积	无	反映区域森林资源的拥有情况	正向
			自然保护区面积占辖区面积比重	自然保护区的面积/辖区面积总面积	无	自然保护区面积的大小是区域生态环境最好的反映	正向

城镇化的健康发展与投融资管理

(续表)

总指标	一级指标	二级指标	三级指标	计算公式	单位	经济意义	指标属性
新型城镇化综合指数(nurb)	生态环保(sh)	环境治理	工业固体废物综合利用率	固体废物利用量/固体废物出产量	无	工业固体废物综合利用率越高说明区域生态环保情况越好	正向
			生活垃圾无害化处理率	生活垃圾无害化处理量/生活垃圾产生量	无	从日常生活领域反映区域的生态环保情况	正向
			城镇生活污水处理能力	污水处理厂(或污水处理装置)每昼夜处理污水量的设计能力	亿立方米	污水处理情况是生态环保能力最为重要的反映	正向
			单位GDP的SO_2排放量	SO_2排放总量/区域GDP	吨/亿元	SO_2是空气污染物的典型代表,这一指标反映了工业发展对于空气造成的负面影响情况	逆向
			空气质量达到及好于二级的天数占全年的比重	空气质量达到及好于二级的天数/全年天数	无	空气质量的好坏事关居民的生活质量,也是生态环保效果最好的体现	正向
			人均环境污染治理投资总额	无	亿元/万人	从投资角度反映区域对于生态环保工作的重视	正向
			人均地质灾害防治投资	无	元/人	面对近年频发的地质灾害,对于灾害防治投资是非常必要的	正向
	协调持续(xc)	金融持续	地方人均财政收入	地方财政收入/区域总人口	万元/人	财政收入是城镇服务与公共投资最为重要的资金来源	正向
			地方政府性负债率	(地方政府支出-地方政府收入)/地方政府收入	无	反映地方政府的债务风险承担情况	逆向
			人均资本存量	在估计一个基准年后运用永续盘存法计算各省区市的资本存量	元/人	静态上反映区域现有资本禀赋情况	正向
			人均金融业增加值	总产出—中间消耗	元/人	从动态上反映城镇化建设与经济发展服务的资金来源情况	正向

（续表）

总指标	一级指标	二级指标	三级指标	计算公式	单位	经济意义	指标属性
新型城镇化综合指数（nurb）	协调持续性（xc）	城乡协调	城乡居民纯收入差异	城镇人均纯收入－农村人均纯收入	万元	从城乡居民人均纯收入差异角度反映城乡一体化程度	逆向
			城乡居民文教娱乐支出差异A	城镇居民文教娱乐支出－农村居民文教娱乐支出	万元	从城乡居民文化教育娱乐消费支出差异反映城乡一体化程度	逆向
			城乡居民医疗保健支出差异	城镇居民医疗保健支出－农村居民医疗保健支出	万元	从城乡居民在医疗保健方面的支出差异来反映城乡一体化程度	逆向
		可持续性	R&D经费支出占国内生产总值的比重	R&D经费支出/国内生产总值	无	科技化是"四化"之一，科技投入与发展对于新型城镇化的可持续发展与转型升级具有重要作用	正向
			人均耕地保有量	用人均农作物耕地面积代替	公顷/人	耕地保有量是新型城镇化发展所必须具备的条件之一	正向
			人均水资源量	水资源拥有量/区域人口数	万立方米/人	水资源的拥有量是新型城镇化发展所必不可少的	正向

新型城镇化发展是个系统工程。这个系统整体与其五个子系统之间都是相互作用、相互影响的，共同构成了一个相互联系的统一整体。居民生活水平与质量的高低是以人为本的新型城镇化发展的核心，与其他四个指标具有很强的关联性。经济效率的提高、城镇服务的发展、生态环境的改善都会提高居民的生活水平与质量。城乡一体化、产城融合理念是居民生活、生态环保、城镇服务与协调持续之间相互作用关系的最好阐释。

经济效率是新型城镇化发展的重心与基础。它不仅影响着居民生活水平、城镇服务，还影响着生态环保和未来新型城镇化发展的协调持续性。经济效率越高，会有更多的资源用于其他方面的建设，居民生活水平与质量就会越高，新型城镇化发展就越有条件维护协调持续性，而经济效率的提高要追求经济增长与发展，更要讲究节约集约地利用能源资源，注重提升经济与社会效益，这与生态环保的理念也是一致的。

城镇服务是新型城镇化质量提升的重要内容。不仅体现在一个城市的基础设施与基本公共服务的水平与质量上,而且也是生活水平与质量高低及生态环境好坏的重要表现。产城融合就是强调城镇服务和经济效率之间关联作用。而经济效率越高,经济发展的速度和质量也越高,城镇服务也就有了资金和技术作为保障。

生态环保是新型城镇化永续发展的重要保障。它侧重于给人们提供一个舒适宜居的生产、生活与生态环境。生活水平与质量的高低不仅体现在物质上的满足,同时还反映在生活环境的安全与健康方面。其中食品安全、空气质量、社会保障与公共安全是居民生活最为关注的几个方面。在此意义上,生态环保是经济效率提升的内容之一,我们现在所提倡的经济发展不再是平面追求速度与规模的增长,而是追求质量的全面发展,是经济全面效率的提高。生态环保是地方政府在环境与城镇治理方面提供城镇公共服务的一个重要体现,也是协调持续的重要载体之一。

协调持续是新型城镇化全面均衡发展的内在需要。贯穿于新型城镇化的各个方面。协调主要是强调经济、社会等系统内部结构的均衡持续发展;持续主要是强调经济发展、社会进步、能源利用、资源开发与环境保护之间的协调。它与其他四个特征之间是密不可分。如居民生活与经济效率在城乡之间的差异需要协调。如果两者不能很好地协调均衡发展,就无法带来新型城镇化在其他四个方面的持续发展。同时以绿色发展与改善民生为宗旨的经济发展方式,使经济效率和城镇服务这两者之间也需要协调,效率高才能有资源,持续提供更多更好的城镇服务。而生态环保与资源节约集约利用确保了可持续发展。

(二)指标权重确定的方法与步骤

权重确定方法可以分为主观、客观与主客观相结合的三类方法,主观与主客观相结合的方法难以弥补评价主体的认知局限与模糊评价。于是本文选用客观类的系统评价方法。因为系统评价新型城镇化发展的指标体系包括五个一级指标、十九个二级指标、五十八个三级指标。五个一级指标之间又是互动作用的。而因子扩展的面板向量自回归模型既利用了主成分分析法的降维特点,又利用了向量自回归模型的系统分析优势,考虑区域年度数据的空间效应与时间效应,如与脉冲响应分析结合起来,可以在长短期约束技术下描述分析同期与长期的脉冲响应动态作用机制,综合利用FAPVAR模型与结构脉冲响应分析的方法是最合理有效与最适用的方法。因此本文运用FAPVAR方法确定权重,构建新型城镇化发展指数。具体步骤如下:

第一,数据预处理。对于正向指标与适度指标,利用功效系数法;对于逆向

指标,取倒数,使各指标正向一致化、无量纲化与归一化,具有可比性;

第二,确定三级(基本)指标权重。利用主成分分析法,分五个一级指标对五十八个三级指标分别进行降维,得出五个一级指标的综合评分公式,并计算出各区域在样本期间的一级指标取值。

第三,确定一级(特征)指标权重。应用面板向量自回归模型 Panel Vector Au-regression Model(PVAR 模型),描述五个一级指标之间的相互作用机理;再利用结构脉冲响应,确定五个一级指标的权重。构建各指标具有相互作用的新型城镇化发展指数。相比较而言,人均 GDP 指标是最为综合的核心指标,所以本文选取人均 GDP 这一指标作为中间变量。

第四,根据指标归属,把两个层次的权重相乘,得到归一化的五十八个指标的最终权重。利用加权评价方法,就构建出了具有系统评价的新型城镇化发展指数。

(三) 基于 PVAR 模型的五个一级指标权重确定

基于 PVAR 模型的权重估计需要先估计 PVAR 模型,再利用该模型估计脉冲响应序列,进行 Cholesky 冲击方差分解,计算得到五个一级指标对于新型城镇化发展水平的作用权重。

一般情况下,面板数据模型都包含有时间效应和个体效应的存在,这样一方面会导致估计结果出现偏差,另一方面也可能达不到预期效果。为了避免回归元素相关而造成系数有偏估计的现象,通常采用向前均值差分来消除个体效应;为了避免时间效应,本文运用纵截面上的差分消除时间效应。在消除了时间效应和个体效应后,使用 GMM 方法进行估计 PVAR 模型,从而得出模型系数的有效估计结果。

根据检验结果,本文实证部分采用的是二阶滞后 PVAR 模型的向量表达式:

$$y_{i,t} = \alpha_i + \beta_t + \beta_1 y_{i,t-1} + \beta_1 y_{i,t-2} + \varepsilon_{i,t} \tag{1}$$

其中,$y_{it} = (js_{it}\ jx_{it}\ cf_{it}\ sh_{it}\ xc_{it}, pergdp)$,小写变量表示预处理后的变量;$js_{it}$ 代表 i 地区年 t 年的居民生活情况;cf_{it} 代表 i 地区年 t 年的城市服务情况;sh_{it} 代表 i 地区年 t 年的生态环保情况;xc_{it} 代表 i 地区年 t 年的协调持续状况;$pergdp$ 表示标准化后的人均 GDP;i 代表省份或直辖市;t 代表年份;α_i 是表示个体效应的 6×1 常数向量;β_t 是表示时间效应的 6×1 常数向量;β_1, β_2 是 6×6 的参数矩阵。

由脉冲响应函数可以得出系统中某一变量的一个正交化信息变化对其他变量的影响情况。为了确定五个一级指标对于新型城镇化水平作用的权重大小，本文将在脉冲响应分析的过程中加入人均 GDP 这一中间变量，观察五个一级指标变量对人均 GDP 的脉冲响应与方差分解后的影响程度，据此间接确定它们在构建新型城镇化指标时所应该被赋予的权重。经过理论验证，六个变量的排列排序为(js_{it}, jx_{it}, cf_{it}, sh_{it}, xc_{it}, $pergdp$)。

权重计算公式为：

$$w_i = \frac{|z_i|}{\sum_{i=1}^{n} |z_i|} \tag{2}$$

其中，w_i 为第 i 一级指标的权重；z_i 是在单位 Cholesky 冲击后，经过若干期脉冲，第 i 个一级指标对人均 GDP 的平均影响贡献率。

三、新型城镇化发展的系统评价结果与分析

本文选取了在 2004—2012 年期间的全国 31 个省和直辖市的 58 个三级指标值，数据主要来源于中国统计局网站、中国统计年鉴以及万得数据库。

（一）基于主成分分析法的三级指标权重确定结果

在对指标数据预处理后，对五个一级指标下的三级指标进行主成分分析，得到每个省份在样本期间内每个一级指标的综合评价值。

五个一级指标的 KMO 检验结果与特征值大于 1 的主成分个数如表 2 及附表 1 所示。

表 2　KMO 检验结果与主成分个数结果

一级指标	Kaiser-Meyer-Olkin 检验	特征值大于 1 的主成分个数	累计方差贡献率（%）
居民生活	0.796	4	77.0164
经济效率	0.680	5	74.2087
城镇服务	0.674	4	70.3202
生态环保	0.607	3	60.8913
协调持续	0.824	3	72.7053

由表 2 可知，五个一级指标下面的三级指标都是具有相关性的，KMO 检验

数都是大于0.6,它们是适合做主成分分析的。按照特征值大于1的准则,对每个一级指标下面的三级指标提取主成分,得到如表2中所示的主成分数。因为在选择影响区域新型城镇化发展水平的变量的时候,考虑到要尽可能多地涉及不同方面,尽可能包括各个方面,同一类型的变量我们只选择了一个具有代表性的指标,所以累积方差率基本接近80%是可以接受的。各一级指标的因子权重如表3所示。各一级指标综合评分公式中的基本指标权重见附表2。各省份2004年至2012年的一级指标综合评分值见附表3至附表11。

表3 各一级指标的因子权重

一级指标	因子1	因子2	因子3	因子4	因子5
居民生活	0.3657	0.2608	0.2077	0.1657	
经济效率	0.2866	0.2592	0.2178	0.1310	0.1053
城镇服务	0.3270	0.2942	0.2135	0.1653	
生态环保	0.3672	0.3527	0.2802		
协调持续	0.6792	0.1686	0.1523		

(二) 基于PVAR模型的一级指标权重确定

各一级指标综合评分值的描述统计情况见附表12。由描述统计结果可知,无论是从偏度、峰度,还是JB检验的结果,包括居民生活、经济效率、城市建设、生态环保、协调持续在内的五个一级指标并不都满足正态分布;由平稳性检验发现,这五个序列是非平稳的,但一阶差分后在1%的显著性水平下是基本平稳的。使用一阶差分也可以消除面板数据的时间效应,于是本文对数据进行了一阶差分处理,并使用GMM估计方法。为确定滞后阶数,计算了三阶滞后的AIC、BIC与HQIC值,结果见附表13。本文选取的三个信息准则都显示应选择滞后2阶构建PVAR模型。PVAR模型的估计结果见附表14所示。脉冲响应分析见附图1,方差分解结果见附表15。

根据结构脉冲响应产生的方差分解可以看到,到第30期时,五个变量冲击对人均GDP的影响基本上已经趋于稳定,因此,本文取30期的相对方差贡献率,根据公式2可以计算得到五个一级特征指标的权重,结果见附表16。我们可以得到系统评价的中国新型城镇化发展指数的计算公式为:

$$nurb_{it} = 0.4692 * js_{it} + 0.0072 * jx_{it} + 0.0667 * cj_{it} + 0.0326 * sh_{it} + 0.4243 * xc_{it}$$

(3)

其中，$nurb_{it}$ 表示 i 地区 t 年的新型城镇化发展综合指数。

由公式3可知，在考虑五个特征相互作用时，五个一级特征指标的系统评价权重都为正，表明这五个方面都是我们发展新型城镇化的重要内容。但是权重差距较大。居民生活的权重为46.92%最大，是以人为本的新型城镇化发展最为核心的体现，同时也是导致中国区域及省市新型城镇化发展差异的最重要因素。在其十三个基本指标中，城乡居民收入比、人均可支配收入增长率、人均私人汽车拥有量、城镇登记失业率、千人拥有病床数、城镇基本医疗保险参保率的权重较大，分别为0.1441、0.1376、0.1272、0.1047、0.1100、0.1303；而城乡居民收入比重、城镇恩格尔系数分别为-0.0375、-0.0405；协调持续的权重次之，为42.43%，说明它是我们发展新型城镇化比较重要的因素，也是导致中国区域及省市新型城镇化发展差异的比较重要的因素。在其十个三级基本指标中，人均金融业增加值、城乡居民文教娱乐支出差异、城乡居民医疗保健支出差异、人均耕地保有量、人均水资源量权重超过平均权重，相对较大，权重分别为0.1014、0.1215、0.1780、0.1656、0.2273。由此可知，这些因素的经济地理特征导致了新型城镇化发展的空间异质性。

（三）中国新型城镇化发展的系统评价结果

利用公式(3)与前面得到的五个一级特征指标的综合评价值，就可以计算出全国31个省份以及东部地区、中部地区、西部地区和东北地区四大区域的新型城镇化发展综合评价值，在此基础上可以计算出新型城镇化发展综合评价值的全国范围平均值，结果见附表17。由于主成分分析得到的综合评价值出现了负数，为了便于后续的时空分析及相关量化处理，根据3σ原则，进行坐标平移以消除负数影响，得到调整后新型城镇化发展的系统评价分值，见附表18。

在31个省份2004年至2012年的综合评价分值中，新型城镇化系统评价分值最低的值是2004年的山西省，以此新型城镇化发展的系统评价分值为基准，把不同年份不同省份的系统评价分值除以该基准，就得到新型城镇化发展指数值，如表4所示。

表4 2004—2012年系统评价的中国新型城镇化发展指数

	2004	2005	2006	2007	2008	2009	2010	2011	2012
北京	4.9563	3.7198	4.1078	5.3462	6.1663	5.5766	5.6070	7.0284	8.1337
天津	1.8313	2.0849	2.4735	3.4286	3.9408	3.8848	4.2442	5.4144	6.9107
河北	1.1670	1.1008	1.3691	2.0881	2.4725	2.2698	2.3167	3.1274	4.2339
山西	1.0000	1.1565	1.5004	2.2009	2.5764	2.4037	2.4475	3.2189	4.4283

（续表）

	2004	2005	2006	2007	2008	2009	2010	2011	2012
内蒙古	1.4112	1.1668	1.5008	2.3145	2.7760	2.7205	2.8399	3.7854	4.9534
辽宁	1.4886	1.2994	1.6289	2.4595	2.9543	2.8367	2.9172	3.8490	5.0500
吉林	1.4239	1.0733	1.3577	2.1171	2.5175	2.4170	2.4239	3.2370	4.4283
黑龙江	1.4490	1.0549	1.3085	1.9936	2.4076	2.2958	2.2869	2.9272	4.1384
上海	3.3111	3.4928	3.9541	5.7683	6.3358	5.6247	5.3104	6.4070	10.8958
江苏	1.8613	1.7242	2.1079	3.0879	3.4383	3.3118	3.4823	4.3738	5.6668
浙江	2.0938	2.1159	2.5647	3.5598	3.8071	3.5122	3.6606	4.5068	5.6446
安徽	1.4046	1.0981	1.3511	2.0232	2.4070	2.2613	2.2209	3.0107	4.1036
福建	1.7149	1.5687	1.8412	2.6299	3.0064	2.8194	2.9480	3.7255	4.9527
江西	1.4222	1.1560	1.3780	2.0885	2.3870	2.1551	2.2199	2.9171	4.0888
山东	1.6605	1.4588	1.7564	2.5315	2.8934	2.6941	2.8170	3.6809	4.8413
河南	1.3545	1.0426	1.2846	2.0122	2.3545	2.1600	2.2197	3.0456	4.0984
湖北	1.4224	1.1475	1.4043	2.1500	2.4816	2.3164	2.3794	3.1843	4.3244
湖南	1.3457	1.0863	1.3287	2.0280	2.3647	2.1571	2.2084	3.0209	4.0891
广东	1.9387	1.7480	2.1378	3.0352	3.3951	3.1204	3.1744	4.0467	5.1601
广西	1.4064	1.1151	1.3358	2.0217	2.4162	2.2069	2.2971	3.1035	4.1843
海南	1.3179	1.0194	1.3046	2.0084	2.4100	2.2673	2.3550	3.1543	4.2455
重庆	1.5411	1.3331	1.5900	2.3091	2.6588	2.4452	2.6160	3.6863	4.7704
四川	1.3776	1.1231	1.3877	2.1179	2.4252	2.2239	2.3038	3.1072	4.2688
贵州	1.3996	1.0508	1.3138	1.9783	2.2480	2.0259	2.0782	2.9397	3.9677
云南	1.4974	1.1634	1.3901	2.1038	2.4410	2.1694	2.2347	2.9883	4.0525
西藏	2.9751	2.6711	2.8031	3.5620	4.0212	3.4663	3.7001	4.9728	5.3726
陕西	1.5508	1.2813	1.5365	2.2765	2.6094	2.4715	2.5255	3.4506	4.4649
甘肃	1.4029	1.0701	1.2549	1.9258	2.2277	1.9830	2.0059	2.8336	3.8337
青海	1.4606	1.2435	1.4446	2.1587	2.5362	2.3877	2.4419	3.2659	4.4083
宁夏	1.5201	1.1115	1.3851	2.1970	2.5510	2.3741	2.4645	3.4152	4.5109
新疆	1.5595	1.1551	1.4250	2.1284	2.4833	2.2615	2.3085	3.1487	4.2386
东部地区	2.1853	2.0033	2.3617	3.3484	3.7866	3.5081	3.5916	4.5465	6.0685
中部地区	1.3249	1.1145	1.3744	2.0838	2.4286	2.2423	2.2826	3.0662	4.1887
西部地区	1.5919	1.2904	1.5307	2.2578	2.6162	2.3947	2.4846	3.3914	4.4189
东北地区	1.4539	1.1425	1.4317	2.1900	2.6264	2.5165	2.5427	3.3377	4.5390
全国平均	1.7182	1.4721	1.7590	2.5694	2.9584	2.7361	2.8083	3.6959	4.9181

表注：其中东部地区包括北京、天津、河北、上海、江苏、浙江、福建、山东、广东、海南10个省份；中部地区包括山西、安徽、江西、河南、湖南、湖北6个省份；西部地区包括重庆、四川、贵州、云南、陕西、甘肃、青海、宁夏、新疆、内蒙古、广西、西藏12个省份；东北地区包括辽宁、吉林、黑龙江3个省份。

四、中国新型城镇化发展的时序分析

从全国上来看,2004—2012 年中国各区域的新型城镇化发展指数基本上呈现增长的态势,这说明中国各区域在推进新型城镇化发展方面取得了很好的成效。在 2005—2006 年间稍有下降,2007—2008 年上涨的速度最快,在经历了 2008 年的金融危机以后中国新型城镇化发展的增长速度明显减慢,2009 年下半年以后中国新型城镇化发展的增长速度又有了明显的上升趋势,如图 1 所示。

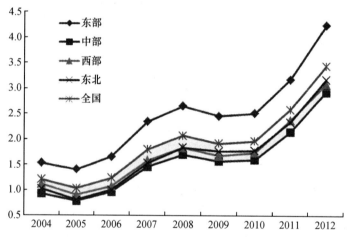

图 1　全国及四大区域新型城镇化发展指数序列(2004—2012)

从区域来看,四大区域的新型城镇化发展指数都呈现增长的态势,总体上看,东部的城镇化发展水平一直高于全国水平,而中西部以及东北地区则低于全国平均水平,其中中部、西部以及东北三个区域的新型城镇化发展指数水平比较接近。从增幅来看,东部地区增幅最快,新型城镇化发展指数由 2004 年的 2.1853 到 2012 年达到了 6.0685,中部和西部地区新型城镇化发展指数浮动的范围基本相同,其中中部地区由 2004 年的 1.3249 上升为 2012 年的 4.1887,西部地区则由 2004 年的 1.5919 上升为 2012 年的 4.4189,但是就上升的绝对值来说却是低于全国平均水平。由此可以看出,中国的新型城镇化具有典型的"经济社会地理"特征,存在着比较突出的地区发展不平衡问题。

五、结论与建议

第一,提升城镇服务,改善居民生活质量。居民生活对于新型城镇化发展指数的影响最为重要,达到了46.92%,已经接近总体的一半。目前应当纠正房价等生活资源价格扭曲,缩小城乡收入差距,促进城乡在空间、经济、社会、生态环境等方面的一体化,提升公共服务与社会保障的水平、质量与覆盖率,推进城乡之间的基础公共服务均衡化,实现包容、高效、可持续的新型城镇化发展。

第二,协调持续促发展。协调持续的权重42.43%,其中人均资源约束差异很大。协调是可持续发展的基础,在推进新型城镇化发展的过程中,应该注重区域内部与区域之间的一体化协调发展,缩小城乡差距的同时也要兼顾好不同区域的耦合发展。

第三,注重生态环保。生态环境的恶化已经给我们的经济与生活带来了许多问题,比如雾霾、PM2.5的频频爆表、暴雨等恶劣天气。我们应当促进创新转型,发展集约节约式经济;加大与生态治理与环境保护投资力度与效率,提高绿色GDP增长效率。

第四,提高经济效率。经济发展是推动中国新型城镇化发展的最为核心的基础性支持手段,其他四个方面的发展最终都要依赖经济发展提供物质与金融支持。这里的经济发展应当是全面的、有效率的可持续经济发展,于是我们政府在整体主导新型城镇化发展的过程中,还要提高自身治理水平,应当充分发挥市场在优化资源配置中的决定作用,提高金融服务实体经济发展的能力。

参考文献

安晓亮,安瓦尔·买买提明. 新疆新型城镇化水平综合评价研究[J]. 城市规划,2013,(7):23—27.

陈元. 开放性金融与中国城市化发展[J]. 经济研究,2010,(7):4—14.

单卓然,黄亚平."新型城镇化"概念内涵、目标内容、规划策略及认知误区解析[J]. 城市规划学刊,2013,(2):16—22.

段瑞君. 中国城市规模及其影响因素研究——来自284个地级及以上城市的经验证据[J]. 财经研究,2013,(9):82—94.

郭少东. 中国公共投资与经济增长关系的PVAR分析——以中国31个省级单位的公路建设为实证研究案例[J]. 学术研究,2007,(3):40—48.

何平,倪苹. 中国城镇化质量研究[J]. 统计研究,2013,(6):11—18.
黄亚平,陈瞻,谢来荣. 新型城镇化背景下异地城镇化的特征及趋势[J]. 城市发展研究, 2011,(8):11—16.
李敬,冉光和,万广华. 中国区域金融发展差异的解释——基于劳动分工理论与Shapley值分解方法[J]. 经济研究,2007,(5):42—54.
钱明辉,胡日东,胡安其. 提升中国城市空间发展布局与推进新型城镇化建设关系研究[J]. 当代财经,2013,(9):17—27.
王学峰. 发达国家城镇化形式的演变及其对中国的启示[J]. 地域经济与开发,2011,(4): 54—60.
王周伟,柳闯. 中国省域新型城镇化发展的空间异质性与相关性分析[J]. 金融管理研究, 2014,2(2):已录用.
王周伟,柳闯. 中国新型城镇化建设的永续高效投融资机制研究[J]. 金融管理研究,2014,2 (2):已录用.
姚东. 中国区域城镇化发展差异的解释——基于空间面板数据与夏普里值分解方法[J]. 中南财经政法大学学报,2013,(2):40—47.
姚亚伟,王周伟,张震. 中国地方政府债务风险的现状、问题及对策分析[J]. 金融管理研究, 2013,1(2):69—85.
张占斌. 新型城镇化的战略意义和改革难题[J]. 国家行政学院学报,2013,(1):48—54.
周江燕,白永秀. 中国城乡发展一体化水平的时序变化与地区差异分析[J]. 中国工业经济, 2014,(2):5—17.

附表1 主成分分析的累计方差贡献率

主成分分析的累计方差贡献率计算结果如附表1所示。

附表1 累计方差贡献率

一级指标	成分	初始特征值			提取平方和载入			旋转平方和载入		
		合计	方差的%	累积%	合计	方差的%	累积%	合计	方差的%	累积%
居民生活	1	6.2541	48.1082	48.1082	6.2541	48.1082	48.1082	3.6617	28.1669	28.1669
	2	1.4720	11.3233	59.4314	1.4720	11.3233	59.4314	2.6115	20.0883	48.2552
	3	1.2720	9.7844	69.2158	1.2720	9.7844	69.2158	2.0796	15.9970	64.2523
	4	1.0141	7.8006	77.0164	1.0141	7.8006	77.0164	1.6593	12.7641	77.0164

（续表）

一级指标	成分	初始特征值			提取平方和载入			旋转平方和载入		
		合计	方差的%	累积%	合计	方差的%	累积%	合计	方差的%	累积%
经济效率	1	4.0376	28.8403	28.8403	4.0376	28.8403	28.8403	2.9773	21.2662	21.2662
	2	2.3271	16.6225	45.4628	2.3271	16.6225	45.4628	2.6927	19.2337	40.5000
	3	1.8355	13.1105	58.5733	1.8355	13.1105	58.5733	2.2633	16.1664	56.6663
	4	1.1865	8.4750	67.0483	1.1865	8.4750	67.0483	1.3615	9.7247	66.3910
	5	1.0025	7.1605	74.2087	1.0025	7.1605	74.2087	1.0945	7.8177	74.2087
城镇服务	1	3.4866	31.6964	31.6964	3.4866	31.6964	31.6964	2.5297	22.9976	22.9976
	2	1.8544	16.8584	48.5548	1.8544	16.8584	48.5548	2.2756	20.6874	43.6850
	3	1.3062	11.8744	60.4292	1.3062	11.8744	60.4292	1.6515	15.0138	58.6988
	4	1.0880	9.8910	70.3202	1.0880	9.8910	70.3202	1.2784	11.6214	70.3202
生态环保	1	2.5919	25.9186	25.9186	2.5919	25.9186	25.9186	2.2358	22.3576	22.3576
	2	2.0032	20.0317	45.9503	2.0032	20.0317	45.9503	2.1474	21.4740	43.8316
	3	1.4941	14.9410	60.8913	1.4941	14.9410	60.8913	1.7060	17.0597	60.8913
协调持续	1	4.9935	49.9346	49.9346	4.9935	49.9346	49.9346	4.9380	49.3795	49.3795
	2	1.2132	12.1316	62.0662	1.2132	12.1316	62.0662	1.2255	12.2550	61.6345
	3	1.0639	10.6391	72.7053	1.0639	10.6391	72.7053	1.1071	11.0708	72.7053

附表2　各一级指标综合评分公式中的基本指标权重

序号	居民生活（js）		经济效率（jx）		城镇服务（cf）	
	基本指标	权重	基本指标	权重	基本指标	权重
1	城乡居民收入比重	−0.0317	GDP增长率	−0.1638	城市人口密度	0.2944
2	城乡居民收入比	0.1441	工业成本费用利润率	−0.0722	人均公共服务水平	0.2369
3	人均可支配收入增长率	0.1376	固定资产交付使用率	0.2220	产城融合度	0.0504
4	城镇恩格尔系数	−0.0405	单位劳动力实现的GDP	0.1804	人均道路面积	0.1783

（续表）

序号	居民生活(js)		经济效率(jx)		城镇服务(cf)	
	基本指标	权重	基本指标	权重	基本指标	权重
5	农村居民人均居住面积	0.0520	单位固定资产投资实现的GDP	0.1376	万人拥有公交车辆数	0.2330
6	人均新施工建筑面积	0.0802	单位建成区面积实现的GDP	0.0884	城市公共交通占机动化出行比例	-0.1020
7	人均私人汽车拥有量	0.1272	单位建成区面积吸纳的人口数量	-0.1820	人均移动电话交换机容量	0.0915
8	常住人口城镇化率	0.0676	单位GDP的耗电量	0.2125	城市燃气普及率	0.1486
9	总抚养比	0.0676	单位GDP的耗水量	0.0345	城市用水普及率	0.1177
10	城镇登记失业率	0.1047	农业现代化效率	0.2736	普通高等学校师生比	0.0281
11	人均博物馆数量（个/万人）	0.0508	节约集约用地	0.0888	人均社会服务设施数	-0.2768
12	千人拥有病床数	0.1100	服务业比重	0.1166	—	—
13	城镇基本医疗保险参保率	0.1303	消费比重	0.0016	—	—
14	—	—	技术市场比重	0.0619	—	—

续附表2 各一级指标综合评分公式中的基本指标权重

序号	生态环保(sh)		协调持续(xc)	
	基本指标	权重	基本指标	权重
1	人均公园绿地面积	0.1132	地方人均财政收入	0.0975
2	森林覆盖率	0.1071	地方政府性负债率	0.0388
3	自然保护区面积占辖区面积比重	0.0802	人均资本存量	0.0887
4	工业固体废物综合利用率	-0.1082	人均金融业增加值	0.1014
5	生活垃圾无害化处理率	0.1994	城乡居民收入差异	-0.0339
6	城镇生活污水处理能力	-0.0089	城乡居民文教娱乐支出差异	0.1215

（续表）

序号	生态环保（sh）		协调持续（xc）	
	基本指标	权重	基本指标	权重
7	单位GDP的SO_2排放量	0.1724	城乡居民医疗保健支出差异	0.1780
8	空气质量达到及好于二级的天数占全年的比重	0.2167	R&D经费支出占国内生产总值的比重	0.0152
9	人均环境污染治理投资总额	0.0763	人均耕地保有量	0.1656
10	人均地质灾害防治投资	0.1518	人均水资源量	0.2273

附表3　2004年五个一级指标的综合评价值

地区	居民生活	经济效率	城市服务	生态环保	协调持续
北京市	0.9743	0.2299	0.7814	-0.3090	0.9736
天津市	0.1387	-0.3227	-0.2195	-0.4495	-0.0688
河北省	-0.3962	-0.3490	-0.2419	-0.7323	-0.6114
山西省	-0.3182	-0.6099	-0.8156	-1.3217	-0.5995
内蒙古自治区	-0.2601	-0.8377	-1.1270	-0.3839	-0.4707
辽宁省	-0.1714	-0.2315	-0.6146	-0.2990	-0.5269
吉林省	-0.1893	-0.0229	-0.9985	-0.1803	-0.5722
黑龙江省	-0.1622	0.2837	-1.0963	-0.6643	-0.5546
上海市	0.5414	0.5154	0.2465	-0.7015	0.7479
江苏省	-0.1943	-0.2150	-0.3639	-0.3059	-0.2661
浙江省	0.0839	-0.2875	-0.3204	-0.1327	-0.1036
安徽省	-0.7402	-0.3923	-0.9118	-0.8751	-0.5857
福建省	-0.3397	-0.0664	-0.4096	0.1947	-0.3686
江西省	-0.6328	-0.4984	-0.8857	-0.1583	-0.5734
山东省	-0.3013	-0.5149	-0.7572	-0.8364	-0.4067
河南省	-0.5617	-0.5972	-0.3656	-0.6306	-0.6207
湖北省	-0.4763	0.0682	-1.1459	-0.7705	-0.5732
湖南省	-0.4958	-0.3186	-0.9545	-1.1424	-0.6269

（续表）

地区	居民生活	经济效率	城市服务	生态环保	协调持续
广东省	-0.2287	-0.0963	-0.1300	-0.3974	-0.2121
广西壮族自治区	-0.7654	-0.4129	-1.0685	-0.1928	-0.5844
海南省	-0.5988	-0.0484	-0.2642	0.2265	-0.6463
重庆市	-0.5645	-0.2046	-1.2043	-0.9795	-0.4902
四川省	-0.6197	-0.3652	-0.5977	-0.3780	-0.6046
贵州省	-1.0407	-0.7663	-1.2932	-0.4763	-0.5891
云南省	-0.7839	-0.4480	-0.9743	0.1530	-0.5208
西藏自治区	-0.5040	0.3447	-0.3199	0.7089	0.5129
陕西省	-0.4507	-0.4914	-0.6969	-0.8006	-0.4834
甘肃省	-0.6691	-0.5565	-0.5969	-1.0232	-0.5869
青海省	-0.4646	-0.5227	-0.6177	0.0845	-0.5465
宁夏回族自治区	-0.5044	-0.6846	-1.6226	-0.6529	-0.5049
新疆维吾尔自治区	-0.3013	0.0565	-0.4911	-0.8349	-0.4773

附表4　2005年五个一级指标的综合评价值

地区	居民生活	经济效率	城市服务	生态环保	协调持续
北京市	0.9582	0.5354	0.5058	-0.0633	1.1861
天津市	0.2872	-0.0984	-0.0853	-0.1491	0.0426
河北省	-0.3184	-0.3763	-0.1128	-0.8288	-0.6458
山西省	-0.2581	-0.5855	-0.6487	-1.1643	-0.6068
内蒙古自治区	-0.1707	-0.9678	-0.8956	-0.3277	-0.5996
辽宁省	-0.0768	-0.2132	-0.4514	-0.3148	-0.5069
吉林省	-0.1615	-0.0349	-0.7621	-0.4614	-0.6651
黑龙江省	-0.1208	0.3228	-1.0275	-0.5696	-0.6780
上海市	0.7528	0.7388	0.2263	-0.5298	1.0274
江苏省	-0.0595	0.0738	-0.1266	-0.1553	-0.2097
浙江省	0.2068	-0.1591	-0.2110	-0.0784	0.0643

(续表)

地区	居民生活	经济效率	城市服务	生态环保	协调持续
安徽省	-0.7325	-0.3701	-0.7090	-0.9083	-0.6478
福建省	-0.2644	-0.1466	-0.2174	0.1766	-0.3186
江西省	-0.6255	-0.4358	-0.6931	-0.3301	-0.6072
山东省	-0.1705	-0.4225	-0.6238	-0.7685	-0.3954
河南省	-0.4837	-0.4097	-0.1891	-0.5275	-0.6865
湖北省	-0.4221	-0.1356	-0.9329	-0.7094	-0.6131
湖南省	-0.4490	-0.2604	-0.7689	-1.0044	-0.6560
广东省	-0.1201	-0.0268	0.0034	-0.2013	-0.1931
广西壮族自治区	-0.7501	-0.4831	-0.8356	-0.1987	-0.6358
海南省	-0.5770	-0.2960	-0.3334	0.1378	-0.7027
重庆市	-0.4366	0.0807	-0.9157	-0.6907	-0.4833
四川省	-0.5993	-0.3983	-0.4967	-0.4889	-0.6303
贵州省	-0.9718	-0.8008	-0.9583	-0.2491	-0.6809
云南省	-0.7506	-0.3352	-0.8952	0.3087	-0.6020
西藏自治区	-0.6123	0.4887	-0.3810	1.1833	0.4526
陕西省	-0.4271	-0.3502	-0.5593	-0.8660	-0.5195
甘肃省	-0.6355	-0.6493	-0.4905	-1.2470	-0.6673
青海省	-0.4655	-0.5865	-0.2738	0.1037	-0.5461
宁夏回族自治区	-0.4308	-0.6461	-1.5630	-0.6540	-0.6383
新疆维吾尔自治区	-0.2871	-0.0201	-0.4919	-0.9495	-0.6079

附表5 2006年五个一级指标的综合评价值

地区	居民生活	经济效率	城市服务	生态环保	协调持续
北京市	1.0636	0.5983	0.5827	0.1888	1.3700
天津市	0.3534	0.1023	0.3613	-0.2403	0.2268
河北省	-0.2441	-0.3934	-0.1211	-0.8015	-0.5458
山西省	-0.1728	-0.1833	-0.3500	-0.9784	-0.4540

（续表）

地区	居民生活	经济效率	城市服务	生态环保	协调持续
内蒙古自治区	-0.0550	-0.6912	-0.7974	-0.1897	-0.4537
辽宁省	-0.0040	-0.3770	-0.2123	-0.1883	-0.3640
吉林省	-0.0659	-0.1095	-0.5898	-0.6243	-0.5537
黑龙江省	-0.0673	0.0539	-0.4660	-0.5967	-0.5881
上海市	0.7497	0.7054	0.3701	-0.2715	1.2625
江苏省	0.0502	0.1453	-0.2078	-0.1929	-0.0289
浙江省	0.3379	-0.1425	-0.6891	-0.1678	0.2905
安徽省	-0.6462	-0.4234	-0.4945	-0.7399	-0.5583
福建省	-0.1869	-0.3967	-0.4964	-0.2074	-0.2155
江西省	-0.5435	-0.3063	-0.3238	-0.3204	-0.5396
山东省	-0.0558	-0.3594	0.2105	-0.2100	-0.2748
河南省	-0.4102	-0.3742	-0.2078	-0.5982	-0.6049
湖北省	-0.3486	-0.1883	-0.3297	-0.8305	-0.5212
湖南省	-0.3781	-0.2160	-0.3860	-0.7372	-0.5741
广东省	-0.0114	0.0341	-0.3507	-0.1928	-0.0080
广西壮族自治区	-0.6650	-0.5580	-0.6807	-0.1995	-0.5690
海南省	-0.4907	-0.3180	-0.3071	0.1082	-0.5908
重庆市	-0.3736	0.0105	-0.6575	-0.5149	-0.3912
四川省	-0.5026	-0.2557	-0.4604	-0.4235	-0.5327
贵州省	-0.8943	-0.6304	-0.8275	-0.2025	-0.5844
云南省	-0.6808	-0.3251	-0.6192	-0.1895	-0.5311
西藏自治区	-0.6067	0.1294	-0.4722	1.6334	0.4574
陕西省	-0.3182	-0.1620	-0.1230	-0.6750	-0.4286
甘肃省	-0.5399	-0.7013	-0.5496	-1.2571	-0.6256
青海省	-0.4083	-0.4981	-0.1147	0.0895	-0.4929
宁夏回族自治区	-0.3563	-0.6772	-0.0275	-0.4930	-0.5346
新疆维吾尔自治区	-0.2301	-0.0544	0.2364	-1.0600	-0.5066

附表6 2007年五个一级指标的综合评价值

地区	居民生活	经济效率	城市服务	生态环保	协调持续
北京市	1.1954	0.5882	0.5299	0.2900	1.8222
天津市	0.4260	0.0070	0.4011	-0.0182	0.4808
河北省	-0.1804	-0.1858	0.1461	-0.6762	-0.4569
山西省	-0.1276	-0.4683	-0.1774	-0.6043	-0.3780
内蒙古自治区	0.0322	-0.4158	-0.4823	0.0278	-0.2985
辽宁省	0.0702	-0.3242	-0.0648	-0.2700	-0.1971
吉林省	0.0003	-0.1612	-0.3562	-0.3850	-0.4366
黑龙江省	-0.0455	0.3212	-0.3339	-0.5624	-0.5230
上海市	0.8264	0.6662	-0.3553	0.0121	2.1174
江苏省	0.1659	0.1490	0.3770	0.0127	0.2425
浙江省	0.4265	-0.1244	0.0459	0.0128	0.5726
安徽省	-0.5586	-0.4899	-0.2647	-0.6375	-0.5023
福建省	-0.1236	-0.3444	0.0095	0.2465	-0.0779
江西省	-0.4679	-0.3135	-0.1121	-0.0275	-0.4566
山东省	-0.0032	-0.1647	0.4083	-0.0285	-0.1467
河南省	-0.3338	-0.1645	0.0227	-0.4086	-0.5100
湖北省	-0.2705	-0.0713	-0.0856	-0.6200	-0.4136
湖南省	-0.2925	-0.3122	-0.1322	-0.5303	-0.4989
广东省	0.1034	0.0619	0.0119	-0.1385	0.2056
广西壮族自治区	-0.5926	-0.5455	-0.3978	-0.0077	-0.5033
海南省	-0.4228	-0.4108	-0.5083	0.1345	-0.5126
重庆市	-0.2868	-0.2484	-0.3279	-0.2452	-0.3023
四川省	-0.4538	-0.4041	-0.2366	-0.1636	-0.4361
贵州省	-0.8200	-0.6482	-0.7217	-0.1406	-0.5338
云南省	-0.6308	-0.4667	-0.0708	0.3168	-0.4459
西藏自治区	-0.5239	0.3729	0.2522	1.6035	0.5741
陕西省	-0.2687	-0.3304	0.3171	-0.5951	-0.3251
甘肃省	-0.4799	-0.5565	-0.3803	-0.8828	-0.5704
青海省	-0.3553	-0.4626	0.2204	0.1051	-0.4076
宁夏回族自治区	-0.3056	-0.7665	-0.2775	-0.3519	-0.3807
新疆维吾尔自治区	-0.1593	-0.0122	0.5022	-0.8960	-0.4287

附表7 2008年五个一级指标的综合评价值

地区	居民生活	经济效率	城市服务	生态环保	协调持续
北京市	1.3894	1.1523	0.7209	0.6648	2.2354
天津市	0.4879	0.0615	0.6061	0.0159	0.6787
河北省	-0.1069	0.0421	0.3143	-0.4998	-0.3484
山西省	-0.0369	-0.1033	-0.0890	-0.3751	-0.2757
内蒙古自治区	0.1108	-0.3753	-0.3706	0.1467	-0.1361
辽宁省	0.1422	-0.3119	0.0704	-0.1768	-0.0114
吉林省	0.0841	-0.3002	-0.2340	-0.3619	-0.3169
黑龙江省	0.0284	0.2049	-0.0127	-0.4277	-0.3938
上海市	1.0399	0.8887	-0.2328	0.1006	2.3540
江苏省	0.2607	0.2425	0.4527	0.1527	0.3272
浙江省	0.5235	0.1653	0.2973	0.2489	0.5852
安徽省	-0.4906	-0.4230	-0.0554	-0.7343	-0.3942
福建省	-0.0508	-0.1804	0.1656	0.3502	0.0251
江西省	-0.3931	-0.1668	0.0858	0.1067	-0.4082
山东省	0.0596	0.0441	0.5102	-0.0347	-0.0540
河南省	-0.2708	-0.0796	0.0503	-0.3267	-0.4309
湖北省	-0.2096	-0.1751	0.0232	-0.4387	-0.3420
湖南省	-0.2652	-0.1797	-0.0587	-0.2769	-0.4239
广东省	0.1770	0.3933	0.4408	0.1109	0.2970
广西壮族自治区	-0.5366	-0.4387	-0.2634	0.0688	-0.3878
海南省	-0.3875	-0.1838	-0.2416	0.1866	-0.3921
重庆市	-0.2595	-0.4347	-0.2105	0.0574	-0.2181
四川省	-0.3863	-0.2918	-0.0203	0.1936	-0.3816
贵州省	-0.7522	-0.5386	-0.5265	0.5008	-0.5054
云南省	-0.5684	-0.4114	0.0684	0.3092	-0.3704
西藏自治区	-0.4124	0.8042	0.1930	1.7634	0.7349
陕西省	-0.1657	-0.3665	0.4670	-0.3235	-0.2526
甘肃省	-0.4233	-0.6277	-0.3484	-0.8563	-0.5196
青海省	-0.2991	-0.3185	0.4032	-0.0415	-0.3038
宁夏回族自治区	-0.2167	-0.7037	-0.2726	-0.2099	-0.2935
新疆维吾尔自治区	-0.0939	0.0629	0.4009	-0.6840	-0.3408

附表8 2009年五个一级指标的综合评价值

地区	居民生活	经济效率	城市服务	生态环保	协调持续
北京市	1.6009	1.1082	0.7699	1.0516	2.0474
天津市	0.6189	0.2461	0.6837	0.1629	0.8639
河北省	-0.0395	0.1253	0.3888	-0.2780	-0.2658
山西省	0.0380	0.1001	0.0871	-0.2496	-0.1721
内蒙古自治区	0.2357	-0.0640	-0.1269	0.2818	0.0495
辽宁省	0.2528	-0.0072	0.1439	0.2269	0.1308
吉林省	0.1824	0.1395	-0.1592	0.1822	-0.1627
黑龙江省	0.1054	0.3091	0.0910	-0.2989	-0.2476
上海市	1.1055	1.3487	-0.1705	0.2240	2.0811
江苏省	0.3662	0.5489	0.6319	0.1443	0.4631
浙江省	0.6690	0.3510	0.3362	0.3406	0.6033
安徽省	-0.3901	-0.2406	0.0439	-0.1237	-0.2716
福建省	0.0555	0.1063	0.3291	0.3679	0.1188
江西省	-0.3138	-0.1047	0.2307	0.2660	-0.3459
山东省	0.1648	0.1657	0.5467	0.1836	0.0311
河南省	-0.2113	0.0861	0.0974	-0.0327	-0.3425
湖北省	-0.1107	0.0413	0.1294	-0.4094	-0.2332
湖南省	-0.1973	-0.0279	0.0921	-0.1415	-0.3445
广东省	0.2624	0.5038	0.6505	0.4829	0.3293
广西壮族自治区	-0.4473	-0.3766	0.0001	0.2656	-0.3097
海南省	-0.3061	-0.1547	-0.0296	0.3564	-0.2674
重庆市	-0.1516	-0.1081	-0.1878	0.6006	-0.1431
四川省	-0.2808	-0.1289	0.1539	0.1960	-0.2978
贵州省	-0.6478	-0.3597	-0.4212	0.0371	-0.4363
云南省	-0.4691	-0.3924	0.0694	0.6182	-0.3359
西藏自治区	-0.3343	0.4066	0.4969	1.2601	0.5712
陕西省	-0.1008	-0.0487	0.6196	0.0350	-0.1246
甘肃省	-0.3530	-0.4314	-0.1313	-0.7067	-0.4664
青海省	-0.2323	-0.3747	0.3500	-0.3067	-0.1833
宁夏回族自治区	-0.1051	-0.4518	0.0842	-0.1756	-0.1928
新疆维吾尔自治区	-0.0213	0.2092	0.5002	-0.5088	-0.2716

附表9 2010年五个一级指标的综合评价值

地区	居民生活	经济效率	城市服务	生态环保	协调持续
北京市	1.8462	1.2771	0.7023	0.7394	2.0943
天津市	0.8692	0.3838	0.7082	0.1347	1.1411
河北省	0.0973	0.1056	0.5247	0.0231	-0.2073
山西省	0.2050	-0.2229	0.1260	0.0188	-0.1158
内蒙古自治区	0.4055	0.2206	-0.0491	0.8644	0.1587
辽宁省	0.4570	-0.0141	0.3015	0.1156	0.2128
吉林省	0.3533	0.2798	0.0165	-0.0988	-0.1322
黑龙江省	0.2380	0.3091	0.2742	-0.1988	-0.2281
上海市	1.2811	1.3737	0.5127	-0.0277	1.8869
江苏省	0.5809	0.6730	0.7472	0.1761	0.6081
浙江省	0.8854	0.3280	0.5261	0.4066	0.7329
安徽省	-0.1929	-0.2629	0.2313	-0.2542	-0.2742
福建省	0.3008	0.0161	0.4077	0.5725	0.2344
江西省	-0.1697	-0.0094	0.3342	0.4212	-0.2750
山东省	0.3081	0.2637	0.6118	0.2458	0.1427
河南省	-0.0959	0.0474	0.1984	-0.1898	-0.2751
湖北省	0.0839	0.0258	0.1756	-0.4278	-0.1634
湖南省	-0.0310	0.0336	0.1395	0.0362	-0.2829
广东省	0.4482	0.4468	0.6088	0.9439	0.3928
广西壮族自治区	-0.2956	-0.2787	0.0651	0.2848	-0.2209
海南省	-0.1234	-0.3618	0.0505	0.3741	-0.1804
重庆市	0.0491	-0.1837	-0.1374	0.4274	0.0022
四川省	-0.1139	-0.0370	0.2587	1.0601	-0.2163
贵州省	-0.5032	-0.2873	-0.3323	0.2848	-0.3740
云南省	-0.2787	-0.3264	0.1864	0.6592	-0.2646
西藏自治区	-0.3187	0.4323	0.4713	1.1272	0.7604
陕西省	0.0944	0.0291	0.7424	-0.0180	-0.0612
甘肃省	-0.1996	-0.4421	-0.0292	0.1761	-0.4246
青海省	-0.0869	-0.5433	0.4506	0.0857	-0.1197
宁夏回族自治区	0.0290	-0.5629	0.2384	0.4421	-0.1039
新疆维吾尔自治区	0.1751	-0.0180	0.6456	-0.4116	-0.2130

附表10　2011年五个一级指标的综合评价值

地区	居民生活	经济效率	城市服务	生态环保	协调持续
北京市	1.9825	1.5393	0.5472	0.8588	2.8073
天津市	0.9672	0.6724	0.8723	0.4293	1.6784
河北省	0.2054	0.3348	0.6294	0.3313	0.0786
山西省	0.3534	-0.0537	0.3055	0.0891	0.1425
内蒙古自治区	0.5887	0.4780	0.1456	0.8849	0.5389
辽宁省	0.5931	0.2750	0.3938	0.6204	0.5833
吉林省	0.4773	0.4923	0.2006	0.1143	0.1552
黑龙江省	0.3792	0.4435	0.3512	-0.0555	-0.0615
上海市	1.4941	1.5719	0.5002	-0.0431	2.3727
江苏省	0.8122	0.9170	0.8687	0.2887	0.9505
浙江省	1.1209	0.5794	0.6467	0.5053	1.0434
安徽省	-0.0599	-0.0511	0.4253	0.1097	-0.0031
福建省	0.4637	0.3031	0.5174	0.7815	0.4969
江西省	0.0004	0.2108	0.4362	0.7357	-0.0686
山东省	0.4287	0.5565	0.7265	0.3349	0.4657
河南省	0.0383	0.1927	0.3437	-0.1209	0.0214
湖北省	0.2010	0.2407	0.3204	-0.1648	0.1183
湖南省	0.1105	0.3493	0.2691	0.2720	0.0040
广东省	0.5953	0.7105	0.7577	0.6931	0.7217
广西壮族自治区	-0.1681	-0.0130	0.1019	0.7397	0.0618
海南省	0.1336	-0.0391	0.5023	0.9317	0.0973
重庆市	0.2431	0.0204	-0.0278	0.8423	0.4696
四川省	0.0373	0.1220	0.4474	0.8202	0.0645
贵州省	-0.3593	-0.4401	-0.2065	0.3767	-0.0527
云南省	-0.1234	-0.2208	0.2455	0.6394	-0.0187
西藏自治区	-0.1249	0.6357	0.3722	1.8399	1.3695
陕西省	0.2766	0.3032	0.9083	0.2276	0.3046
甘肃省	-0.0182	-0.2282	0.1107	-0.5262	-0.1269
青海省	0.1113	-0.2624	0.5130	1.0755	0.1754
宁夏回族自治区	0.1971	-0.0397	0.2200	0.4028	0.2799
新疆维吾尔自治区	0.3329	-0.1043	0.7605	-0.1454	0.0935

附表11　2012年五个一级指标的综合评价值

地区	居民生活	经济效率	城市服务	生态环保	协调持续
北京市	1.8770	1.7356	0.6974	1.1214	2.7362
天津市	0.9270	1.0727	1.0594	0.3565	1.8807
河北省	0.2841	0.5593	0.7466	0.4433	0.0084
山西省	0.4311	0.2135	0.4112	0.3898	0.1444
内蒙古自治区	0.7002	0.7031	0.3530	1.1302	0.5117
辽宁省	0.7579	0.5929	0.4565	0.9075	0.5793
吉林省	0.6349	0.7231	0.3295	0.0915	0.1444
黑龙江省	0.3982	0.6748	0.4307	0.0673	-0.0584
上海市	1.3517	1.6441	0.5463	0.1984	4.6684
江苏省	0.9443	1.0918	0.8906	0.4345	1.0107
浙江省	1.2940	0.6351	0.6358	0.7277	0.9952
安徽省	0.0739	0.1585	0.5456	0.3484	-0.0828
福建省	0.5319	0.4986	0.6097	0.9485	0.5112
江西省	0.1099	0.4404	0.5353	0.8454	-0.0932
山东省	0.5704	0.7297	0.8184	0.5197	0.4333
河南省	0.1848	0.4296	0.3682	-0.0560	-0.0865
湖北省	0.3274	0.4672	0.4419	0.1738	0.0717
湖南省	0.2232	0.7076	0.3594	0.3847	-0.0929
广东省	0.6974	0.8964	0.7975	0.7672	0.6563
广西壮族自治区	-0.0497	0.2327	0.2181	0.6969	-0.0263
海南省	0.2070	0.4543	0.5534	0.9967	0.0165
重庆市	0.6286	0.3955	0.0593	1.1407	0.3836
四川省	0.1969	0.5002	0.5735	0.6971	0.0327
贵州省	-0.1770	-0.1560	-0.2023	0.4337	-0.1779
云南省	-0.0266	-0.0271	0.1901	0.8705	-0.1185
西藏自治区	-0.0853	0.4754	0.2251	1.9377	0.8048
陕西省	0.4325	0.5936	1.0135	0.3171	0.1699
甘肃省	0.1075	-0.1950	0.2231	-0.2118	-0.2715
青海省	0.2433	-0.0396	0.6543	0.8990	0.1304
宁夏回族自治区	0.5712	-0.2192	0.1747	0.3977	0.2022
新疆维吾尔自治区	0.4479	-0.0365	0.8711	0.1788	0.0117

附表 12　一级指标综合评价值的描述统计量

统计指标	js	jx	cf	sh	xc
Mean	-0.1280	-0.0747	-0.4011	0.0709	-0.1303
Median	-0.2595	-0.1081	-0.2105	0.0574	-0.2181
Maximum	0.6286	0.3955	0.0593	1.1407	0.4696
Minimum	-0.5645	-0.4347	-1.2043	-0.9795	-0.4902
Std. Dev.	0.3551	0.2243	0.4067	0.6904	0.3341
Skewness	0.8885	0.5325	-0.8074	0.0150	0.7181
Kurtosis	2.7990	2.9947	2.3027	1.6951	2.1318
Jarque-Bera	37.1747	13.1834	35.9684	19.8036	32.7421
Probability	0.0000	0.0014	0.0000	0.0001	0.0000
Sum	-35.7077	-20.8396	-111.8999	19.7848	-36.3606
Sum Sq. Dev.	35.0504	13.9875	45.9936	132.4936	31.0383

附表 13　滞后阶数的判别检验结果

本文利用 stata12.0 得出了 PVAR 模型滞后阶数判别结果,如下表所示。

Lag	AIC	BIC	HQIC
1	-1.0920	2.7581	0.4682
2	-2.4944*	2.5715*	-0.4367*
3	-1.7138	4.9730	1.0025

附表 14　PVAR 模型的估计结果

本文利用统计分析软件 stata12.0 对六个面板数据做了分析,附表 14 给出了 PVAR 模型的估计结果,括号中为经过 white 异方差调整的 t 检验统计量。其中 $(t-1)$、$(t-2)$ 分别代表滞后一、二期。

附表 14　PVAR 模型的估计结果

变量	指标	js_t	jx_t	cf_t	sh_t	xc_t	$pergdp_t$
$Js(t-1)$	回归系数	0.1933	0.3676	0.4878	-0.5542	3.4095	2.9267
	t 值	0.497	0.587	0.596	0.536	0.012**	0.010***
$Jx(t-1)$	回归系数	0.1085	-0.3987	-0.0038	-0.0587	-0.6755	-0.1793
	t 值	0.046**	0.01***	0.979	0.772	0.037**	0.375
$CF(t-1)$	回归系数	-0.1367	0.1229	-0.1041	-0.0080	0.4718	0.1925
	t 值	0.019**	0.328	0.498	0.957	0.112	0.342
$Sh(t-1)$	回归系数	0.0202	0.0406	0.0040	-0.3373	0.2007	0.2348
	t 值	0.479	0.512	0.957	0.03**	0.236	0.034**
$Xc(t-1)$	回归系数	-0.0670	-0.3471	-0.0158	0.1861	0.0463	-0.0381
	t 值	0.076*	0.000***	0.904	0.095*	0.880	0.784
$Pergdp(t-1)$	回归系数	-0.0720	0.7849	-0.2512	0.1580	0.5135	0.0067
	t 值	0.392	0.000***	0.191	0.472	0.274	0.982
$Js(t-2)$	回归系数	-0.0598	-0.4796	-0.0444	-0.4231	-0.3769	0.3790
	t 值	0.681	0.085*	0.953	0.291	0.684	0.474
$Jx(t-2)$	回归系数	0.0282	-0.2196	-0.0254	-0.0232	-0.1435	0.1605
	t 值	0.461	0.021**	0.819	0.849	0.493	0.215
$CF(t-2)$	回归系数	-0.1042	0.0782	-0.0025	-0.0848	0.6064	0.2230
	t 值	0.070*	0.514	0.988	0.570	0.102	0.313
$Sh(t-2)$	回归系数	0.0039	0.0611	0.0162	-0.1030	0.1853	0.1528
	t 值	0.887	0.315	0.817	0.219	0.192	0.125
$Xc(t-2)$	回归系数	-0.0884	0.1889	-0.1315	0.1047	0.0244	0.0033
	t 值	0.145	0.092*	0.403	0.464	0.959	0.986
$Pergdp(t-2)$	回归系数	-0.0788	0.5311	-0.1443	0.0591	0.4730	0.0469
	t 值	0.327	0.02**	0.639	0.820	0.398	0.884

注：*、**、*** 分别代表 10%、5%、1% 的显著性水平。

附图 1　脉冲响应分析图

为了确定影响新型城镇化发展水平的五个一级指标对新型城镇化水平作用的权重大小，本文将在脉冲响应分析的过程中加入人均 GDP 这一中间变量，通过五个一级指标变量对于人均 GDP 的脉冲响应与方差分解后的影响程度来间接确定它们在构建新型城镇化指标时所应该被赋予的权重。本文中 Monte-Carlo 模拟给出的脉冲响应函数在 90% 的置信区间内。脉冲响应图如附图 1 所示。

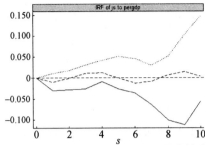

附图1.1 居民生活(JS)对人均GDP冲击的脉冲响应

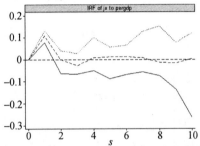

附图1.2 经济效率(JX)对人均GDP冲击的脉冲响应

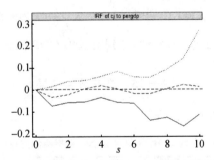

附图1.3 城镇服务(CF)对人均GDP冲击的脉冲响应

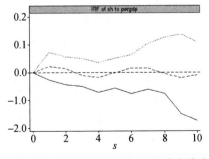

附图1.4 生态环保(SH)对人均GDP冲击的脉冲响应

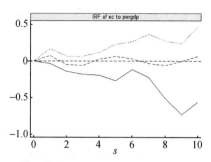

附图1.5 协调持续（XC）对人均GDP冲击的脉冲响应

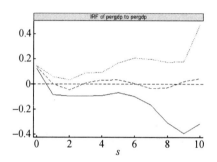

附图1.6 人均GDP（PERGDP）对人均GDP冲击的脉冲响应

附图1 五个一级指标分别对人均GDP的脉冲响应图

附表15 方差分解结果

方差分解结果如附表15所示。

附表15 人均GDP分别对五个一级指标的方差分解结果

冲击期数 i	js_i	jx_i	cf_i	sh_i	xc_i	$pergdp_i$
1	0.101	0.01	0.001	0	0.38	0.508
2	0.513	0.012	0.009	0.035	0.185	0.246
3	0.482	0.048	0.019	0.036	0.194	0.22
4	0.387	0.049	0.046	0.032	0.308	0.177
5	0.49	0.039	0.04	0.03	0.257	0.144
6	0.446	0.036	0.045	0.027	0.308	0.137
7	0.443	0.035	0.052	0.031	0.314	0.124
8	0.476	0.03	0.044	0.031	0.31	0.11
9	0.44	0.028	0.053	0.028	0.348	0.104

（续表）

冲击期数 i	js_t	jx_t	cf_t	sh_t	xc_t	$pergdp_t$
10	0.473	0.026	0.053	0.033	0.319	0.096
11	0.454	0.023	0.05	0.03	0.351	0.092
12	0.449	0.021	0.057	0.03	0.357	0.085
13	0.479	0.02	0.053	0.032	0.335	0.081
14	0.441	0.018	0.056	0.03	0.377	0.078
15	0.466	0.017	0.058	0.032	0.354	0.072
16	0.469	0.016	0.054	0.032	0.359	0.071
17	0.442	0.015	0.06	0.03	0.384	0.068
18	0.477	0.014	0.057	0.033	0.355	0.065
19	0.453	0.013	0.057	0.031	0.382	0.064
20	0.455	0.012	0.062	0.032	0.379	0.06
21	0.475	0.011	0.057	0.032	0.365	0.059
22	0.445	0.011	0.061	0.031	0.395	0.058
23	0.47	0.01	0.061	0.033	0.371	0.055
24	0.463	0.009	0.058	0.032	0.383	0.055
25	0.449	0.009	0.063	0.031	0.395	0.053
26	0.476	0.009	0.06	0.033	0.371	0.052
27	0.45	0.008	0.061	0.031	0.398	0.052
28	0.462	0.008	0.063	0.032	0.386	0.049
29	0.47	0.007	0.059	0.032	0.382	0.049
30	0.447	0.007	0.063	0.031	0.404	0.048

附表 16　五个一级特征指标的权重

结果如附表 16 所示。

附表 16　五个一级特征指标的权重

指标	居民生活	经济效率	城镇服务	生态环保	协调持续
第 30 期权重	0.4465	0.0069	0.0634	0.0311	0.4038
30 期平均权重	0.4692	0.0072	0.0667	0.0326	0.4243

附表17 2004—2012年中国新型城镇化发展的系统评价分值

省市	2004	2005	2006	2007	2008	2009	2010	2011	2012
北京	1.8987	1.1861	1.3700	1.8222	2.2354	2.0474	2.0943	2.8073	2.7362
天津	-0.2872	0.0426	0.2268	0.4808	0.6787	0.8639	1.1411	1.6784	1.8807
河北	-0.7518	-0.6458	-0.5458	-0.4569	-0.3484	-0.2658	-0.2073	0.0786	0.0084
山西	-0.8687	-0.6068	-0.4540	-0.3780	-0.2757	-0.1721	-0.1158	0.1425	0.1444
内蒙古	-0.5811	-0.5996	-0.4537	-0.2985	-0.1361	0.0495	0.1587	0.5389	0.5117
辽宁	-0.5269	-0.5069	-0.3640	-0.1971	-0.0114	0.1308	0.2128	0.5833	0.5793
吉林	-0.5722	-0.6651	-0.5537	-0.4366	-0.3169	-0.1627	-0.1322	0.1552	0.1444
黑龙江	-0.5546	-0.6780	-0.5881	-0.5230	-0.3938	-0.2476	-0.2281	-0.0615	-0.0584
上海	0.7479	1.0274	1.2625	2.1174	2.3340	2.0811	1.8869	2.3727	4.6684
江苏	-0.2661	-0.2097	-0.0289	0.2425	0.3272	0.4631	0.6081	0.9505	1.0107
浙江	-0.1036	0.0643	0.2905	0.5726	0.5852	0.6033	0.7329	1.0434	0.9952
安徽	-0.5857	-0.6478	-0.5583	-0.5023	-0.3942	-0.2716	-0.2742	-0.0031	-0.0828
福建	-0.3886	-0.3186	-0.2155	-0.0779	0.0251	0.1188	0.2344	0.4969	0.5112
江西	-0.5734	-0.6072	-0.5396	-0.4566	-0.4082	-0.3459	-0.2750	-0.0686	-0.0932
山东	-0.4067	-0.3954	-0.2748	-0.1467	-0.0540	0.0311	0.1427	0.4657	0.4333
河南	-0.6207	-0.6865	-0.6049	-0.5100	-0.4309	-0.3425	-0.2751	0.0214	-0.0865
湖北	-0.5732	-0.6131	-0.5212	-0.4136	-0.3420	-0.2332	-0.1634	0.1183	0.0717
湖南	-0.6269	-0.6560	-0.5741	-0.4989	-0.4239	-0.3445	-0.2829	0.0040	-0.0929

(续表)

省份	2004	2005	2006	2007	2008	2009	2010	2011	2012
广东	−0.2121	−0.1931	−0.0080	0.2056	0.2970	0.3293	0.3928	0.7217	0.6563
广西	−0.5844	−0.6358	−0.5690	−0.5033	−0.3878	−0.3097	−0.2209	0.0618	−0.0263
海南	−0.6463	−0.7027	−0.5908	−0.5126	−0.3921	−0.2674	−0.1804	0.0973	0.0165
重庆	−0.4902	−0.4833	−0.3912	−0.3023	−0.2181	−0.1431	0.0022	0.4696	0.3836
四川	−0.6046	−0.6303	−0.5327	−0.4361	−0.3816	−0.2978	−0.2163	0.0645	0.0327
贵州	−0.5891	−0.6809	−0.5844	−0.5338	−0.5054	−0.4363	−0.3740	−0.0527	−0.1779
云南	−0.5208	−0.6020	−0.5311	−0.4459	−0.3704	−0.3359	−0.2646	−0.0187	−0.1185
西藏	0.5129	0.4526	0.4574	0.5741	0.7349	0.5712	0.7604	1.3695	0.8048
陕西	−0.4834	−0.5195	−0.4286	−0.3251	−0.2526	−0.1246	−0.0612	0.3046	0.1699
甘肃	−0.5869	−0.6673	−0.6256	−0.5704	−0.5196	−0.4664	−0.4246	−0.1269	−0.2715
青海	−0.5465	−0.5461	−0.4929	−0.4076	−0.3038	−0.1833	−0.1197	0.1754	0.1304
宁夏	−0.5049	−0.6383	−0.5346	−0.3807	−0.2935	−0.1928	−0.1039	0.2799	0.2022
新疆	−0.4773	−0.6079	−0.5066	−0.4287	−0.3408	−0.2716	−0.2130	0.0935	0.0117
全国平均	−0.3663	−0.3862	−0.2731	−0.1202	−0.0085	0.0605	0.1366	0.4762	0.4870

附表18 2004—2012年经过3σ准则调整后的中国新型城镇化发展系统评价分值

省份	2004	2005	2006	2007	2008	2009	2010	2011	2012
北京	3.4669	2.6020	2.8734	3.7397	4.3133	3.9008	3.9221	4.9164	5.6895
天津	1.2810	1.4584	1.7302	2.3983	2.7566	2.7174	2.9688	3.7874	4.8340
河北	0.8163	0.7700	0.9577	1.4606	1.7295	1.5877	1.6205	2.1876	2.9616
山西	0.6995	0.8090	1.0495	1.5395	1.8022	1.6814	1.7120	2.2516	3.0976
内蒙古	0.9871	0.8162	1.0498	1.6190	1.9418	1.9030	1.9865	2.6479	3.4649
辽宁	1.0413	0.9089	1.1394	1.7204	2.0665	1.9843	2.0406	2.6924	3.5325
吉林	0.9960	0.7508	0.9497	1.4809	1.7610	1.6907	1.6955	2.2643	3.0976
黑龙江	1.0136	0.7379	0.9153	1.3945	1.6841	1.6059	1.5997	2.0476	2.8948
上海	2.3161	2.4432	2.7659	4.0349	4.4319	3.9345	3.7146	4.4817	7.6216
江苏	1.3020	1.2061	1.4745	2.1600	2.4051	2.3166	2.4359	3.0595	3.9639
浙江	1.4646	1.4801	1.7940	2.4901	2.6631	2.4568	2.5606	3.1525	3.9484
安徽	0.9825	0.7681	0.9451	1.4152	1.6837	1.5818	1.5535	2.1060	2.8705
福建	1.1996	1.0973	1.2879	1.8396	2.1030	1.9722	2.0621	2.6060	3.4644
江西	0.9948	0.8086	0.9639	1.4609	1.6697	1.5075	1.5528	2.0405	2.8601
山东	1.1615	1.0204	1.2286	1.7708	2.0239	1.8845	1.9705	2.5748	3.3865
河南	0.9475	0.7293	0.8986	1.4075	1.6470	1.5109	1.5527	2.1304	2.8668
湖北	0.9950	0.8027	0.9823	1.5039	1.7359	1.6203	1.6644	2.2274	3.0249
湖南	0.9413	0.7599	0.9294	1.4186	1.6541	1.5089	1.5448	2.1131	2.8603
广东	1.3561	1.2227	1.4954	2.1231	2.3749	2.1827	2.2205	2.8307	3.6095
广西	0.9838	0.7800	0.9344	1.4142	1.6901	1.5437	1.6068	2.1709	2.9269
海南	0.9219	0.7131	0.9126	1.4049	1.6858	1.5860	1.6473	2.2064	2.9697
重庆	1.0780	0.9325	1.1122	1.6152	1.8598	1.7104	1.8299	2.5786	3.3369
四川	0.9636	0.7856	0.9707	1.4815	1.6964	1.5556	1.6115	2.1735	2.9860
贵州	0.9790	0.7350	0.9190	1.3838	1.5725	1.4171	1.4537	2.0563	2.7754
云南	1.0474	0.8138	0.9724	1.4716	1.7075	1.5175	1.5632	2.0903	2.8347
西藏	2.0811	1.8684	1.9608	2.4916	2.8128	2.4247	2.5882	3.4785	3.7581
陕西	1.0848	0.8963	1.0748	1.5924	1.8253	1.7288	1.7666	2.4137	3.1232
甘肃	0.9813	0.7485	0.8778	1.3471	1.5583	1.3871	1.4031	1.9821	2.6817
青海	1.0217	0.8698	1.0105	1.5100	1.7741	1.6702	1.7081	2.2845	3.0836
宁夏	1.0633	0.7775	0.9689	1.5368	1.7844	1.6607	1.7239	2.3889	3.1554
新疆	1.0909	0.8080	0.9968	1.4888	1.7371	1.5819	1.6148	2.2025	2.9649

(续表)

省份	2004	2005	2006	2007	2008	2009	2010	2011	2012
东部地区	1.5286	1.4013	1.6520	2.3422	2.6487	2.4539	2.5123	3.1803	4.2449
中部地区	0.9268	0.7796	0.9614	1.4576	1.6988	1.5685	1.5967	2.1448	2.9300
西部地区	1.1135	0.9026	1.0707	1.5793	1.8300	1.6751	1.7380	2.3723	3.0910
东北地区	1.0170	0.7992	1.0015	1.5319	1.8372	1.7603	1.7786	2.3347	3.1750
全国平均	1.2019	1.0297	1.2304	1.7973	2.0694	1.9139	1.9644	2.5853	3.4402

注：其中东部地区包括北京、天津、河北、上海、江苏、浙江、福建、山东、广东、海南10个省份；中部地区包括山西、安徽、江西、河南、湖南、湖北6个省份；西部地区包括重庆、四川、贵州、云南、陕西、甘肃、青海、宁夏、新疆、内蒙古、广西、西藏12个省份；东北地区包括辽宁、吉林、黑龙江3个省份。

中国省域新型城镇化发展的空间异质性与相关性分析[*]

王周伟[①] 柳闫[②]

摘　要：利用新型城镇化发展的系统评价指数值，本文用变异系数以及锡尔指数测度了全国、四大区域及各省域新型城镇化发展的空间异质性，并分解分析了区域差异成因；接着利用全域与局部空间相关性分析指标，探索分析了其空间相关性及其方式。实证结果表明，2004—2012年间，中国新型城镇化发展存在着区域差异，东部地区之间的新型城镇化发展差异较大，其次是四大地带间的差异；而差异也呈现着收敛趋势；各省份新型城镇化发展在总体与局部上都存在着显著的空间相关性。

关键词：空间异质性；锡尔指数；空间相关性；Moran's I 指数；LISA 分析

新型城镇化是中国的长期经济发展战略。推动新型城镇化的发展就要熟悉其现状特点与作用特征，这样才能贴合实际地推动城镇化发展。而新经济地理学与空间经济理论认为，经济属性特征在空间上是非均匀分布的，存在着空间集聚与扩散现象，即具有空间异质性；不同区域的经济现象具有溢出关联特征，它们之间是空间相关的。关于传统城镇化的空间集聚或分布格局，已有相关研究，但都使用的是非典型的新型城镇化发展指标，如刘彦随、杨忍（2012），曾昭法、左杰（2013），李波、张吉献（2013），刘静玉等（2012），姚东（2013），秦

---

[*] 本文得到国家自然科学基金项目《住房保障家庭福利依赖及经济自助行为研究》（项目号：71473166）资助与上海师范大学"城市经济学"（第七期）重点学科、"投资学"（第六期）重点学科的资助。文章先后两次在"城市经济学"重点学科研讨会上汇报交流过，刘江会、崔光灿、张震、朱敏等均给予了建设性的修改意见，作者感谢"城市经济学"重点学科团队全体成员的支持。

[①] 王周伟（1969.1—），男，博士，副教授，上海师范大学房地产与城市发展研究中心，研究领域：城市经济与发展，金融管理。

[②] 柳闫（1990.6—），女，硕士，特聘助理研究员，上海师范大学房地产与城市发展研究中心，研究领域：城市经济与发展，金融管理。

佳、李建民(2013),金瑞、史文中(2014)等。而关于新型城镇化发展方面研究,特别是研究《国家新型城镇化发展规划 2004—2020 年》意义上的新型城镇化发展特征,则特别少。因此,探索分析新型城镇化发展的空间分布与相关性特征就非常有必要了。

1. 文献综述

对于城镇化的认识和研究遵循一个循序渐进的过程,最初是按照内涵构建综合评价模型的思路,学者们开始从完整意义上探讨和评价新型城镇化的进程与质量。近年来,关于城镇化的研究逐步转移到空间层面,研究所运用的方法也各不相同。刘彦随、杨忍(2012)综合运用样带、地统计、地理探测器等研究方法,得出了中国县域城镇化水平时空动态的差异特征显著;曾昭法、左杰(2013)运用空间面板数据模型,得出中国省域城镇化水平在空间集聚上的两极分化现象明显的结论;李波、张吉献(2013)运用探索性空间数据分析法(ESDA),发现中原各地区城镇化发展水平存在的空间差异性;姚东(2013)空间面板数据与夏普里值分解方法首先证明了城镇化发展存在着空间差异性,指出房价是导致我国城镇化发展差异的关键性因素;郑蔚(2013)通过城镇化质量—规模复合系统协调度评价模型,得出城镇化规模协调度、城镇化质量协调度以及城镇化质量—规模协调度的区域差异明显,但沿海、内地之间的差距正呈现缩小态势,城镇化处于有序发展的状态;金瑞、史文中(2014)通过重心轨迹移动分析、空间趋势分析法等得出:广东省的经济发展水平与城镇化发展水平在空间布局上有较大的异质性,经济发展程度较高的城市主要是集中在东莞以及周边地区,而城镇化发展程度较高的城市主要集中在珠三角等沿海城市。

中国的新型城镇化正处于快速发展的阶段。无论是从时序分析还是从空间分析来看,中国的新型城镇化发展都呈现出差异性,但目前文献对这些特征及其表现程度的研究还是不够的。因此,本文选择一个能够真正代表中国目前新型城镇化发展水平、速度与质量的综合评价指标数值;在研究范围上,本文将全国 31 个省份作为研究对象,研究其空间异质性与相关性;在研究方法上,本文不仅用到了变异系数和锡尔指数两种统计方法,还用到了空间计量的相关分析法,把时序分析和空间分析相结合。

2. 中国省域新型城镇化发展的空间异质性与相关性分析方法设计

新经济地理学与空间经济理论都告诉我们,区域经济发展之间具有异质性与相关性,存在溢出关联效应。在产业、经济与社会发展的相互作用下,各省份新型城镇化发展之间也存在空间相互作用,具有典型的经济社会地理学特征。

2.1 空间异质性的度量与分解方法

统计指标法是分析地区差距最简单明了的方法,通过统计描述可以研究不同地区新型城镇化发展水平的差异情况。描述区域差异的指标主要有变异系数、基尼系数、锡尔指数、艾肯森指数。变异系数适合总体度量差异,适用于时序变化分析;基尼系数适用于区域差异形成的驱动机制分析;锡尔指数适用于区域差异原因分解分析。本文将选取目前学术界测算地区差异最具代表性的两个指标:变异系数以及锡尔指数。

(1)变异系数。本文将通过变异系数这一指标对2004—2012年中国新型城镇化发展水平的地区差异进行整体测度,变异系数的计算公式为:

$$CV_t = S_t / EQ_t \tag{1}$$

其中 Q_{it} 表示第 t 年第 i 个省份新型城镇化综合发展指数数值,EQ_t 为第 t 年的均值,S_t 代表第 t 年的标准差。

(2)锡尔指数。其计算原理如下:

设指标 Q 的全国比重为:

$$T_{it} = \frac{Q_{it}}{\sum_{i=1}^{n} Q_{it}} \tag{2}$$

T_{it} 表示第 t 年第 i 个省份的新型城镇化综合指数占全国的份额。

东部、中部、西部、东北地区新型城镇化综合指数占全国的比重分别为:

$$T_{dt} = \frac{Q_{dt}}{\sum_{i=1}^{n} Q_{it}} \tag{3}$$

$$T_{zt} = \frac{Q_{zt}}{\sum_{i=1}^{n} Q_{it}} \tag{4}$$

$$T_{xt} = \frac{Q_{xt}}{\sum_{i=1}^{n} Q_{it}} \tag{5}$$

$$T_{db,t} = \frac{Q_{db,t}}{\sum_{i=1}^{n} Q_{it}} \tag{6}$$

其中,n,d,z,x,db 分别是全国、东部、中部、西部、东北地区所包含的省份个数。

全国的锡尔指数为:

$$J_t = \sum_{i=1}^{n} T_{it} \ln(nT_{it}) \tag{7}$$

东部、中部、西部、东北地区的内部差异的锡尔指数为:

$$J_d = \sum_{i=1}^{d} (T_{it}/T_{dt}) \ln(d * T_{it}/T_{dt}) \tag{8}$$

$$J_z = \sum_{i=1}^{z} (T_{it}/T_{zt}) \ln(z * T_{it}/T_{zt}) \tag{9}$$

$$J_x = \sum_{i=1}^{x} (T_{it}/T_{xt}) \ln(x * T_{it}/T_{xt}) \tag{10}$$

$$J_{db} = \sum_{i=1}^{x} (T_{it}/T_{db,t}) \ln(db * T_{it}/T_{db,t}) \tag{11}$$

东部、中部、西部、东北地区之间差异的锡尔指数为:

$$J_j = T_{dt}\ln\left(T_{dt}\frac{n}{d}\right) + T_{zt}\ln\left(T_{zt}\frac{n}{z}\right) + T_{xt}\ln\left(T_{xt}\frac{n}{x}\right) + T_{db,t}\ln\left(T_{db,t}\frac{n}{db}\right) \tag{12}$$

2.2 空间相关性分析

空间相关分析指标包括全域空间相关分析 Moran's I 指数和局部空间关联指数 LISA(Local Indicators of Spatial Association)分析。本文先计算全局相关性系数与局域相关性系数,判断相关性的性质与程度,然后,利用 Moran 散点图和 LISA 集聚图,研究中国 31 个省份的新型城镇化发展的局部空间分布规律。

(1) 基于 Moran's I 指数的全域空间相关性分析

全域空间相关性又称全域空间自相关(Global Spatial Autocorrelation),是指从区域空间的整体上刻画区域城镇化空间分布的集群情况。这里主要采用 Moran's I 指数法及其散点图,对我国城镇化的全域空间相关性进行分析与检验。

全域 Moran's I 指数计算式为：

$$\text{Moran'I} = \frac{\sum_{i=1}^{n}\sum_{j=1}^{n} w_{ij}(Y_i - \bar{Y})(Y_j - \bar{Y})}{S^2 \sum_{i}^{n}\sum_{j}^{n} w_{ij}} \tag{13}$$

其中，$s^2 = \frac{1}{n}\sum_{i=1}^{n}(Y_i - \bar{Y})$；$\bar{Y} = \frac{1}{n}\sum_{i=1}^{n} Y_i$；$Y_i$ 表示 i 地区的新型城镇化发展综合指数；n 为地区总数，在本文中 $n=31$；w_{ij} 为空间权重矩阵，根据地理学第一定理，本文选用二进制的临近空间权重矩阵，用以定义空间对象的相互临近关系。

全域 Moran's I 的取值范围介于 -1—1 之间。若其数值大于 0，说明空间存在正相关，表示在空间地理分布中相似相近的属性值区域比较集聚；数值越大说明空间分布的正相关性越强；反之，若其数值小于 0，说明空间存在负相关，表示相邻的单元之间不具有相似的属性；数值越小则说明各空间单元的差异性越大；若其数值为 0，则说明该空间属性指标值相互独立，服从随机分布。

Moran's I 值可以利用标准化统计量 Z 检验其显著性。检验原理如下：

在空间数据服从正态分布时，可以计算 Moran's I 值的预期值与方差：

$$En(I) = -\frac{1}{n-1} \tag{14}$$

$$\text{VaR}_n(I) = \frac{n^2 W_1 + nW_2 + 3W_0^2}{W_0^2(n^2-1)} - En^2(I) \tag{15}$$

其中，$W_0 = \sum_{i=1}^{n}\sum_{j=1}^{n} w_{ij}$；$W_1 = \frac{1}{2}\sum_{i=1}^{n}\sum_{j=1}^{n}(w_{ij} + w_{ji})^2$；$W_2 = \sum_{i=1}^{n}(w_{i\cdot} + w_{\cdot i})^2$，式中 $w_{i\cdot}$、$w_{\cdot i}$ 分别表示空间权重矩阵中 i 行 j 列的所有权重值之和。

根据 Mroan'I 指数的计算结果，利用正态分布假设，可以检验空间相关性。将 Mroan'I 指数值标准化，则可得标准正态检验统计量为：

$$Z(d) = \frac{\text{Moran's I} - E(I)}{\sqrt{\text{VAR}(I)}} \tag{16}$$

公式(16)可以判断不同区域经济数据之间的空间相关性是否显著存在。在显著性水平取值为 5% 时，若标准正态检验统计量的绝对值大于临界值 1.96，表明该空间相关性存在显著的空间相关性；否则，不存在显著的空间相关性。

Moran's I 散点图是以每个区域的属性值作为横坐标，以与其相邻区域属性滞后值的空间加权平均值作为纵坐标,在二维坐标系中绘制出的用于显示全局空间自相关性的散点图。

通过计算与绘制空间相关关系系数的 Moran's I 散点图,可以将新型城镇化综合发展指数分为四个象限,分别用以识别各个省份与其他临近省份之间的相互关系:右上方为第一象限,表示高城镇化的省份被高城镇化的其他省份所包围(H—H,高—高);左上方为第二象限,表示低城镇化省份被高城镇化的其他省份所包围(L—H,低—高);左下方为第三象限,表示低城镇化的省份被低城镇化的其他省份所包围(L—L,低—低);右下方为第四象限,表示高城镇化的省份被低城镇化的其他省份所包围(H—L,高—低)。第一、三象限为正的空间自相关关系,表示相似城镇化省份之间的空间关联;而第二、四象限为负的空间自相关关系,表示不同城镇化省份之间的空间关联,如果各省城镇化均匀地分布于四个象限之内,则说明各省份之间不存在空间相关关系。

(2)基于局部空间关联指数 LISA 的局部空间相关性分析方法

全局空间自相关指数 Moran's I 是用来判断观察值在空间上的整体分布情况,但是它不能显示出集聚的所在位置以及区域之间的相关程度如何。而局部空间关联指数 LISA 可以弥补这一局限。局部空间关联指数 LISA 可以揭示出某个空间单元与其邻近的空间单元之间的相关性。对于局域空间相关性的分析主要包括两种指数:局域 Moran's I 指数和局域 Ceary 指数。本文将采用局域 Moran's I 指数对中国 31 个省份的新型城镇化发展进行分析和研究,另外,再结合空间分布图说明局部相关情况。

空间联系的局域指标(LISA)是用来度量每个区域单元与其周边地区的属性值之间的显著空间聚集程度的指标。其公式为:

$$\text{LISA} = \overline{\text{Moran's I}} = Z_i \sum_{j=1}^{n} w_{ij} Z_j \quad (i \neq j) \tag{17}$$

其中,$\overline{\text{Moran's I}}$代表局域 Moran's I 指数,$Z_i = \frac{X_i - \bar{X}}{S}$,$Z_j = \frac{X_j - \bar{X}}{S}$分别表示观测值与均值之间的离差除以标准差,$x_i$ 表示空间单元 i 的观测值,W_{ij}表示空间权值矩阵。因此,局域 Moran's I 指数就可以表示为空间单元 i 的观测值的离差 z_i 和它相临近的空间单元 j 的观测值离差 z_j 的加权平均值的乘积。

利用局域 Moran's I 值及其显著性,可以判断各省份新型城镇化发展的局部相关性质与程度大小。如果局域 Moran's I 值在既定的显著性水平下通过检验,则说明局部空间相关关系是显著的。当局域 Moran's I 值大于等于 0 时,说明具有显著的正向空间相关性,某区域与跟它观测的属性值相似的区域邻近,形成空间聚集。其中,当区域与相邻区域的属性值都较高时,为热点;当区域与相邻区域的属性值都较低时,则为冷点。相反,区域的值低或是其本身属性值低而周围区域的高,即有显著的负向空间相关时,则为空间异质。其绝对值越大,说明局部空间相关性越强。

在上述量化分析的基础上,本文用四分类法把各省份的新型城镇化发展指数分为五个等级,绘制出2004年至2012年各省份的新型城镇化发展指数空间分布图。从分布图形观察不同局部相关性的区域聚集与离散分布情况。

3. 中国省域新型城镇化发展的空间异质性与相关性分析结果与解释

3.1 样本选择与数据来源

本文利用了王周伟、柳扪(2014)[①]的工作论文中的新型城镇化发展数据。从反映的理念与内容看,其系统评价理念贴合远景发展规划,内容比较综合系统。该文收集了全国31个省份1994—2012年的数据,按照中央城镇化工作会议精神与国家新型城镇化规划(2014—2020年)理念,选取反映新型城镇化发展特征的从居民生活、经济效率、城镇服务、生态环保与协调持续五个维度,用五个一级指标、十九个二级指标、五十八个三级指标构建了指标体系。从研究方法上看,综合利用了因子扩展的面板向量自回归模型(FAPVAR)与BL结构脉冲响应分析,系统地确定各级指标的权重,构造了新型城镇化发展指数。方法更为合理。另外,该新型城镇化发展指数。数据既包括各省份的,也包括了东部、中部、西部、东北部四个区域的新型城镇化。这些都为对城镇化分析提供了很好的数据基础。

3.2 基于锡尔指数的空间异质性度量及其成因分解分析

中国新型城镇化发展指数的变异系数的计算结果如表1所示。其趋势如图1所示。

[①] 王周伟、柳扪,中国新型城镇化发展的系统评价研究,工作论文,2014.6

表 1 2004—2012 年全国新型城镇化发展的变异系数

年份	2004	2005	2006	2007	2008	2009	2010	2011	2012
全国变异系数	0.4349	0.4583	0.4073	0.3556	0.3347	0.3228	0.3102	0.2719	0.2862

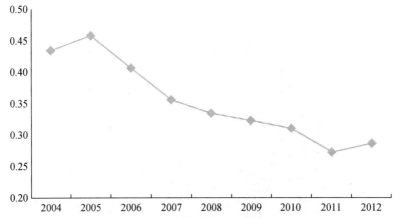

图 1 2004—2012 年新型城镇化发展的全国变异系数

变异系数是对 2004—2012 年中国新型城镇化发展水平的地区差异度进行整体测度的指标,它代表了 31 个省份的整体差异情况。由图 1 可以清晰地看到,2004—2012 年间中国省际新型城镇化发展水平的变异系数整体上呈现出不断减小的趋势,由 2004 年的 0.4349 下降为 2012 年的 0.2862,仅有 2004—2005 以及 2011—2012 这期间有微升的现象出现,但是总体上来讲,中国整体的新型城镇化发展差距在不断缩小,尤其是在 2005 年后,变异系数下降速度不断加快。自 2006 年下半年以后,全国新型城镇化发展的变异系数都在 0.2—0.4 之间。并且还在不断下降,这说明中国的新型城镇化发展呈现出收敛的态势。这是因为由于自然禀赋等因素,有些区域新型城镇化起步较慢,但是今年来,各个地区为了更好地促使当地经济的发展和居民生活的改善,出台了一系列促进新型城镇化发展的政策和策略,加快了当地新型城镇化的快速发展,不断缩小了与新型城镇化起步较早区域的差异。

本文利用锡尔指数对 2004—2012 年的中国新型城镇化发展水平的地区差异进行分解,结果如表 2、图 2 所示。

从表 2 和图 2 可以看出,无论是代表区域内部差异的锡尔指数,还是代表四大区域间差异的锡尔指数,在 2004—2012 年间总体上都呈现出下降的趋势,这说明无论是区域内部还是区域间新型城镇化发展水平的差异都在下降。中

表 2 2004—2012 年全国新型城镇化发展的差异及其区域分解

年份	全国 锡尔指数	东部地区 锡尔指数	东部地区 贡献率(%)	中部地区 锡尔指数	中部地区 贡献率(%)	西部地区 锡尔指数	西部地区 贡献率(%)	东北地区 锡尔指数	东北地区 贡献率(%)	区域之间 锡尔指数	区域之间 贡献率(%)
2004	0.0718	0.1016	58.07	0.0067	1.40	0.0288	14.38	0.0002	0.02	0.0188	26.13
2005	0.0842	0.0874	45.58	0.0007	0.13	0.0429	17.30	0.0046	0.41	0.0308	36.58
2006	0.0681	0.0714	45.41	0.0012	0.27	0.0276	13.67	0.0047	0.55	0.0273	40.10
2007	0.0522	0.0607	48.92	0.0006	0.17	0.0146	9.48	0.0040	0.63	0.0213	40.80
2008	0.0464	0.0562	50.06	0.0005	0.17	0.0131	9.70	0.0040	0.74	0.0182	39.33
2009	0.0440	0.0507	47.69	0.0009	0.32	0.0115	8.83	0.0042	0.85	0.0186	42.31
2010	0.0417	0.0439	43.49	0.0008	0.32	0.0136	11.16	0.0056	1.17	0.0183	43.86
2011	0.0325	0.0370	45.24	0.0006	0.28	0.0122	13.40	0.0065	1.75	0.0128	39.32
2012	0.0337	0.0475	56.18	0.0005	0.26	0.0044	4.58	0.0035	0.92	0.0128	38.06

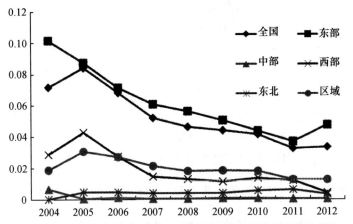

图2 2004—2012年全国及四大区域新型城镇化发展的锡尔指数

国新型城镇化发展差异较大的原因主要在于东部地区内部差异较大,四大区域之间的差异也较大,与西部地区的内部新型城镇化发展差异程度基本相当。而西部地区的锡尔指数值虽然没有东部地区和四大区域间的数值大,但是要高于中部和东北地区的锡尔指数,而且西部地区内部省份的"两极化"现象很严重,应该引起我们的关注。

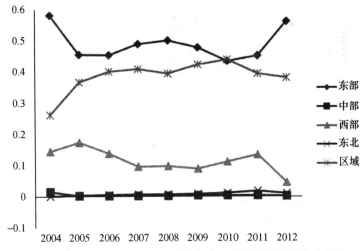

图3 2004—2012年全国新型城镇化发展差异的区域贡献率分解

从图3中可以看出,各个地区的新型城镇化发展差异对于全国新型城镇化发展的差异贡献率是不同的。结合表2和图2分析可知,2004—2012年,测度东部地区内部省际差异的锡尔指数在四大区域中最大,对全国新型城镇化发展指数差异的贡献率也最大,均在40%以上,这与我们所观察到的现实情况是完全吻合的;其次是四大地区之间的差异,它对全国新型城镇化发展指数差异的贡献率也均在25%以上,这说明各个区域之间的新型城镇化发展水平差异较大,在未来推进新型城镇化发展的进程中,更应该强调区域间的协调持续发展,各个区域之间应该共同协调推进;其他三大区域的贡献率则相对较小,尤其是中部和东北地区,这两个区域的锡尔指数很小,对全国新型城镇发展差异的贡献率几乎可以忽略不计,几乎都在1.5%以下,原因在于它们的新型城镇化发展水平也比较低,这就导致其内部的差异贡献较小。

3.3 基于 Moran's I 值的全局空间相关性分析结果及解释

3.3.1 基于 Moran's I 值的全局空间相关性分析及其检验

根据式(13)至式(16),代入数据计算,就可以得到2004—2012年各省份新型城镇化发展指数的 Moran's I 值及其显著性检验 P 值,结果如表3所示。

表3 2004—2012年中国省域新型城镇化发展指数之间的 Moran's I 值及其显著性检验 P 值

年份	Moran's I	p
2004	0.0441	0.17
2005	0.2092	0.03
2006	0.2433	0.01
2007	0.2579	0.01
2008	0.2407	0.01
2009	0.2854	0.02
2010	0.3121	0.00
2011	0.2743	0.00
2012	0.2498	0.00

全域 Moran 指数是从区域空间的整体上刻画区域城镇化空间分布的集群情况,从表3中的数据可以看出,2004—2012年的 Moran's I 值均大于0,说明中国新型城镇化发展存在空间正相关;除了2004年以外,Moran's I 值都在0.21至0.31之间,P 值都小于5%的显著性水平,这说明在95%的置信度下31个省份的新型城镇化发展指数之间的空间正相关是显著的,中国新型城镇化发展的区域溢出关联相关性是显著存在的。所以,为了更好地推进全国新型城镇化的发展,各个区域可以相互合作,相互支持,取长补短,不能为了绩效竞争及自身的

短期利益而损害周围区域的发展,长远来看这样也会影响到自身的发展。新型城镇化发展速度较快的区域可以充分发挥自身的先进示范与溢出效应作用,带动周围区域的发展。

3.3.2 基于 Moran's I 散点图的全局空间相关性分析

绘制的 2004 年至 2012 年期间各省份新型城镇化发展之间的 Moran's I 指数散点图如图 4.1 - 4.9 所示。

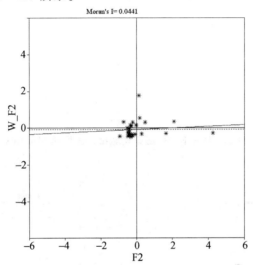

图 4.1 2004 年中国不同省域新型城镇化发展的 Moran's I 散点图

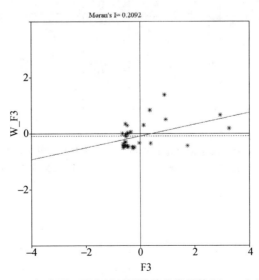

图 4.2 2005 年中国不同省域新型城镇化发展的 Moran's I 散点图

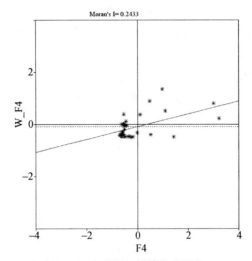

图 4.3　2006 年中国不同省域新型城镇化发展的 Moran's I 散点图

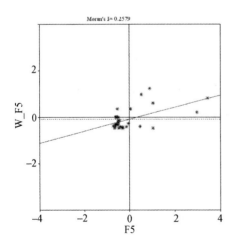

图 4.4　2007 年中国不同省域新型城镇化发展的 Moran's I 散点图

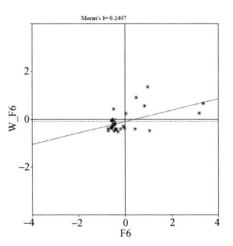

图 4.5　2008 年中国不同省域新型城镇化发展的 Moran's I 散点图

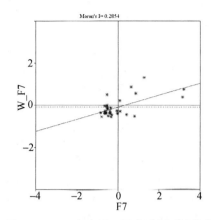

图 4.6 2009 年中国不同省域新型城镇化发展的 Moran's I 散点图

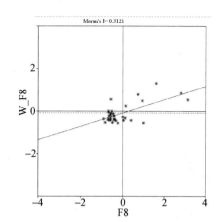

图 4.7 2010 年中国不同省域新型城镇化发展的 Moran's I 散点图

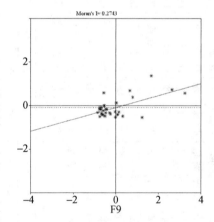

图 4.8 2011 年中国不同省域新型城镇化发展的 Moran's I 散点图

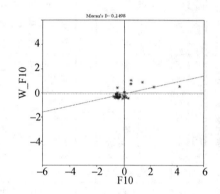

图 4.9 2012 年中国不同省域新型城镇化发展的 Moran's I 散点图

图 4 2004—2012 年中国不同省域新型城镇化发展的 Moran's I 散点图

按年份对中国各省域新型城镇化发展指数之间的空间相关性做聚类统计，可得表 4。

从表 4 与图 4 可以看出，2004—2012 年 31 个省份的 Moran's I 大都分布在第一、三象限，两个象限所占比例之和达到了 70% 以上，即新型城镇化发展水平较高的区域和新型城镇化发展水平较高的区域相邻，新型城镇化发展水平较低的区域和新型城镇化发展水平较低的区域相邻，这说明了中国的新型城镇化发展呈现出较强的正相关性，地区与地区之间新型城镇化发展水平是相互作用的，一个区域的新型城镇化发展是其自身发展的结果，还受到相邻省份发展情

表 4 中国省域新型城镇化发展指数之间的空间相关性聚类时序统计

相关类型		指标	2004	2005	2006	2007	2008	2009	2010	2011	2012
正空间自相关关系	第一象限：高—高 协同成长发展型	省份	天津、江苏、上海、浙江	北京、天津、江苏、上海、浙江、福建	北京、天津、江苏、上海、浙江、福建	北京、天津、江苏、上海、浙江、福建	北京、天津、江苏、上海、浙江、福建	北京、天津、江苏、上海、浙江、福建	北京、天津、江苏、上海、浙江、福建	北京、天津、江苏、上海、浙江、福建	北京、天津、江苏、上海、浙江、福建
		省域数	4	6	6	6	6	6	6	6	6
		比重	12.9%	19.35%	19.35%	19.35%	19.35%	19.35%	19.35%	19.35%	19.35%
	第三象限：低—低 协同衰退发展型	省份	山东、山西、陕西、甘肃、青海、河南、安徽、湖北、重庆、四川、江西、湖南、贵州、云南、广西、广东、海南、新疆、吉林、内蒙古、辽宁、宁夏、黑龙江	山东、山西、陕西、甘肃、青海、河南、安徽、湖北、重庆、四川、江西、湖南、贵州、云南、广西、海南、新疆、吉林、内蒙古、辽宁、宁夏、黑龙江	陕西、山西、甘肃、青海、河南、安徽、湖北、重庆、四川、江西、湖南、贵州、云南、广西、海南、新疆、吉林、内蒙古、辽宁、宁夏、黑龙江	山东、山西、陕西、甘肃、青海、河南、安徽、重庆、四川、江西、湖北、湖南、贵州、云南、广西、海南、新疆、吉林、内蒙古、辽宁、宁夏、黑龙江	山东、山西、陕西、甘肃、青海、河南、安徽、重庆、四川、江西、湖北、湖南、贵州、云南、广西、海南、新疆、吉林、内蒙古、辽宁、宁夏、黑龙江	山东、山西、陕西、甘肃、青海、河南、安徽、湖北、四川、江西、湖南、贵州、云南、广西、海南、新疆、吉林、内蒙古、宁夏、黑龙江	陕西、山西、青海、甘肃、河南、安徽、重庆、湖北、四川、江西、湖南、贵州、云南、广西、海南、新疆、吉林、宁夏、黑龙江	陕西、山西、青海、甘肃、河南、安徽、湖北、江西、四川、贵州、云南、广西、新疆、吉林、宁夏、黑龙江	山东、山西、甘肃、青海、河南、安徽、湖北、江西、湖南、广西、新疆、宁夏、吉林、黑龙江
		省域数	17	21	20	22	22	21	19	18	20
		比重	54.84%	67.74%	64.52%	70.97%	70.97%	67.74%	61.29%	58.06%	64.52%

（续表）

相关类型		指标	年份									
			2004	2005	2006	2007	2008	2009	2010	2011	2012
负空间自相关关系	第二象限：低—高 低嵌套发展型	省份	新疆、河北、青海、四川、福建、云南、海南	新疆、河北	新疆、河北	河北	河北	河北	河北	河北	河北
		省域数	7	2	2	1	1	1	1	1	1
		比重	22.58%	6.45%	6.45%	3.22%	3.22%	3.22%	3.22%	3.22%	3.22%
	第四象限：高—低 高嵌套发展型	省份	北京、西藏、广东	西藏、广东	山东、西藏、广东	西藏、广东	西藏、广东	辽宁、西藏、广东	内蒙古、辽宁、山东、西藏、广东	内蒙古、辽宁、山东、西藏、重庆、广东	内蒙古、辽宁、西藏、广东
		省域数	3	2	3	2	2	3	5	6	4
		比重	9.68%	6.45%	9.68%	6.45%	6.45%	9.68%	16.13%	19.35%	12.90%

况的影响。其中分布在第三象限的省份数最多,2004—2012年间第三象限的省份数所占比例均在50%以上,有些年份甚至还达到了70%以上。这证明了各个省份在新型城镇化发展上存在正相关的同时,也更加凸显了大部分省份的中国新型城镇化发展系统评价值还比较低。在未来的新型城镇化推进过程中,政府应该发挥其充分的主导作用,对于处于第三象限的区域给予更多的政策和资金支持,引导他们共同促进区域新型城镇化的发展。

3.4 基于区域 Moran's I 值的局部空间相关分析结果及解释

3.4.1 基于区域 Moran's I 值的局部空间相关性分析

为了进一步分析新型城镇化发展的局域空间特征,当进一步考虑是否存在某些省份新型城镇化发展综合指数的高值或者低值的局部空间集聚情况、哪个省份的空间单元是造成 Moran's I 指数值呈逐年下降的趋势以及是否存在局部区域的空间异质性时,就需要应用局部空间自相关分析法。

根据计算得出的新型城镇化发展综合指数,运用 Matlab 程序进一步计算得出了局部 Moran's I 值,具体如表5所示。

全域 Moran's I 指数是一个全局指标,主要用于揭示整个研究区域新型城镇化发展差距的空间依赖程度,即是趋同、异质或是随机分布。而局域空间自相关能够进一步反映各省域与周围邻近省域的新型城镇化发展差距的相关程度。表5得出的数据和前文利用全域 Moran's I 指数得出的相关结果是相互呼应的,表现在相邻省份的局域 Moran's I 指数值大小是相接近的,而且从表5的数据中可以看出,有些省份与其周围相邻的省份的新型城镇发展水平是负相关的,如河北、辽宁、广东、海南、西藏,这几个省份在2004—2012年间大部分年份的局域 Moran's I 指数值都是负的,其中广东和西藏是因为其自身的新型城镇化发展水平比周围省份都要高,而河北、辽宁、海南则是因为其新型城镇化发展水平比周围省份低。

表 5 2004—2012 年全国 31 个省份新型城镇化发展之间的局部 Moran's I 指数值

省份	2004	2005	2006	2007	2008	2009	2010	2011	2012
北京	-0.6941	0.2658	0.3732	0.5136	0.7793	0.9481	1.2932	1.8754	2.0586
天津	0.1487	0.5628	0.685	0.9652	1.3084	1.3342	1.6211	2.3243	2.4680
河北	-0.4517	-0.2951	-0.3700	-0.5435	-0.7021	-0.7128	-0.8263	-1.1547	-1.3353
山西	0.4883	0.2001	0.1702	0.2860	0.3030	0.2151	0.2350	0.3209	0.4606
内蒙古	0.4123	0.3925	0.3449	0.4111	0.2991	0.0217	-0.0476	-0.1537	-0.0736
辽宁	0.1295	0.0908	0.0668	0.0639	0.0023	-0.0394	-0.045	-0.0703	-0.0735
吉林	0.1161	0.1746	0.1647	0.2081	0.1591	0.0555	0.0716	0.1181	0.1467
黑龙江	0.0793	0.1437	0.1453	0.1992	0.1680	0.0721	0.0900	0.1389	0.1733
上海	0.4042	0.8861	1.2403	2.3619	2.1958	1.9105	1.8690	1.9750	4.3150
江苏	0.1118	0.2811	0.4424	0.9147	0.8476	0.8866	0.9157	0.9361	2.1295
浙江	0.2063	0.5292	0.7245	1.3332	1.1556	0.9462	0.8928	0.7755	1.8192
安徽	0.0759	0.0342	0.0115	-0.0036	0.1048	0.0621	0.0203	0.1566	0.3365
福建	-0.0005	0.0286	0.0324	-0.0289	0.0168	0.0236	0.0431	0.0055	0.0024
江西	0.0564	0.0105	-0.0138	-0.0023	0.0806	0.0654	0.0741	0.2594	0.5007
山东	0.0307	0.0060	0.0011	0.0197	0.0369	0.0194	-0.0042	0.0090	0.0590
河南	0.3745	0.3339	0.3796	0.5851	0.6825	0.5638	0.6170	0.7963	1.2483
湖北	0.2447	0.2913	0.3618	0.5497	0.6926	0.5683	0.5958	0.7621	1.1310
湖南	0.2150	0.2419	0.2935	0.4857	0.6286	0.6082	0.6117	0.7590	1.2221
广东	-0.1493	-0.191	-0.2978	-0.4719	-0.4718	-0.3901	-0.3606	-0.4393	-0.3589
广西	0.1055	0.1467	0.1792	0.3034	0.3673	0.3811	0.3844	0.5183	0.8628

(续表)

省份	2004	2005	2006	2007	2008	2009	2010	2011	2012
海南	-0.0432	-0.0611	-0.0842	-0.1278	-0.1172	-0.0881	-0.0812	-0.093	-0.0797
重庆	0.1297	0.1136	0.1507	0.2924	0.3905	0.3539	0.2394	0.0130	0.2512
四川	0.0334	0.0838	0.1779	0.3693	0.5131	0.5523	0.5074	0.4995	1.1300
贵州	0.2219	0.3173	0.3838	0.6556	0.8641	0.8611	0.8505	0.9522	1.5000
云南	-0.0309	-0.0108	0.0352	0.1362	0.1830	0.2832	0.2396	0.2286	0.7959
西藏	-0.6014	-0.7059	-0.7093	-0.8591	-1.0129	-0.6795	-0.8483	-1.4206	-0.6013
陕西	0.2226	0.2448	0.3007	0.4768	0.6174	0.4224	0.4413	0.3951	0.9217
甘肃	0.2207	0.3444	0.4621	0.7001	0.8471	0.7288	0.7716	0.8449	1.4131
青海	-0.0557	-0.0147	0.0254	0.1092	0.1397	0.1722	0.1640	0.1518	0.4885
宁夏	0.0766	0.1583	0.1801	0.2170	0.2516	0.1831	0.1772	0.1398	0.2992
新疆	-0.0531	-0.0882	-0.0369	0.0133	0.0209	0.0863	0.0677	0.0041	0.3789

3.4.2 基于局域 Moran's I 图的局部空间相关分析

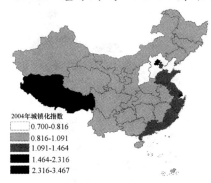

图 5.1　2004 年新型城镇化
发展程度分布

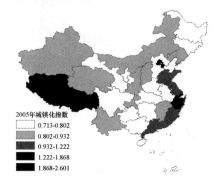

图 5.2　2005 年新型城镇化
发展程度分布

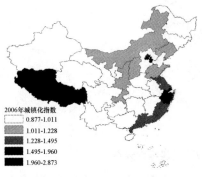

图 5.3　2006 年新型城镇化
发展程度分布

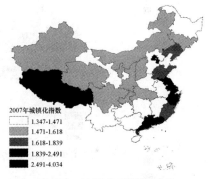

图 5.4　2007 年新型城镇化
发展程度分布

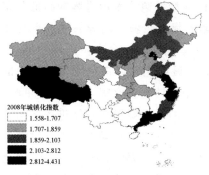

图 5.5　2008 年新型城镇化
发展程度分布

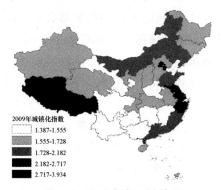

图 5.6　2009 年新型城镇化
发展程度分布

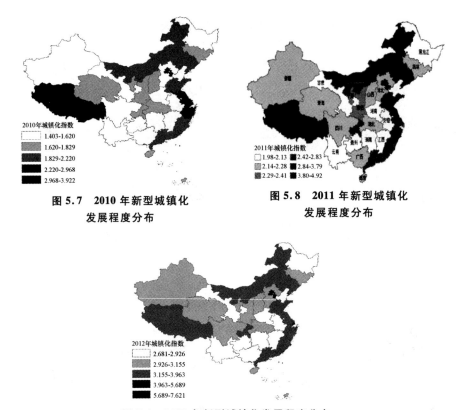

图 5.7　2010 年新型城镇化发展程度分布

图 5.8　2011 年新型城镇化发展程度分布

图 5.9　2012 年新型城镇化发展程度分布

图 5　2004—2012 年中国 31 个省份新型城镇化发展的五分位空间分布图

在图 5 中,颜色越深代表新型城镇化发展进程的越高。从图中颜色分布情况可以看出,随着时间的推移,31 个省份的新型城镇化发展进程的高低分布情况在发生着变化。一方面是在全国与区域上都存在着空间异质性与不均衡发展问题。中国 31 个省份的新型城镇化发展呈现出空间分布不均衡的特征,东部沿海地区几个省份和西部某些省份的新型城镇化发展进程明显高于中部和东北地区,中部和东北地区大部分地区的新型城镇化还有很大的发展空间。另一方面,存在着局部空间集聚与相关性。中国的新型城镇化发展进程之间呈现一定的集聚效应,往往是新型城镇化发展进程高的地区和新型城镇化发展进程高的地区相邻,上海、北京、天津、江苏、浙江这几个相邻的省份的新型城镇化发展进程在 2004—2012 年间一直都处于较高的水平,新型城镇化发展进程低的和发展进程低的省份相邻,像云南、贵州、甘肃、广西、江西、湖南几个相邻的省份的新型城镇化发展进程一直是处于较低的水平。这就证明了中国 31 个省份的新型城镇化发展又具有空间相关性。

4. 结论与建议

通过上述分析,我们知道全国 31 个省份新型城镇化发展存在着空间异质性与空间相关性,具有典型的新型城镇化发展地理特征。新型城镇化发展的"新"内容之一,就在于优化城镇化布局与形态,追求各区域的均衡协调与持续和谐发展。因此,要从异质性的城镇化分布特征与相关性的城镇化发展机理出发,才能有效推进新型城镇化建设与发展。我们的建议如下:

第一,因地制宜,分类规划。目前各省份之间的新型城镇化发展进程差异较大,在居民生活、经济效率、城镇服务、生态环保与协调持续等方面也不是全面对称,各有长短;经济实力、社会结构、环境资源禀赋与市场化程度等制约因素各不同,所以,各省份应当从本区域现状特点与潜力优势出发,切实完善创新驱动与转型升级的动力机制,提高可持续发展能力;根据综合承载能力、资源禀赋与竞争优势,优化产业结构,强化特色产业,提升城镇创新能力,推动技术进步,集约高效发展经济,有力支持新型城镇化发展;提高公共服务与保障的水平、覆盖面与质量,加大环保治理力度,改善社会管理,努力营造幸福美好宜居的就业生活环境,提高居民生活质量。唯有如此,才能为整体协调推进新型城镇化发展提供基础。

第二,统筹规划,以点带面。在新型城镇化发展方面,在整体与局部上都存在着显著的正空间相关性。国家在《全国主体功能区规划》中已经确定了"两纵三横"的主体功能城镇化战略发展格局,要坚持以城市群协调发展为主线,深化东部地区之间的分工协作与功能互补,提升经济集聚与溢出扩散功效,不断推动一体化发展;创新其他地区的城镇化发展机制,改善产业转移承接环境与合作体制,强化自我发展能力,健全多元化可持续的资金保障机制,推动绿色城镇与智慧城市等新型特色化城镇建设。

参考文献

陈洋、李郇、许学强.改革开放以来中国城市化的时空演变及其影响因素分析[J].地理科学,2007,27(2):142—148.
金瑞,史文中.广东省城镇化经济发展空间分析[J].经济地理,2014,(3):45—50.
李波,张吉献.中原经济区城镇化区域差异时空演化研究[J].地域开发与研究,2013,(3):168—171。
李敬、冉光和、万广华.中国区域金融发展差异的解释——基于劳动分工理论与 Shapley 值分解方法[J].经济研究,2007(5):72—54.

刘静玉,刘玉振,邵宁宁,郭海霞.河南省新型城镇化的空间格局演变研究[J].地域开发与研究,2012,(5):143—147.

刘彦随、杨忍.中国县域城镇化的空间特征与形成机理[J].地理学报,2012(8):1011—1019

秦佳,李建民.中国人口城镇化的空间差异与影响因素[J].人口研究,2013,(3):25—40.

王周伟,柳闰.中国省域新型城镇化发展的系统评价与时序分析[A].金融管理研究,2014,2(2):已录用.

王周伟,柳闰.中国新型城镇化建设的永续高效投融资机制研究[A].金融管理研究,2014,2(2):已录用.

姚东.中国区域城镇化发展差异的解释——基于空间面板数据与夏普里值分解方法[J].中南财经政法大学学报,2013,(2):40—47.

姚亚伟,王周伟,张震.中国地方政府债务风险的现状、问题及对策分析[J].金融管理研究,2013,1(2):69—85.

曾昭法,左杰.中国省域城镇化的空间集聚与驱动机制研究——基于空间面板数据模型[J].中国管理科学,2013,(11):580—586.

郑蔚.海西经济区城镇化质量规模协调度动态变化研究[J].福建师范大学学报,2013,(6):33—40.

中国省级新型城镇化的动态耦合发展机制研究[*]

王周伟[①]　柳闫[②]

摘　要：城市营运体系包括经济、人口、金融、能源、环境与公共服务六个子系统，新型城镇化应当是这六个子系统全面协调发展的城镇化。本文从理论上分析了六者之间的相互作用与耦合发展关系，然后综合评价了 2004 年至 2012 年间全国 30 个省市六个子系统的发展现状，利用协调度、综合发展水平以及耦合协调度三个指标，度量了它们的耦合协调发展情况，并利用 σ 收敛判断了其收敛情况，最后利用 PVAR 模型实证分析了六者之间的相互作用关系，进一步解释了欠协调的成因。研究表明，各省市不同年度的耦合协调程度不同，有近一半的省市总体上处于不同程度的失调状态，但失调程度呈现 σ 收敛；六个子系统的 PVAR 模型变量多为不太显著也说明了这一点。

关键词：新型城镇化；城市营运系统；耦合协调度；σ 收敛；PVAR 模型

一、引言

积极推进新型城镇化发展是中国未来经济发展的核心任务之一，所谓新型城镇化，就是指以人为本、城乡一体、产城互动、节约集约、生态宜居、持续协调为基本特征的城镇化。它强调城镇化发展要与人口、资源、环境、生态等各个系

---

[*]　本文得到国家自然科学基金项目《住房保障家庭福利依赖及经济自助行为研究》(项目号：71473166) 资助。
[①]　王周伟(1969.1—)，男，博士，副教授，上海师范大学房地产与城市发展研究中心，研究领域：城市经济与发展、金融管理。
[②]　柳闫(1990.6—)，女，硕士，特聘助理研究员，上海师范大学房地产与城市发展研究中心，研究领域：城市经济与发展、金融管理。

统相协调,必须将生态文明融入全过程,实现人口、经济、资源和环境的协调发展,建设生态文明的美丽中国,实现中华民族永续发展。在当今城镇化发展的大背景下,人口、资源、环境、经济与社会发展之间的矛盾越来越复杂,为了实现科学发展观、构建社会主义和谐社会等重大发展要求与目标,我们需要更加重视城市营运系统的协调可持续发展。自 1987 年世界环境与发展委员会(WECD)明确提出了"可持续发展"的内涵以来,作为协调人类社会经济活动与自然环境、资源状况之间矛盾的指导思想,可持续发展已经成为在经济、生态、地理及社会学等学科的研究重点,而具有中国特色的新型城镇化的发展也要满足可持续这一要求。随着经济社会发展逐步步入新阶段和新常态,我国城镇化发展也需要转变理念,摒弃传统的城镇化发展理念,走新型可持续城镇化道路,从而促进城镇化的健康发展。

在发展城镇化的道路上,和许多发展中国家一样,中国也出现了所谓的"城市病",城市病主要表现在城市基础设施供给能力短缺、城市生态环境恶化和城市贫困城区形成三个方面,比较突出的是人口膨胀、交通拥堵、环境恶化、住房紧张、就业困难等问题(张晖明、温娜,2009 等),这将会加剧城市负担、制约城市化发展以及引发市民身心疾病等,城市因此会损失大量的财富,无形中浪费了能源和资源,不利于城镇化的健康协调,也使得可持续发展问题日益突出。解决这些问题迫切要求促进城镇化应当是人口、经济、资源、环境、生态文明之间的耦合发展。因此本文将通过分析城市运营系统的内部耦合发展,并度量中国不同省域在新型城镇化发展的大背景下城市营运系统的内部协调程度,用 PVAR 模型验证该协调作用的显著稳定性,从而为各个省域发展新型城镇化提供经验指导。

二、文献综述

省市系统是一个由多个子系统构成的复杂的大系统。系统的复杂性体现在各子系统之间的相互影响与作用,因此在经济发展过程中表现出来的城市病不仅仅是单一的经济问题、社会问题或是环境问题,而是大量问题的综合。

就目前而言,已有的关于省市系统内部协调的研究主要集中在某个区域,如:任志远、徐茜、杨忍(2011)对 2008 年陕西省各市农业生态环境与农业经济之间的协调发展现状进行相关研究;李青、苗莉(2013)研究了新疆地区土地利用与生态环境发展研究的协调关系。同时,对省市系统协调的研究对象比较单一,只是从某一个或者某几个方面来研究,研究的面过于狭窄,如:王兆峰、罗瑶

(2012)探究了商品市场发展和城镇化发展之间存在的内在作用机理,认为四川省商品市场与城镇化存在一定的耦合性;邹庆、陈迅、吕俊娜(2014)在探究经济与环境协调的问题上通过构建联立方程模型和运用 3SLS 法对 EKC 假说进行了计量检验;阿里木江·阿不来提等(2011)以新疆地区作为切入点,从人口、经济、资源、环境协调角度进行时空分析;在研究方法上也存在巨大差异,如贺晟晨、王远等人(2009)运用系统动力学方法建模,可以充分揭示省市系统的非线性结构和动态特征,可以对环境约束下的省市经济发展趋势进行判断预测;石培基、杨银峰、吴燕芳(2010)通过建立人口、资源、环境、经济和社会五个可持续发展系统的子系统协调性评价的指标体系,运用因子分析、系统协调度以及系统发展系数的多系统协调性评价方法;吕添贵、吴次芳、游和远(2013)采用信息熵权法确定综合评价指标体系,对鄱阳湖生态经济区水土资源与经济发展做量化评估。

综上所述,现有学者在关于城镇化以及省市系统内部协调性的研究上主要存在三个问题:(1)城镇化的相关研究还没有深入到城镇化的协调发展以及健康发展角度;(2)现有关于省市系统部分子系统不完整的协调耦合研究,还没有完全覆盖新型城镇化发展要素内容;(3)现有文献对省市系统中的主要变量作用关系缺乏在新型城镇化这样一个统一框架中的理论分析。

三、理论分析

省域系统涉及到经济、人口、金融、能源、环境与公共服务六个子系统,这些子系统有其内在的发展运行机制,相互之间又是相互作用,需要耦合发展。

(一) 省市经济系统

为简单起见,我们假设一个政府、企业与居民的三部门封闭的区域经济体,区域总人口为 N,包括一个省市与一个乡村。省市从事非农业生产,即第二、三产业及生产性服务业,省市人口规模为 N_1;乡村主要从事农业生产,乡村人口规模为 N_2。

该封闭省市经济体的产出用支出法核算,GDP 包括居民消费 C、企业投资 I、政府购买 G:

$$Y = C + I + G \tag{1}$$

用收入法核算,GDP 包括居民消费 C、储蓄 S、税收 T:

$$Y = C + S + T \tag{2}$$

该省市经济供求均衡：
$$Y = C + I + G = C + S + T \tag{3}$$

其中，商品消费包括居民商品消费与政府商品消费。政府消费具有刚性，短期内为常数，相对于政府投资部分很小，故下面忽略不计。居民消费有生活消费品消费，也包括公共物品与服务，即公共服务消费。公共物品与服务供给不足，公共消费市场属于配给制，即消费取决于供给。根据永久收入理论，省市居民商品消费等于人均消费支出乘以省市常住人口，等于边际消费倾向乘以可支配收入。即：

$$C = c_{10} + c_{11} \cdot Y^d \tag{4}$$

私人投资支出包括资本资产投资与存货投资，其中资本资产投资包括厂房设备等生产资本投资与住宅投资支出，可以分为企业投资支出 QI 与居民住宅投资支出 ZI；在绩效驱动下，企业投资与政府投资具有冲动性，投资由投资需求与金融市场均衡同时决定：

$$QI = c_{20} + c_{21} \cdot Y \tag{5}$$

住房投资等于有效住房需求乘以住房价格。按照加成定价法，住房价格是土地拍卖价格的倍数。有效住房需求 F 等于省市常住人口 $n \cdot N$ 乘以人均住房面积 f。则住房投资计算式为：

$$ZI = p \cdot F = p \cdot n \cdot N \cdot f \tag{6}$$

政府投资 G 包括经营性的公共基础设施与交通设施投资 GI 及基本公共服务提供 GF，即 $G = GI + GF$。基础设施建设投资 GI 主要是公用事业设施建设、交通设施建设、环境治理投资与生态系统修复供给。劳动力从居住地到工作地的通勤需要利用交通设施。交通设施面积需求取决于建成区土地面积 D 的平均径向距离与省市人口规模 $n \cdot N$ 之间的乘积。基础设施投资等于交通设施面积乘以单位土地收储开发成本 c_3，即基础设施投资计算式为：

$$GI = c_3 n \cdot N \sqrt{\frac{D}{\pi}} \tag{7}$$

基本公共服务供给 GF 包括公共安全服务、公共经济服务与公共社会服务。其中主要是公共社会服务，它包括水电煤等公用事业、污水处理、垃圾无害化处理、教育、医疗、社保、生态治理、环境保护等。基本公共服务供给 GF 等于：

$$GF = c_{40} + c_{41} \cdot n \cdot N \tag{8}$$

所以，省市经济产出等于：

$$\begin{aligned} Y &= C + I + G \\ &= (c_{10} + c_{11} \cdot Y^d) + (QI + ZI) + (GI + GF) \end{aligned} \tag{9}$$

其中，QI、ZI、GI 与 GF 由上面式(5)至(8)四个式子决定。

省市经济总需求等于：

$$Y = C + I + G$$
$$= (c_{10} + c_{11} \cdot Y^d) + (QI + ZI) + (GI + GF)$$
$$= (c_{10} + c_{11} \cdot (1-\tau)Y) + (c_{20} + c_{21} \cdot Y + p \cdot n \cdot N \cdot f)$$
$$+ \left(c_3 n \cdot N \sqrt{\frac{D}{\pi}} + c_{40} + c_{41} \cdot n \cdot N\right)$$

$$Y - c_{11} \cdot (1-\tau)Y - c_{21} \cdot Y = c_{10} + c_{20} + p \cdot n \cdot N \cdot f + c_3 n \cdot N \sqrt{\frac{D}{\pi}}$$
$$+ c_{40} + c_{41} \cdot n \cdot N$$

$$[1 - c_{11} \cdot (1-\tau) - c_{21}]Y = c_{10} + c_{20} + c_{40} + p \cdot n \cdot N \cdot f + c_{41} \cdot n \cdot N$$
$$+ c_3 n \cdot N \sqrt{\frac{D}{\pi}}$$

$$Y = \frac{c_{10} + c_{20} + c_{40} + p \cdot n \cdot N \cdot f + c_{41} \cdot n \cdot N + c_3 n \cdot N \sqrt{\frac{D}{\pi}}}{1 - c_{11} \cdot (1-\tau) - c_{21}}$$

$$Y = \frac{c_{10} + c_{20} + c_{40} + p \cdot n \cdot N \cdot f + c_{41} \cdot n \cdot N + c_3 n \cdot N \sqrt{\frac{D}{\pi}}}{1 - c_{11} \cdot (1-\tau) - c_{21}}$$

经过参数替换，则有：

$$Y = \beta_{10} + \beta_{11}N + \beta_{12}N\sqrt{D} \tag{10}$$

式中，β_{ij} 是由相关参数表示的参数。

第二、三产业就业人口等于省市就业常住人口，即劳动适龄人口乘以省市就业率；非劳动适龄人口与劳动适龄人口之比，为抚养比 α。省市就业常住人口规模则为 $\frac{N\theta}{1+\alpha}$，在劳动力市场均衡时，实现了适龄劳动者的充分就业，则 $\theta = 1$。常住人口城镇化率[①]近似等于省市常住人口规模与经济体中总人口之比。省市经济发展，区域产业结构调整升级，工业化率上升，将会吸纳更多人口就业，引来较多省市常住人口，在总人口变化相对较慢时，省市经济发展将会提高常住

[①] 常住人口城镇化率即城镇常住人口占全部人口的比重。所谓常住人口就是城里面居住6个月以上的这部分人群，包括一次性居住6个月，或者是一年之内居过6个月以上，这都被统计为常住人口，这个概念和口径是和国际上其他国家一致的。不同于户籍人口城镇化率，按户籍人口计算城镇的非农户口的人与全国人口的比例。

人口城镇化率。

(二) 省市人口系统

劳动力要素需求决定于理性厂商的利润最大化决策。假设厂商在商品市场与要素市场上都是完全竞争者,产品的边际收益等于产品的市场价格,则厂商优化决策的劳动力要素需求方程与资本(企业投资)需求方程为:

$$p \cdot MP_L = w \tag{11}$$

$$p \cdot MP_k = r \tag{12}$$

这表明,在替代效应与产出效应作用下,劳动力需求的厂商最优条件是劳动力要素的边际收益产品等于劳动力雇佣的边际成本。其中,劳动力、资本的边际产品是省市生产函数对劳动力的偏导数,即:

$$MP_L = \frac{\partial Y}{\partial L} \tag{13}$$

$$MP_K = \frac{\partial Y}{\partial K} \tag{14}$$

劳动力要素供给决定于省市劳动者关于劳动与闲暇的效用最大化决策。其最优化模型为:

$$\begin{cases} \max u(q,l) \\ s.t. \ pq = w(24-l) + m \end{cases}$$

式中,q,l 分别是闲暇时间与劳动力时间;m 为非劳动收入(如利息收入)。

求解该最优化模型的一阶条件,可得劳动力供给曲线方程:

$$MRS_{l,q} = \frac{MU_l}{MU_Q} = \frac{w}{q} = \lambda \tag{15}$$

这表明,在收入效应与替代效应作用下,劳动力供给的劳动者最优条件是劳动者的闲暇对消费的边际替代率等于实际工资。

劳动力总供给等于均衡劳动力乘以代表性劳动者的最优劳动时间为:

$$L = \frac{n \cdot N}{1+\alpha} \cdot l \tag{16}$$

劳动力供求均衡方程决定了省市人口规模。根据克拉克—威克斯第德—瓦尔拉的"收入分配净尽"定理,假设生产的规模收益不变时,或者不管生产函数的具体性质如何,如果要素的收入分配遵循边际生产力理论,则在长期均衡点上,总产品收入按照边际生产力理论刚好被分配给所有生产要素。即满足"收入分配净尽"定理。

新型城镇化进程中的省市生产包含住房生产投资 ZI 与基本公共物品生产

与公共服务 GF 等在内整个社会消费的商品与服务。把式(16)代入包含资本 K、劳动力 L、土地 D、公共投资 G 与能源 E 等要素投入的省市非农产业(即第二、三产业)生产函数,可得:

$$Y = A_0 e^t K^{b_1} \left(\frac{nN \cdot l}{1+\alpha} \right)^{b_2} D^{b_3} G^{b_4} E^{b_5} \tag{17}$$

式中,N 是劳动力,即处于就业状态的适龄(16—64 岁)人口数量;L 是企业生产用地;G 是政府公共投资;E 是用于省市生产的省市资源、能源。

$$Y = A_0 e^t K^{b_1} \left(\frac{nN \cdot l}{1+\alpha} \right)^{b_2} D^{b_3} G^{b_4} E^{b_5}$$

$$\left(\frac{nN \cdot l}{1+\alpha} \right)^{b_2} = \frac{Y}{A_0 e^t K^{b_1} D^{b_3} G^{b_4} E^{b_5}}$$

$$\frac{nN \cdot l}{1+\alpha} = \left(\frac{Y}{A_0 e^t K^{b_1} D^{b_3} G^{b_4} E^{b_5}} \right)^{1/b_2}$$

$$N = \frac{1+\alpha}{nl} \left(\frac{Y}{A_0 e^t K^{b_1} D^{b_3} G^{b_4} E^{b_5}} \right)^{1/b_2}$$

$$N = \frac{1+\alpha}{nl} \left(\frac{Y}{A_0 e^t K^{b_1} D^{b_3} G^{b_4} E^{b_5}} \right)^{1/b_2} \tag{18}$$

既定经济生产规模下的省市人口规模决定方程为:

$$\ln N = \frac{1}{b_2} \left(\ln \left(\frac{1+\alpha}{nl} \right) - \ln A_0 - t + \ln Y - b_1 \ln K - b_3 \ln D - b_4 \ln G - b_5 \ln E \right) \tag{19}$$

经过参数设定与替换,可得省市人口规模方程:

$$\ln N = \beta_{20} + \beta_{21} \ln Y + \beta_{22} \ln K + \beta_{23} \ln D + \beta_{24} \ln G + \beta_{25} \ln E \tag{20}$$

(三)省市金融系统

金融机构与市场把居民储蓄转化为社会投资,企业投资额与地方政府新增债务之和等于本地居民储蓄:

$$S_t = Y_t - C_t = I_t + B_t = QI_t + ZI_t + B_t \tag{21}$$

则有企业投资:

$$QI_t = Y_t - C_t - ZI_t - B_t \tag{22}$$

地方政府财政税收收入等于平均税率乘以地方经济总收入。即:

$$T = \tau Y \tag{23}$$

政府土地拍卖净收入等于土地拍卖面积(即新增城镇土地)乘以土地拍卖价格减去土地收储开发成本:

$$DR = (D_t - D_{t-1}) \cdot (p_l - c_l) \qquad (24)$$

上一期政府负债的本金在本期一次性偿还,利息远小于本金,可以忽略。政府投资资金金额 G 加上上一期政府负债的本金 B 等于财政税收 T、地方政府新增债务 B 与土地拍卖收入 DR 之和。即有:

$$T_t + B_t + DR_t = G_t + B_{t-1} = GI_t + GF_t + B_{t-1}$$

则有政府新增债务等于:

$$\begin{aligned} B_t &= GI_t + GF_t + B_{t-1} - T_t - DR_t \\ &= c_j n \cdot N \sqrt{\frac{D_t}{\pi}} + a + b \cdot n \cdot N + B_{t-1} - \tau Y - (D_t - D_{t-1}) \cdot (p_l - c_l) \end{aligned}$$

$$(25)$$

金融市场均衡即满足投融资条件,且在预警范围之内。资本总额采用永续盘存法进行估算①。则有省市资本等于:

$$K_t = K_{t-1} + QI_t \qquad (26)$$

把相关公式代入式 26,可得:

$$\begin{aligned}
K_t &= K_{t-1} + QI_t \\
&= K_{t-1} + Y_t - C_t - ZI_t - B_t \\
&= K_{t-1} + Y_t - C_t - ZI_t - (GI_t + GF_t + B_{t-1} - T_t - DR_t) \\
&= K_{t-1} + Y_t - c \cdot n \cdot N_t - p \cdot n \cdot N_t \cdot f \\
&\quad - \left(c_3 n \cdot N_t \sqrt{\frac{D_t}{\pi}} + c_{40} + c_{41} \cdot n \cdot N_t + B_{t-1} \right.\\
&\quad \left. - \tau Y_t - (D_t - D_{t-1}) \cdot (p_d - c_d) \right) \\
&= K_{t-1} + Y_t - c \cdot n \cdot N_t - p \cdot n \cdot N_t \cdot f - c_3 n \cdot N_t \sqrt{\frac{D_t}{\pi}} \\
&\quad - c_{40} - c_{41} \cdot n \cdot N_t - B_{t-1} + \tau Y_t + (D_t - D_{t-1}) \cdot (p_d - c_d) \\
&= K_{t-1} - c_{40} - B_{t-1} - D_{t-1} \cdot (p_d - c_d) + (1 + \tau) Y_t \\
&\quad - (c \cdot n + p \cdot n \cdot f + c_{41} \cdot n) \cdot N_t + D_t \cdot (p_d - c_d) - c_3 n \cdot N_t \sqrt{\frac{D_t}{\pi}}
\end{aligned}$$

$$\begin{aligned}
K_t &= K_{t-1} - c_{40} - B_{t-1} - D_{t-1} \cdot (p_d - c_d) + (1 + \tau) Y_t \\
&\quad - (c \cdot n + p \cdot n \cdot f + c_{41} \cdot n) \cdot N_t + (p_d - c_d) \cdot D_t - c_3 n \cdot N_t \sqrt{\frac{D_t}{\pi}}
\end{aligned}$$

$$(27)$$

---

① 楚尔鸣,马永军. 中国全要素生产率增长的区域差异及其收敛性[J]. 区域经济评论,2013,(3):59—66。

式中,前一期的变量、参数为常数。经过参数设定与替换,由式(27)可得省市经济系统的资本存量等于:

$$K_t = \beta_{30} + \beta_{31}Y_t + \beta_{32} \cdot N_t + \beta_{33} \cdot D_t + \beta_{34} \cdot N_t \sqrt{D_t} \qquad (28)$$

(四)省市能源系统

土地资源消耗即建设用地使用包括企业经营用地与居民居住用地。其中,企业经营用地等于省市常住人口规模 N 乘以省市常住人口人均企业经营用地面积;居民居住用地等于省市居民人均住房建筑面积乘以省市人口规模 N 除以容积率。则土地资源消耗等于:

$$D = D^q + D^h = n \cdot N \cdot (d^q + d^h)$$

经过参数设定与替换,可得:

$$D = \beta_4 \cdot N \qquad (29)$$

水资源消耗包括企业经营用水与居民生活用水消耗。经济体中企业经营全部水资源消耗等于省市经济产出乘以全部用水系数①。则有水资源消耗 W:

$$W = \beta_{50} + \beta_{51}Y + \beta_{52} \cdot N \qquad (30)$$

生产与生活过程中消费的能源(煤、汽、油、电等)主要取决于省市总产值与人口规模及能源价格,能源总消费量 E 计算式为:

$$E = \beta_{70} + \beta_{71}Y + \beta_{72}N + \beta_{73}p_e \qquad (31)$$

式中 E 是煤、汽、油、电等各种能源按折标系数计算的标准煤量(万吨);p_e 是能源价格指数。

(五)省市环境系统

环境污染包括工业生产污染与居民生活污染,投入资金治理环境污染。环境库兹涅茨曲线(EKC)理论认为,经济增长通过规模效应、技术效应与结构效应三种途径影响环境质量。规模效应恶化环境,而技术效应和结构效应改善环境。在经济起飞阶段,资源的使用超过了资源的再生,有害废物大量产生,规模效应超过了技术效应和结构效应,使得环境恶化;当经济发展到新阶段,技术效应和结构效应胜出,环境恶化减缓。而且人均收入水平的提高,也会增加对环境质量改善的需求。基于面板数据分析的环境污染 EKC 预测模型为:

$$\ln H_{it} = \beta_{60} + \beta_{61}\ln Y_{it} + \beta_{62}(\ln Y_{it})^2 + \beta_{63}(\ln Y_{it})^3 + \beta_{64}\ln N + \beta_{65}X_{it} \qquad (32)$$

---

① 张宏伟,和夏冰,王媛. 基于投入产出法的中国行业水资源消耗分析[J]. 资源科学,2011,33(7):1218—1224。

其中，H 是环境压力指标，用工业废水排放量、工业 SO_2 排放量、工业烟尘排放量和工业粉尘排放量表示；Y 是用 GDP 或人均 GDP 表示的经济产出；X 是产业结构、技术进步等非经济产出类影响变量。

利用 IPCC 对碳排放的计算式，可得省市区域碳排放量 A 计算式为[①]：

$$A = \sum_{i=1}^{3}(E_i \cdot b_i \cdot c_{ei}) = \beta_8 E \tag{33}$$

式中 c_e 是标准煤量的碳排放系数。

能源利用碳足迹 CF 计算公式为[②]：

$$CF = A/f \tag{34}$$

式中，f 是能源利用的碳排放/生态足迹转换系数（t/hm^2），以林地吸收的 CO_2 量计算的能源转换系数等于 $6.49\ t/hm^2$。

能源利用生态碳足迹压力等于能源利用碳足迹减去拥有的林地面积。该差值越大，压力越大；该差值越小，压力越小。

（六）省市公共服务系统

省市公共服务包括基础设施建设、基础教育服务、公共就业服务、公共卫生服务与社会保障服务等方面。省市发展必然伴随着省市规模的扩张与调整，这需要省市公共服务系统能够提供有效足量的公共服务供给。省市公共服务支出规模等于省市政府投资，即等于经营性的公共基础设施与交通设施投资 GI 及基本公共服务提供 GF，即 $G = GI + GF$。它决定于省市人口规模 N、省市地域规模对公共服务的需求及省市经济水平 Y 对公共服务的可供给能力。由式（7）、（8）可知，经过线性化近似可得省市公共服务投资支出规模 PE 为：

$$PE = G = GI + GF = \alpha_0 + \alpha_1 N + \alpha_2 D + \alpha_3 Y \tag{35}$$

（七）省市营运系统中各子系统的耦合发展作用分析

由上述省市经济产出方程、省市均衡人口规模方程、金融市场均衡、土地资源利用方程、水资源消费方程、环境污染方程、碳排放方程可知，省市经济产出、省市均衡人口规模、金融市场发展、土地资源利用、碳排放之间是相互作用的，水资源消费、环境污染、碳排放都主要决定于省市经济产出、省市人口规模及相

[①] 李丹丹，刘锐，陈动. 中国省域碳排放及其驱动因子的时空异质性研究[J]. 中国人口资源与环境，2013(7)：85—92.

[②] 赵先贵，马彩虹，肖玲，胡攀飞. 北京市碳足迹与碳承载力的动态研究[J]. 干旱区资源与环境，2013，27(10)：8—12。

关解释变量,它们共同构成了省市营运系统。该系统可以用式(10)、(20)、(28)、(29)、(30)、(31)、(32)、(33)、(34)、(35)组成的方程组表示为:

$$
\begin{cases}
Y = \beta_{10} + \beta_{11}N + \beta_{12}N\sqrt{D} \\
\ln N = \beta_{20} + \beta_{21}\ln Y + \beta_{22}\ln K + \beta_{23}\ln D + \beta_{24}\ln G + \beta_{25}\ln E \\
K_t = \beta_{30} + \beta_{31}Y_t + \beta_{32} \cdot N_t + \beta_{33} \cdot D_t + \beta_{34} \cdot N_t\sqrt{D_t} \\
D = \beta_4 \cdot N \\
W = \beta_{50} + \beta_{51}Y + \beta_{52} \cdot N \\
E = \beta_{60} + \beta_{61}Y + \beta_{62}N + \beta_{63}p_e \\
\ln H_{it} = \beta_{70} + \beta_{71}\ln Y_{it} + \beta_{72}(\ln Y_{it})^2 + \beta_{73}(\ln Y_{it})^3 + \beta_{74}\ln N + \beta_{75}X_{it} \\
A = \beta_8 \cdot E \\
CF = A/f \\
PE = \beta_{90} + \beta_{91}N + \beta_{92}D + \beta_{93}Y
\end{cases}
$$

一个完整的省市营运系统包括:省市经济系统、省市人口系统、省市金融系统、省市能源系统、省市环境系统以及省市公共服务系统六个子系统。省市发展的良性运营必须保证这些系统的相互协调,这六个子系统是一个相互联系的统一整体。省市经济系统以及省市金融系统的良好发展是省市运营体系得以健康运营的基础,它们为省市运营系统的发展提供充足的资金和经济资源,一个区域经济和金融发展良好,能源和环境建设也会相应提高,省市的公共服务水平也得到提高;一个区域的人口承载能力由省市的经济、金融、能源、环境、公共服务等几个方面共同决定,过多的人口以及过低的人口质量会阻碍省市的发展和建设;省市的能源系统不仅对省市经济和金融产生影响,对省市环境的影响更加深远,能源的利用效率以及使用方式对省市环境起到至关重要的作用;一个良好的省市环境会提高人们的工作效率,从而带动省市的经济和金融发展,才有更多的资金建设省市的公共服务;公共服务水平的高低直接影响着居民生活水平的质量,对于公共服务的投入会在一定程度上拉动经济增长和金融市场的发展,同时公共服务水平的提高也会带来环境的改善。因此,省市运营的各个子系统既相互独立又相互影响、耦合作用,你中有我,我中有你,虽然每个方面的侧重点不一样,但是具有很强的交互性。省市经济系统、省市人口系统、省市金融系统、省市能源系统、省市环境系统以及省市公共服务系统的耦合发展关系可以用图1所示的省市营运系统概括。

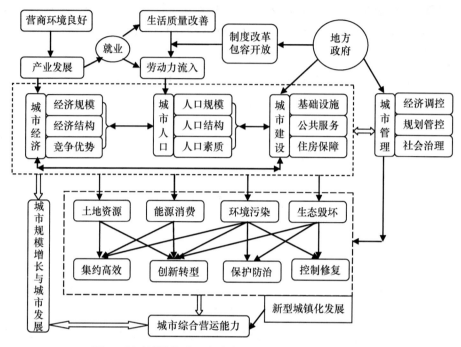

图1 新型城镇化进程中的省市营运系统与六个子系统

四、实证研究设计

耦合指系统内部两个或两个以上的子系统通过相互作用而彼此影响的现象。耦合度正是对系统内部这种协同作用的度量。本文将省市经济系统、省市人口系统、省市金融系统、省市能源系统、省市环境系统以及省市服务系统六个子系统之间相互作用和彼此影响的程度,定义为耦合协调度。

耦合协调度分析与度量主要分为两步:(1)明确各个子系统的定义,并综合评估各子系统的状态;(2)计算各个子系统之间的耦合协调度,并进行评价。

(一)基于主成分分析法的省市子系统综合评价指数

省市子系统综合评价指数的构建采用主成分分析方法。本文首先对数据预处理,对于正向指标与适度指标,利用功效系数法;对于逆向指标,取负数,使各指标正向一致化、无量纲化与归一化,具有可比性;然后利用主成分分析法,分别对六个一级指标的下属二级指标进行降维,得出六个一级指标的综合评分公式,并计算出各区域在样本期间的综合评价指数;最后,正向标准化至[0,1],

就得到了各个区域六个子系统的综合评价值。

(二) 基于耦合协调度的耦合作用关系度量与等级划分

1. 耦合协调度的计算方法

省市经济系统、省市人口系统、省市金融系统、省市能源系统、省市环境系统以及省市公共服务系统六者之间的耦合协调度 D 测算模型为:

$$D = \sqrt{CT} \tag{36}$$

其中, C 为协调度, 反映省市经济系统、省市人口系统、省市金融系统、省市能源系统、省市环境系统以及省市服务系统六者之间演进的同步程度, 六者之间的差距越小越好; T 为综合发展水平, 反映这六者的整体效益或水平, 其值越大越好; D 为耦合协调度, 是由协调度 C 与综合发展水平 T 的几何平均值计算得来。

协调度 C 和综合发展水平 T 的计算公式为:

$$C = 6 \times \left[\frac{A \cdot B \cdot F \cdot E \cdot H \cdot S}{(A+B+F+E+H+S)^6} \right]^{\frac{1}{6}} \tag{37}$$

$$T = a \cdot A + b \cdot B + c \cdot F + d \cdot E + e \cdot H + f \cdot S \tag{38}$$

其中, A 代表省市经济系统; B 代表省市人口系统; F 代表省市金融系统; E 为省市能源系统; H 为省市环境系统; S 为省市公共服务系统。在下文的处理过程中要进行标准化处理。a、b、c、d、e、f 均为待定权数。本文认为这六者具有相同的重要性, 权重 a、b、c、d、e、f 均为 1/6。

2. 耦合协调程度划分标准的确定

为更好地刻画六个子系统之间的耦合协调状况, 结合本文研究目的, 参考相关文献, 特制定耦合协调程度评价标准, 如表 1 所示:

表 1 耦合协调程度的划分标准

序号	耦合协调度 D	协调等级
1	$0 \leq D \leq 0.03$	严重失调
2	$0.03 < D \leq 0.04$	中度失调
3	$0.04 < D \leq 0.05$	轻度失调
4	$0.05 < D \leq 0.06$	勉强协调
5	$0.06 < D \leq 0.07$	中等协调
6	$0.07 < D \leq 0.08$	良好协调
7	$0.08 < D \leq 1.00$	优质协调

注:此划分标准借鉴了耿松涛、谢彦君(2013)《副省级城市旅游经济与生态环境的耦合关系研究》中的划分标准。

3. 耦合协调发展的收敛性分析

中国 30 个省域省市经济系统、省市人口系统、省市金融系统、省市能源系统、省市环境系统以及省市服务系统的耦合协调状况存在一定程度的差异,为进一步具体分析这些差异的特点,有必要对其进行收敛分析检验。本文采用常用的 σ 收敛判断标准。如果计算的结果显示 $\sigma_{t+1} < \sigma_t$,则说明存在 σ 收敛,表明省域省市经济系统、省市人口系统、省市金融系统、省市能源系统、省市环境系统以及省市服务系统的耦合协调状况在改善。检验指标计算公式为:

$$\sigma_t = \frac{1}{N}\sum_{m=1}^{N} | D_m(t) - \frac{1}{N}\sum_{k=1}^{N} D_k(t) | \tag{39}$$

其中,$D_m(t)$ 表示第 m 个省份在第 t 年的耦合协调度;$N(N=30)$ 表示省份个数。

(三) 基于 PVAR 模型的耦合发展机理研究

一般情况下,面板数据模型都包含有时间效应和个体效应的存在,这样一方面会导致估计结果出现偏差,另一方面也可能达不到预期效果。为了避免回归元素相关而造成系数有偏估计的现象,通常采用向前均值差分来消除个体效应;为了避免时间效应,本文运用纵截面上的差分消除时间效应。在消除了时间效应和个体效应后,使用系统 GMM 方法估计 PVAR 模型,从而得出模型系数的有效估计结果。

本文实证部分采用的是二阶滞后 PVAR 模型,其向量表达式为:

$$w_i = \frac{|z_i|}{\sum_{i=1}^{n} |z_i|} \tag{40}$$

$$y_{i,t} = \alpha_i + \beta_t + \beta_1 y_{i,t-1} + \beta_2 y_{i,t-2} + \varepsilon_{i,t}$$

其中,$y_{it} = (cit_{it} \quad pop_{it} \quad fin_{it} \quad ene_{it} \quad env_{it} \quad sev_{it})$,小写变量表示预处理后的变量;$cit_{it}$ 代表 i 地区年 t 年的省市经济系统评价指数;pop_{it} 代表 i 地区年 t 年的省市人口系统评价指数;fin_{it} 代表 i 地区年 t 年的省市金融系统评价指数;ene_{it} 代表 i 地区年 t 年的省市能源系统评价指数;env_{it} 表示省市环境系统评价指数;sev_{it} 表示省市公共服务系统评价指数;i 代表省份或直辖市;t 代表年份;α_i 是表示个体效应的 6×1 常数向量;β_t 是表示时间效应的 6×1 常数向量;β_1, β_2 是 6×6 的参数矩阵;$\varepsilon_t \sim N(0, \Sigma)$ 是 n 维的随机项向量。

（四）数据来源与变量选择

1. 样本选择与数据来源

本文采用的样本数据是除了我国西藏自治区、台湾省和香港、澳门特别行政区外的大陆30个省、自治区和直辖市，样本区间为2004—2012年共9年30个省的面板数据。数据来源于《中国统计年鉴》《万德数据库》《中国金融统计年鉴》以及中国统计局网站的相关统计数据。

2. 指标选择

为全面评价各子系统，根据第二部分的理论分析，参考相关文献，并考虑数据的可获得性与代表性，本文选择了用于综合评价各子系统的26个二级指标，具体见表2：

表2 新型城镇化背景下省市各子系统的综合评价指标体系

一级指标	二级指标	计算公式	单位	指标属性
省市经济系统（eco）	城镇登记失业率	城镇失业人口数/区域总人口	无	反向
	固定资产投资占名义GDP的比重	固定资产投资/名义GDP	无	正向
	第三产业占名义GDP的比重	第三产业产值/名义GDP	无	正向
	城镇恩格尔系数	城镇居民食品支出/总的消费支出	无	反向
省市人口系统（pop）	常住人口比重	常住人口/总人口	无	正向
	省市人口密度	省市人口数/区域面积	万人/平方公里	反向
	普通高校在校生人数占各省总人口的比重	普通高校在校生人数/人口总数	无	正向
	总抚养比	非劳动年龄人口数/劳动年龄人口数	无	反向
省市金融系统（fin）	人均资本存量	在估计一个基准年后运用永续盘存法计算各省区市的资本存量	元/人	正向
	人均金融业增加值	总产出—中间消耗	元/人	正向
	金融集聚规模	省市i金融增加值/全国金融增加值	无	正向
	金融产出密度	省市i金融增加值/省市i总产出/省市总面积	无	正向

（续表）

一级指标	二级指标	计算公式	单位	指标属性
省市能源系统（ene）	单位 GDP 的耗电量	耗电量/区域 GDP	千瓦小时/元	反向
	单位 GDP 的耗水量	用水量/区域 GDP	万立方米/亿元	反向
	能源消费总量	折算	万吨标准煤	反向
省市环境系统（env）	工业固体废物综合利用率	固体废物利用量/固体废物出产量	无	正向
	森林覆盖率	森林面积/土地总面积	无	正向
	生活垃圾无害化处理率	生活垃圾无害化处理量/生活垃圾产生量	无	正向
	可吸入颗粒物	无	毫克/立方米	反向
	人均碳排放	碳排放量/总人口数	吨	反向
省市服务系统（sev）	城镇基本医疗保险参保率	基本医疗参保人数/城镇人口数	无	正向
	人均公共服务水平	人均基本公共服务支出	万元/人	正向
	省市燃气普及率	城区用气人口/（城区人口＋城区暂住人口）	无	正向
	万人拥有公交车辆数	公共交通运营车标台数/（城区人口＋城区暂住人口）	标台/人	正向
	人均移动电话交换机容量	按报告期末已割接入网正式投入使用的设备实际容量统计	亿户	正向
	人均道路面积	区域道路面积/区域总人口	平方米/人	正向

五、实证研究结果与分析

（一）城镇化各子系统的综合评价结果与分析

在对指标数据预处理后，对六个一级指标下的二级指标进行主成分分析，得到每个省市在样本期间内每个一级指标的综合评价值。

六个一级指标的 KMO 检验以及 Bartlett 的球形度检验结果如表 3 所示：

表3 KMO 检验结果与 Bartlett 的球形度检验结果

一级指标	Kaiser-Meyer-Olkin 检验	Bartlett 的球形度检验	特征值大于1的主成分	方差贡献率	累计方差贡献率（%）
省市经济系统	0.546	120.393	成分1	38.106	69.037
			成分2	30.931	
省市人口系统	0.679	523.230	成分1	61.921	87.688
			成分2	25.767	
省市金融系统	0.578	521.020	成分1	58.513	86.278
			成分2	27.765	
省市能源系统	0.448	102.908	成分1	39.124	67.721
			成分2	28.596	
省市环境系统	0.450	180.666	成分1	38.545	74.704
			成分2	36.159	
省市服务系统	0.722	602.650	成分1	42.425	70.351
			成分2	27.927	

由表3可知,六个一级指标下面的二级指标都是具有相关性的,KMO 检验数基本上都是大于0.5,它们是适合做主成分分析的。按照特征值大于1的准则,对每个一级指标下面的三级指标提取主成分,得到如表2中所示的主成分数。因为在选择二级变量的时候,考虑到尽可能多地涉及到不同方面,尽可能包括各个方面,同一类型的变量我们只选择了一个具有代表性的指标,所以,累计方差率基本接近70%是可以接受的。

（二）耦合协调发展关系的度量、分级与分析

1. 耦合协调度计算

利用主成分分析得出的相关数据,在对数据进行标准处理后,测算出30个省域省市经济系统、省市人口系统、省市金融系统、省市能源系统、省市环境系统以及省市服务系统协调度、综合发展水平以及耦合协调度,结果见附件1、2、3。限于篇幅,这里仅举2012年中国30个省域省市营运内部各系统的协调情况作为情况说明。2012年30个省域的协调度 C 值、综合发展水平 T 值以及耦合度 D 值见表4。

表 4　2012 年中国 30 个省域耦合协调度

编号	区域名称	协调度	综合发展水平	耦合协调度	耦合度评价
1	北京市	0.990	0.889	0.938	优质协调
2	浙江省	0.957	0.645	0.786	良好协调
3	广东省	0.908	0.663	0.776	
4	天津市	0.921	0.597	0.742	
5	上海市	0.877	0.614	0.734	
6	江苏省	0.939	0.555	0.721	
7	海南省	0.813	0.528	0.655	中等协调
8	重庆市	0.830	0.513	0.653	
9	山东省	0.897	0.474	0.652	
10	福建省	0.806	0.520	0.647	
11	辽宁省	0.871	0.411	0.598	勉强协调
12	吉林省	0.821	0.403	0.575	
13	陕西省	0.800	0.410	0.573	
14	湖北省	0.673	0.403	0.521	
15	河北省	0.872	0.309	0.519	
16	内蒙古自治区	0.786	0.282	0.470	轻度失调
17	广西壮族自治区	0.551	0.375	0.454	
18	黑龙江省	0.617	0.333	0.454	
19	四川省	0.537	0.365	0.443	
20	新疆维吾尔自治区	0.785	0.245	0.438	
21	湖南省	0.498	0.377	0.433	
22	山西省	0.698	0.242	0.411	
23	江西省	0.431	0.361	0.394	中度失调
24	河南省	0.544	0.283	0.392	
25	青海省	0.591	0.248	0.383	
26	安徽省	0.000	0.374	0.000	严重失调
27	贵州省	0.000	0.266	0.000	
28	云南省	0.000	0.293	0.000	
29	甘肃省	0.000	0.219	0.000	
30	宁夏回族自治区	0.000	0.279	0.000	

表 4 的数据显示,2012 年 30 个省域有 15 个省域的省市经济系统、省市人口系统、省市金融系统、省市能源系统、省市环境系统以及省市服务系统协调度、综合发展水平以及耦度都较高,只有 15 个省域的耦合协调水平处于不同程度的失调状态。我们还可以发现表示协调度的 C 值与综合发展水平的 T 值以及表示耦合度的 D 值三者之间是具有一致性的,也就是说耦合度较高的省域协

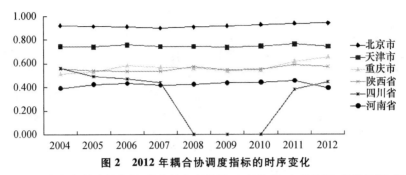

图 2　2012 年耦合协调度指标的时序变化

注:图 2 中的省份选择依据:依次从优质协调、良好协调、中等协调、勉强协调、轻度失调、中度失调、严重失调。分类中所包含的省份选择一个处于中间的省份作为代表来显示30 个省份的耦合协调的时序变化情况。其中北京代表了优质协调水平,天津代表了良好协调水平,重庆代表了中等协调,陕西代表了勉强协调,四川代表了轻度失调,四川代表了中度失调水平,河南代表了严重失调水平。

调度和综合发展水平也较好。其中优质协调的省域只有北京一个;良好协调的省域包括浙江省、广东省、天津市、上海市、江苏省;海南省、重庆市、山东省、福建省四省市处于中度协调,其他省域还有足够的上升空间。

由图 2 我们可以看到一个很明显的问题:协调程度越高,两个划分标准之间的差距也就越大,协调程度越小的两个划分标准之间的差距也越来越小。

表 5　中国 30 个省域耦合度值的描述性统计情况

年份	描述性统计指标									
	极小值	极大值	均值		标准差	方差	偏度		峰度	
			统计量	标准误差			统计量	标准误差	统计量	标准误差
2004	0	0.920	0.476	0.049	0.268	0.072	-0.850	0.427	-0.205	0.833
2005	0	0.913	0.476	0.045	0.249	0.062	-0.818	0.427	0.211	0.833
2006	0	0.910	0.496	0.042	0.232	0.054	-0.978	0.427	0.907	0.833
2007	0	0.897	0.480	0.046	0.252	0.064	-0.858	0.427	0.076	0.833
2008	0	0.906	0.481	0.046	0.253	0.064	-0.857	0.427	0.074	0.833
2009	0	0.915	0.481	0.047	0.257	0.066	-0.789	0.427	-0.029	0.833
2010	0	0.926	0.503	0.044	0.242	0.059	-0.869	0.427	0.547	0.833
2011	0	0.935	0.517	0.044	0.244	0.059	-0.987	0.427	0.785	0.833
2012	0	0.938	0.479	0.047	0.258	0.066	-0.705	0.427	-0.052	0.833

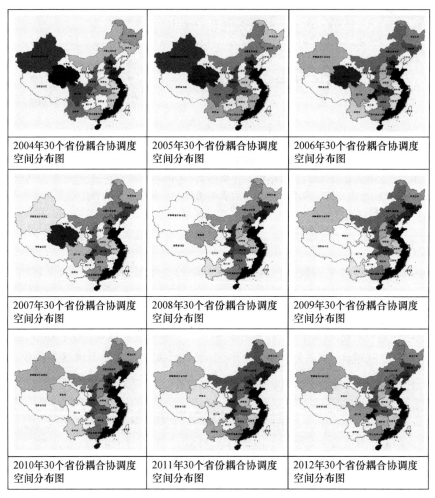

图3　2004—2012年30个省份耦合协调度空间分布

表4、表5和图2、图3显示了经济越发达,综合实力越强的省份的耦合协调程度越高,所以,我们有理由相信一个区域的整体发展协调水平和经济发展程度有着紧密的联系。图3还向我们展示了每个区域耦合协调的变化情况。

2. 耦合协调发展的收敛性分析

σ 收敛检测的结果见表6:

表6　耦合协调发展的分析 σ 值检验

年份	2004	2005	2006	2007	2008	2009	2010	2011	2012
σ 值	0.201	0.177	0.162	0.188	0.186	0.192	0.175	0.173	0.194

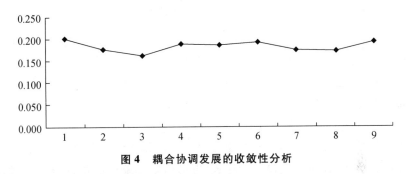

图4　耦合协调发展的收敛性分析

由表6可知,中国30个省域省市经济系统、省市人口系统、省市金融系统、省市能源系统、省市环境系统以及省市服务系统的耦合协调状况存在一定程度的差异,由表6和图4 σ 值的检验结果我们可以看出,2004—2012年间中国30个省域省市经济系统、省市人口系统、省市金融系统、省市能源系统、省市环境系统以及省市服务系统的耦合协调状况并不具有收敛性,这说明省市营运的协调程度并没有逐渐得到改善,这也是为什么随着经济的发展中国出现了所谓的"城市病",内部发展的不协调直接导致了"城市病"的出现。

(三) 耦合发展机理的PVAR模型结果与分析

1. 面板数据单位根检验结果与分析

为考察面板数据平稳性,本文先对数据做了标准化处理,然后采用面板单位根检验验证平稳性,以弥补传统单位根检验普遍存在的检验效力过低的缺陷。为了保证面板单位根检验结论的稳健性,本文分别选用LLC检验、IPS检验、Fisher-ADF检验和Fisher-PP检验四种方法,检验结果见表7:

表7　滞后一阶的面板数据单位根检验结果

变量	LLC检验	IPS检验	Fisher-ADF检验	Fisher-PP检验
ECO	-13.9113***	-5.20980***	144.370***	205.317***
POP	-13.7257***	-7.51103***	179.595***	239.423***
FIN	-3.56522***	-1.16382***	87.4515***	101.592***
ENE	-17.3913***	-7.73358***	188.380***	263.980***

(续表)

变量	LLC 检验	IPS 检验	Fisher-ADF 检验	Fisher-PP 检验
ENV	-7.13995***	-3.67449***	118.022***	96.1724***
SEV	-46.3704***	-13.6759***	214.346***	182.724***

注：*、**、***分别代表10%、5%、1%的显著性水平。

由表7可知，在对所有变量标准化分数的一阶差分值进行面板单位根检验，其在5%的显著性水平下均拒绝原假设，说明省市经济系统评价指数、省市人口评价指数、省市金融系统评价指数、省市能源评价指数、省市环境评价指数与省市公共服务评价指数的这六个变量标准化分数的一阶差分值是平稳的。

2. 变量协整关系的检验结果与分析

由面板单位根检验可知，所有变量的一阶差分值都是平稳的，因此，对省市经济系统评价指数、省市人口评价指数、省市金融系统评价指数、省市能源评价指数、省市环境评价指数与省市公共服务评价指数这六个变量标准化分数的一阶差分值，进行面板协整检验，以分析新型城镇化综合指数与各个解释变量以及控制变量是否存在长期均衡关系。本文采用KAO检验方法进行面板协整检验，检验结果见表8：

表8 面板协整检验结果

变量	ECO	POP	FIN	ENE	ENV	SEV
ECO	—	-0.744	-1.408*	-2.428***	-0.743	-1.554*
POP	-0.744	—	-5.701***	-3.866***	-4.928***	-5.327***
FIN	-1.408*	-5.701***	—	0.650	2.046**	2.637**
ENE	-2.428***	-3.866***	0.650	—	0.311	-1.524*
ENV	-0.743	-4.928***	2.046**	0.311	—	-3.839***
SEV	-1.554*	-5.327***	2.637**	-1.524*	-3.839***	—

注：*、**、***分别代表10%、5%、1%的显著性水平。

从表8中可以看出，省市经济系统与省市人口系统、省市经济系统与省市环境系统、省市金融系统与省市能源系统、省市能源系统与省市环境系统这四对变量的标准化分数差分之间不存在显著的协整关系；而其余11组检验都通过了10%显著性水平上的协整检验，说明省市经济系统评价指数分别与省市金融系统指数及省市公共服务系统指数之间、省市人口系统指数分别与省市金融系统评价指数、省市能源评价指数、省市环境评价指数、省市公共服务评价指数之间等都存在着长期稳定的协整关系。

3. 滞后阶数的确定

本文利用 stata12.0 得出了 PVAR 模型滞后阶数判别结果，如表 9 所示。

表 9 滞后阶数的判别检验结果

滞后阶数	AIC	BIC	HQIC
PVAR(1)	－11.665	－7.833	－10.112
PVAR(2)	－17.037	－11.9795*	－14.9825*
PVAR(3)	－17.1587*	－10.469	－14.442

从 AIC、BIC 与 HQIC 信息准则值可以看出，滞后阶数应当选用滞后 2 阶，因此将模型设定为二阶滞后的面板向量自回归模型。

4. PVAR 模型的参数估计与检验结果及其分析

六个变量一阶差分后是平稳的，于是对六个变量的对数值做标准化，再差分，并先后用向前均值差分、纵截面差分分别消除时间效应和个体效应，然后，使用 GMM 方法估计 PVAR 模型，从而得出模型系数的有效估计结果。PVAR 模型的参数估计与检验结果见表 10①。

表 10 PVAR 实证模型的参数估计与检验结果

解释变量	被解释变量					
	eco	pop	fin	ene	env	sev
eco(－1)	0.235*	－0.163	0.073	－0.224	0.256	0.454**
pop(－1)	0.152	－0.316*	0.062	0.162	0.630	－0.073
fin(－1)	0.401	－0.607	0.610	0.738	5.021	1.359
ene(－1)	0.091	－0.049	0.007	－0.328**	0.214	0.030
env(－1)	－0.144	0.000	－0.059	－0.036	－0.378	－0.206
sev(－1)	0.181	－0.187	0.144	0.331	1.641	0.218
eco(－2)	－0.073	－0.049	0.019	－0.362	－0.278	0.214
pop(－2)	0.213*	－0.128	0.129	－0.028	0.672	0.139
fin(－2)	0.524	－0.292	0.481	0.275	2.107	0.917
ene(－2)	0.060	－0.038	0.063	0.187	0.692	0.035
env(－2)	0.175**	－0.072	0.126	－0.043	0.581	0.104
sev(－2)	0.240	－0.200	0.067	0.215	1.267	0.257

---

① 见李青等(2014)。

依据表10中的实证结果,下面分别从六个视角分析省市运营系统内部六个子系统之间的耦合发展情况。

(1) 省市经济系统视角的省市运营系统耦合发展分析

滞后1期的省级环境系统与滞后2期的省级经济系统的标准化增长具有负向影响,且相对作用弹性在14.4%,说明环境与经济之间呈现"环境恶化则下一期经济增长会提高,反过来,环境改善则下期的经济增长下降",绿色发展程度还不够;滞后2期的省级经济系统的标准化增长具有负向影响,而其他滞后变量都具有正向反馈作用,呈现某种程度上的协调推动省市经济发展的趋势,只是滞后一期的省市经济系统与省市金融系统及滞后两期的省市金融系统与省市公共服务系统的标准化增长的作用弹性较大,都在0.2以上,但只有滞后一期的省市经济系统、滞后两期的省市人口系统与省市能源系统作用比较显著。这些说明在分析期中,省市人口、金融、能源、环境与公共服务五个系统并没有显著地协调推动省市经济发展。

(2) 省市人口系统视角的省市运营系统耦合发展分析

本文所研究的除人口系统本身以外的所有其他五个系统对人口系统的标准化增长都具有负向影响,上期经济增长的减速,金融环境的恶化,生活环境的恶化以及能源的减少,服务水平的下降会带来下一期人口的增长,而这正是目前中国所面临的困境,人口的发展不以省市内部的其他系统为依据和导向,无论经济、环境、服务处于何种境地,人口增长还是继续维持原有的状态,这体现了省市内部系统发展的不协调,也是政府在推动新型城镇化发展过程中应该反思的问题所在。

(3) 省市金融系统视角的省市运营系统耦合发展分析

滞后1期的省级环境与省级金融系统的标准化增长具有负向影响,相对弹性在5.9%,和环境与经济之间的作用关系相同,说明环境与金融之间的作用关系也呈现"环境恶化则下一期金融增长会提高,反过来,环境改善则下一期的金融增长会下降",这是不协调的表现;其他四个系统对金融系统具有正向的影响,无论是经济增长还是能源增加,服务水平的提高都会带来下一期金融市场的增长,同时实证的结果显示上一期以及上两期的人口增长都会带来本期金融市场的增长,这是人口红利的体现,但是这里的人口增长绝不是不合理的人口增长,而是要保持适度的人口增长。除了金融系统本身的滞后项对本期的金融系统影响弹性较大以外,服务的滞后一期,人口的滞后两期和环境的滞后两期对金融系统的影响都在0.1以上。

(4) 省市能源系统视角的省市运营系统耦合发展分析

滞后一期、两期的省级经济、以及滞后一期和两期的省级环境对省级能源系统的标准化增长具有负向影响,这说明前两期的经济增长都会带来本期能源的减少,而前两期环境的恶化会导致本期能源的增加;滞后一期的人口增长会带来能源的增长,滞后两期的人口增长会带来能源的减少,这说明人口对能源消耗的影响存在着滞后作用,人口的增长不会很快影响能源,需要经历一个时间的滞后期。

(5) 省市环境系统视角的省市运营系统耦合发展分析

实证分析的结果显示经济的增长对省市环境系统的影响存在滞后性,上一期的经济增长并不会带来环境的恶化,而上上期的经济增长会带来环境的恶化,相对作用弹性在 27.8%;上期经济的增长,上期与上上期人口的增长、金融市场的发展、服务水平的提高都会带来环境的效应改善,其中金融对环境影响的弹性最大,其次是服务系统,这给我们的启示是在未来新型城镇化的推动过程中要增加金融资源对环境的投入以及提高服务水平,这些会带来环境的快速优化。

(6) 省市公共服务系统视角的省市运营系统耦合发展分析

除了滞后一期的人口和滞后一期的环境对本期服务系统具有负向影响以外,其他系统的上期以及上上期结果对服务系统具有正向的影响。上一期人口的增长会带来本期服务水平的下降是协调的表现,而上一期环境的恶化会带来服务水平的上升是系统内部不协调的变现。但是上期以及上上期经济的发展,金融市场的繁荣都会带来服务水平的提高,这是系统内部的和谐部分,我们不应该忽视。

图 5 描述的是省市经济系统、省市人口系统、省市金融系统、省市能源系统、省市环境系统以及省市公共服务系统六者之间的脉冲响应情况,第一行的六个图依次显示了省市人口系统、省市金融系统、省市能源系统、省市环境系统以及省市公共服务系统对省市经济系统的冲击效果;以此类推,第二行显示了省市经济系统、省市金融系统、省市能源系统、省市环境系统以及省市公共服务系统对省市人口系统的冲击;等等。

由图 5 的脉冲响应结果我们可以看到,经济、人口、金融、能源、环境与公共服务子系统分别对于其他子系统的冲击响应方向并不都是同方向的,这说明脉冲响应的长期动态分析也表明,与 PVAR 模型结果一致,在 2004 年至 2012 年间,中国 30 个省市的六个子系统并不都是显著地耦合协调作用,而是存在着失调现象。

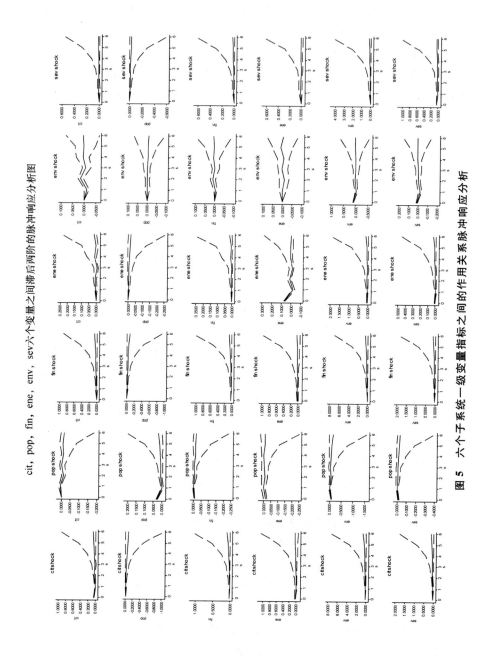

图 5 六个子系统一级变量指标之间的作用关系脉冲响应分析

六、结论与启示

由上文的分析我们可以得出以下几点结论：

首先，本文通过理论分析和实证分析首先证明了省市营运系统中的省市经济系统、省市人口系统、省市金融系统、省市能源系统、省市环境系统以及省市服务系统六者之间存在相互影响。每个系统都只是一个相对独立的组成部分，每个部分都是相互联系的。而各个系统的相互协调是新型城镇化健康持续发展的基础和条件，子系统之间的不协调会导致人口膨胀、住房紧张、就业困难、交通拥堵、资源短缺、环境恶化、公共安全事件频发等"城市病"现象更加严重。

其次，在验证了六大系统之间的相互关系的基础上本文通过简单地计算，测算得出30个省域2004—2012年的协调度值C、综合发展水平T值以及耦合度D值。以2012年的例子来看，选取样本的30个省份中20个省份的省市经济系统、省市人口系统、省市金融系统、省市能源系统、省市环境系统以及省市服务系统的协调程度具有一定的协调性，但是协调程度各不一样，区域异质性较大，其中北京的耦合度指标值最大，可以达到优质协调的程度；良好协调的省域包括浙江省、广东省、天津市、上海市、江苏省；从这一测算结果我们可以还可以看到一个问题，经济环境以及其他几个方面发展水平较高的省域的耦合度值效应也是比较高的，安徽省、贵州省、云南省、甘肃省、宁夏回族自治区这几个经济发展相对比较落后的省域的耦合度是最低的，处于严重失调的状况，这也意味着省市营运系统中的各个组成部分越协调经济环境等其他方面的发展就越快。

最后，文章对耦合协调发展的收敛性进行检验，检验结果显示2004—2012年间，中国30个省份的耦合度不具有收敛性。尽管中央政府已经无数次在各种公共场合以及多次政府报告中提出要树立"可持续发展"的理念，改变传统的观念，发展"新型城镇化"，但是这么多年过去了大部分省域的落实情况还是不够理想。这样做的结果就是不仅经济没有得到发展，省市的协调程度也没有得到改善，省市问题不断产生，"城市病"越来越严重，最后导致恶性循环。

针对以上研究结果我们可以得到如下启示：

第一，全面健康促发展。新型城镇化是以城乡统筹、城乡一体、产城互动、节约集约、生态宜居、和谐发展为基本特征的城镇化，是大中小城市、小城镇、新型农村社区以及城市营运系统各个组成部分协调发展、互促共进的城镇化。健康可持续的新型城镇化发展的核心在于不以牺牲农业和粮食、生态和环境为代价,着眼农民,涵盖农村,实现城乡基础设施一体化和公共服务均等化,促进经济社会发展,实现共同富裕。

第二,集约高效推发展。省市经济系统、省市人口系统、省市金融系统、省市能源系统、省市环境系统以及省市服务系统之间的协调是新型城镇化健康可持续发展的基础,在推进新型城镇化发展的过程中,应该注重区域内部与区域之间的一体化协调发展,缩小城乡差距的同时也要兼顾好不同区域的耦合发展。

第三,绿色低碳保发展。经济的发展是很多省域都在努力发展的一个重要部分,有些省域甚至为了发展经济而忽略了省市营运系统整体的协调,从而导致生态环境的恶化。生态环境的恶化已经给我们的经济与生活带来了许多问题,比如雾霾、PM2.5 的频频爆表、暴雨等恶劣天气。我们应当促进创新转型,发展集约节约式经济;加大与生态治理与环境保护投资力度与效率,提高绿色 GDP 增长效率。

参考文献

阿里木江·阿不来提,娜迪拉·阿不都热苏力,吐热尼古丽·阿木提.新疆人口、经济、资源、环境和谐发展的时空分析[J].干旱区资源与环境,2011(12):20—26.

陈元.开放性金融与中国城市化发展[J].经济研究,2010,(7):4—14.

郭少东.中国公共投资与经济增长关系的 PVAR 分析——以中国 31 个省级单位的公路建设为实证研究案例[J].学术研究,2007,(3):40—48.

贺晟晨,王远,高倩,石磊,陆根法.城市经济环境协调发展系统动力学模拟[J].长江流域资源与环境,2009(8):698—703.

李青,陈红梅,王雅鹏.基于面板 VAR 模型的新疆农业经济增长的互动效应研究[J].资源科学,2014,(8):1679—1685.

李青,苗莉.基于耦合度的新疆土地利用与生态环境发展研究[J].资源开发与市场,2013(07):750—753.

刘法威、许恒周、王姝.人口—土地—经济城镇化的时空耦合协调性分析——基于中国省际面板数据的实证研究[J].城市发展研究,2014(8):7—11.

吕添贵,吴次芳,游和远.鄱阳湖生态经济区水土资源与经济发展耦合分析及优化路径[J].中国土地科学,2013(9):3—10.

任志远,徐茜,杨忍.基于耦合模型的陕西省农业生态环境—与经济协调发展研究[J].干旱区资源与环境,2011(12):14—19.

石培基,杨银峰,吴燕芳.基于复合系统的城市可持续发展协调性评价模型[J].统计与决策,2010(14):36—38.

史进、黄志基、贺灿飞.城市群经济空间、资源环境与国土利用祸合关系研究[J].城市发展研究,2013(7):26—34.

王大伟,王宇成,苏杨.我国的城市病到底多严重——城市病的度量及部分城市的城市病状况定量对比[J].中国发展观察,2012(10):33—35.

王兆峰,罗瑶.西部地区商品市场与城镇化协调发展研究——以四川省为例[J].北京工商大学学报(社会科学版),2012(6):25—31.

王周伟,柳闫.中国新型城镇化发展的系统评价与趋势分析[A].王周伟(主编),金融管理研究[C].北京:生活·读书·新知 三联书店.2014,2(3):1—33.

杨银峰,石培基.甘肃省城市可持续发展系统协调发展评价研究[J].经济地理,2011(1):66—71.

曾昭法,左杰.中国省域城镇化的空间集聚与驱动机制研究——基于空间面板数据模型[J].中国管理科学,2013(S2):580—586.

张晖明,温娜.城市系统的复杂性与城市病的综合治理[J].上海经济研究,2000(5):45—49.

张占斌,黄锟.我国新型城镇化健康状况的测度与评价——以35个直辖市、副省级城市和省会城市为例[J].经济社会体制比较,2014,176(6):32—42.

邹庆,陈迅,吕俊娜.经济与环境协调发展的模型分析与计量检验[J].科研管理,2014(12):175—182.

附件1 中国30个省域城市营运内部系统协调度 *C* 值

	2004	2005	2006	2007	2008	2009	2010	2011	2012
北京	0.962	0.964	0.958	0.948	0.960	0.976	0.976	0.984	0.990
天津	0.939	0.947	0.953	0.949	0.950	0.934	0.922	0.919	0.921
河北	0.845	0.810	0.817	0.793	0.812	0.817	0.814	0.833	0.872
山西	0.000	0.000	0.759	0.000	0.886	0.919	0.944	0.914	0.698
内蒙古	0.749	0.855	0.897	0.906	0.899	0.913	0.870	0.881	0.786
辽宁	0.000	0.000	0.000	0.771	0.842	0.844	0.846	0.859	0.871
吉林	0.550	0.558	0.680	0.731	0.769	0.784	0.785	0.840	0.821

（续表）

	2004	2005	2006	2007	2008	2009	2010	2011	2012
黑龙江	0.607	0.514	0.635	0.656	0.685	0.718	0.657	0.623	0.617
上海	0.887	0.901	0.933	0.931	0.925	0.950	0.956	0.939	0.877
江苏	0.906	0.921	0.934	0.905	0.916	0.914	0.903	0.904	0.939
浙江	0.931	0.950	0.946	0.953	0.958	0.958	0.959	0.958	0.957
安徽	0.462	0.000	0.424	0.492	0.581	0.515	0.386	0.000	0.000
福建	0.841	0.826	0.822	0.827	0.841	0.841	0.839	0.842	0.806
江西	0.599	0.525	0.451	0.000	0.000	0.000	0.314	0.480	0.431
山东	0.863	0.871	0.881	0.855	0.844	0.874	0.875	0.874	0.897
河南	0.469	0.589	0.630	0.632	0.633	0.710	0.668	0.671	0.544
湖北	0.687	0.679	0.734	0.729	0.741	0.726	0.675	0.666	0.673
湖南	0.000	0.423	0.610	0.630	0.653	0.640	0.638	0.591	0.498
广东	0.922	0.934	0.917	0.943	0.947	0.942	0.931	0.908	0.908
广西	0.648	0.596	0.606	0.644	0.629	0.642	0.643	0.651	0.551
海南	0.819	0.789	0.797	0.778	0.757	0.789	0.762	0.800	0.813
重庆	0.704	0.774	0.853	0.813	0.814	0.822	0.718	0.826	0.830
四川	0.784	0.670	0.635	0.547	0.000	0.000	0.000	0.378	0.537
贵州	0.000	0.601	0.000	0.000	0.000	0.000	0.000	0.000	0.000
云南	0.719	0.649	0.640	0.000	0.552	0.492	0.471	0.636	0.000
陕西	0.824	0.774	0.769	0.771	0.801	0.822	0.720	0.803	0.800
甘肃	0.000	0.000	0.000	0.467	0.371	0.465	0.000	0.000	0.000
青海	0.918	0.908	0.872	0.849	0.766	0.000	0.571	0.693	0.591
宁夏	0.000	0.000	0.000	0.000	0.000	0.000	0.000	0.000	0.000
新疆	0.906	0.862	0.748	0.527	0.000	0.772	0.743	0.726	0.785

附件 2 中国 30 个省域城市营运内部系统综合发展水平 T 值

	2004	2005	2006	2007	2008	2009	2010	2011	2012
北京	0.880	0.865	0.864	0.849	0.856	0.858	0.879	0.889	0.889
天津	0.591	0.579	0.600	0.582	0.579	0.580	0.599	0.630	0.597
河北	0.371	0.360	0.359	0.354	0.352	0.363	0.383	0.361	0.309
山西	0.280	0.247	0.270	0.235	0.247	0.250	0.272	0.301	0.242
内蒙古	0.332	0.279	0.314	0.297	0.283	0.321	0.307	0.331	0.282
辽宁	0.377	0.378	0.410	0.414	0.412	0.364	0.457	0.442	0.411
吉林	0.446	0.423	0.424	0.430	0.423	0.417	0.452	0.437	0.403
黑龙江	0.427	0.384	0.372	0.362	0.358	0.366	0.367	0.362	0.333
上海	0.731	0.687	0.686	0.666	0.647	0.671	0.654	0.655	0.614
江苏	0.508	0.497	0.482	0.519	0.521	0.534	0.550	0.588	0.555
浙江	0.614	0.612	0.569	0.610	0.613	0.629	0.666	0.680	0.645
安徽	0.355	0.317	0.342	0.335	0.326	0.318	0.356	0.386	0.374
福建	0.544	0.554	0.504	0.537	0.535	0.541	0.549	0.552	0.520
江西	0.387	0.390	0.394	0.409	0.416	0.413	0.412	0.416	0.361
山东	0.433	0.407	0.481	0.481	0.458	0.466	0.494	0.515	0.474
河南	0.326	0.305	0.297	0.276	0.283	0.267	0.289	0.307	0.283
湖北	0.396	0.375	0.407	0.402	0.401	0.422	0.424	0.427	0.403
湖南	0.391	0.391	0.400	0.398	0.395	0.406	0.431	0.415	0.377
广东	0.556	0.572	0.550	0.579	0.608	0.625	0.645	0.667	0.663
广西	0.398	0.374	0.387	0.395	0.409	0.453	0.440	0.412	0.375
海南	0.523	0.499	0.506	0.480	0.468	0.475	0.500	0.550	0.528
重庆	0.375	0.361	0.397	0.396	0.384	0.352	0.412	0.460	0.513
四川	0.405	0.361	0.352	0.354	0.359	0.353	0.392	0.386	0.365
贵州	0.269	0.257	0.253	0.237	0.234	0.240	0.257	0.269	0.266
云南	0.380	0.328	0.289	0.327	0.317	0.282	0.320	0.337	0.293
陕西	0.371	0.376	0.370	0.370	0.409	0.359	0.420	0.433	0.410

(续表)

	2004	2005	2006	2007	2008	2009	2010	2011	2012
甘肃	0.213	0.194	0.201	0.222	0.198	0.161	0.197	0.220	0.219
青海	0.412	0.369	0.376	0.382	0.324	0.272	0.278	0.282	0.248
宁夏	0.196	0.194	0.203	0.224	0.215	0.233	0.260	0.229	0.279
新疆	0.387	0.346	0.281	0.289	0.255	0.247	0.279	0.294	0.245

附件3 中国30个省域城市营运内部系统耦合度 D 值

	2004	2005	2006	2007	2008	2009	2010	2011	2012
北京	0.920	0.913	0.910	0.897	0.906	0.915	0.926	0.935	0.938
天津	0.745	0.741	0.756	0.743	0.742	0.736	0.743	0.761	0.742
河北	0.560	0.540	0.542	0.530	0.534	0.544	0.559	0.549	0.519
山西	0.000	0.000	0.453	0.000	0.468	0.479	0.507	0.525	0.411
内蒙古	0.499	0.488	0.531	0.519	0.505	0.541	0.517	0.540	0.470
辽宁	0.000	0.000	0.000	0.565	0.589	0.554	0.622	0.616	0.598
吉林	0.495	0.486	0.537	0.561	0.570	0.572	0.596	0.606	0.575
黑龙江	0.509	0.444	0.486	0.487	0.495	0.512	0.491	0.475	0.454
上海	0.805	0.787	0.800	0.788	0.774	0.798	0.791	0.784	0.734
江苏	0.679	0.677	0.670	0.685	0.691	0.698	0.705	0.729	0.721
浙江	0.756	0.763	0.733	0.763	0.766	0.776	0.799	0.807	0.786
安徽	0.405	0.000	0.381	0.406	0.435	0.404	0.370	0.000	0.000
福建	0.677	0.676	0.644	0.666	0.670	0.674	0.679	0.681	0.647
江西	0.481	0.453	0.421	0.000	0.000	0.000	0.360	0.447	0.394
山东	0.611	0.595	0.651	0.641	0.622	0.638	0.657	0.671	0.652
河南	0.391	0.423	0.433	0.417	0.423	0.435	0.440	0.454	0.392
湖北	0.522	0.504	0.546	0.542	0.545	0.553	0.535	0.533	0.521
湖南	0.000	0.407	0.494	0.501	0.508	0.510	0.524	0.495	0.433
广东	0.716	0.731	0.710	0.739	0.759	0.767	0.775	0.778	0.776
广西	0.508	0.472	0.485	0.505	0.507	0.539	0.532	0.518	0.454

（续表）

	2004	2005	2006	2007	2008	2009	2010	2011	2012
海南	0.654	0.627	0.635	0.611	0.595	0.612	0.617	0.663	0.655
重庆	0.514	0.528	0.581	0.567	0.559	0.538	0.544	0.616	0.653
四川	0.563	0.492	0.473	0.440	0.000	0.000	0.000	0.382	0.443
贵州	0.000	0.393	0.000	0.000	0.000	0.000	0.000	0.000	0.000
云南	0.523	0.461	0.430	0.000	0.419	0.373	0.388	0.463	0.000
陕西	0.553	0.540	0.533	0.534	0.572	0.543	0.550	0.590	0.573
甘肃	0.000	0.000	0.000	0.322	0.271	0.274	0.000	0.000	0.000
青海	0.615	0.579	0.572	0.570	0.499	0.000	0.398	0.442	0.383
宁夏	0.000	0.000	0.000	0.000	0.000	0.000	0.000	0.000	0.000
新疆	0.592	0.546	0.458	0.390	0.000	0.437	0.456	0.462	0.438

现代城市治理系统视角下中国大城市全球化发展策略研究[*]

王周伟[①]

摘　要：依据新型城市运营管理行为，本文构建政府引导下市场决定资源配置的现代城市治理系统，从可持续竞争力方面分析了中国大城市全球化发展治理绩效的现状与差距，然后概括性地归纳了未来全球大城市发展战略治理的目标趋势，最后提出中国大城市全球化发展策略。综观未来发展规划，全球中心城市都已聚焦于产业创新、融合持续、城市文化、宜居利商、绿色交通、可支付住房与全面发展。为强化可持续竞争力，从现代城市治理系统建设与发展来看，中国大城市全球化应当健全持续安全长效的内生型城市经营模式，确立效率与创新双轮驱动的全球城市发展模式，持续提升城市产业国际竞争力，强化全球城市服务中心功能，实现世界级城市区域一体化发展。

关键词：现代城市治理系统；治理绩效；综合竞争力；全球城市；创新转型

引言

随着经济增长与城镇化的快速推进，中国大城市取得了较好的发展，也提出了更为远大、更加高端的发展目标，如北京在《北京城市总体规划（2004年至2020年）》中提出在2050年建设成为经济、社会、生态全面协调可持续发展的世界城市（即全球城市）；上海在2014年2月发布的《关于编制上海新一轮城市总

---

[*] 本文得到国家自然科学基金项目《住房保障家庭福利依赖及经济自助行为研究》（项目号：71473166）资助。
[①] 王周伟（1969.1—），男，上海师范大学商学院副院长、博士、副教授，研究方向：区域金融管理、城市发展经济。

体规划的指导意见》中明确提出,"努力建设成为具有全球资源配置能力、较强国际竞争力和影响力的全球城市"。近几年来,中国大城市发展收获了很多标志性成果,如中国(上海)自由贸易试验区建设已经取得阶段性成果;金砖开发银行总部落户,再次助力国际金融中心建设,等等。从世界经济发展趋势来看,全球化多层次自由经贸谈判进展迅速。在2013年12月巴厘岛会议上,世贸组织多哈谈判达成了一揽子协定;自2013年以来,由美国主导的跨太平洋伙伴关系协议(TPP)和跨大西洋贸易与投资伙伴协议(TIPP)谈判密集进行,有望于2014年内达成,届时将实施更广更深更高标准的国际经贸新安排。作为区域经济的核心城市,中国特大型城市与大型城市唯有合理把握好趋势性机遇,塑造出战略性竞争优势,领先城市发展,才能持续快速地跨入全球城市行列。另一方面,背负200亿美元债务的底特律申请破产保护,经济新常态下城市财政收入增幅减缓,刚性公共支出的陆续增加,持续攀升的地方政府巨额债务,以及战略性要素环境资源的紧约束,都告诉我们合理确定城市全面发展策略变得比以往更加重要更加复杂。

国内相关文献研究多集中在全球城市的特征与功能及其视角下的建议措施(倪鹏飞等,2011);城市全球化的单一视角(如网络联系、竞争力)评价与综合评价(倪鹏飞等,2011;段霞等,2013);比较研究全球城市发展的规律与趋势(石光宇,2013;王伟等,2013)。关于城市治理方面的研究,现有文献主要是探讨含义、特征、结构、模式与评价(盛广耀,2012),以及国际先进城市治理经验(郭斌等,2013)。但用城市治理系统探索城市全球化建设的文献不多。当今中国政府正致力于全方位地深化转型改革,建立政府引导与市场主导相结合的资源配置机制,推动全面发展的新型城镇化建设,这些势必引致城市治理模式重构。城市全球化是大城市治理与发展的一个高端核心内容,所以,大城市全球化建设急需构建现代城市治理系统理论,并以此为指导考察发展策略规划。

一、政府引导下市场决定资源配置的中国现代城市治理系统

现代城市治理是以现代城市持续协调健康全面发展理念为指导,在政府引导下,市场对资源配置起着决定性作用,谋求投入产出优化的城市经营管理与发展战略管理的总称。中国现代城市治理系统是由多个子系统既相对独立又交互作用的复杂层次系统,其核心主要包括两个层次上的四个子系统:地方政府系统、产业经济系统、民生系统与金融系统。其典型特征在于政府引导、市场决定、企业经营与居民自主。

第一,地方政府系统。在分税制改革后,地方政府负责推动本区域的经济

发展与社会事业的进步,地方政府系统的主要功效也就主要在于使本地资源提质增效升级,持续发展区域经济,保障充分就业,推动改善生态环境,促进社会进步。地方政府是本地可开发用地的管理者,其一方面要为实现经济发展目标,在绩效竞赛压力下,积极创造良好的运营环境,同时,也要利用多种优惠政策吸引投资,其中,主要手段就是以低价出让土地、按投资额成比例返还土地出让金等方式,招商引资引智,引导企业投资,鼓励创新驱动与转型升级,为企业生产经营创造便利高效的生存发展环境,推进以工业化为动力、以信息化为引擎、以现代化为基础、以城镇化为载体的新型"四化"融合互动,推动产业集聚集约规模发展,由此提高土地综合利用效率,增加城市实力,促进城市经济发展。

另一方面,地方政府要保障和改善民生,对于商住用地采用招标拍卖方式,以较高的土地价格获得土地收入,同时,在土地财政模式下,用未来的土地拍卖收入为抵押,向金融体系借贷获取城市公共投资资金。地方政府综合运用财税收入、土地收入与债务资金,为本地居民建设公用事业及交通等基础设施,提供教育、医疗、社保、养老等公共服务,创造生态文明,改善环境保护与治理。这些公共职能的发展,为城市居民提供着幸福宜居的生活环境,提升了社会城镇化水平,也创造了土地附加值,进一步提高了土地拍卖价值均衡水平。

第二,城市产业系统。本地内外的企业家投资设立企业,企业雇佣城市常住人口作为劳动力投入生产,并给从业人员支付工资,向社会提供商品与住房。在便利高效的经营环境中,企业经营效益良好,通过区位选择机制,可以吸引更多的企业投资,或是行业内专业化或是跨行业多元化,使本地产业集聚集约、适度发展,规模经济与范围经济及学习效应以远大于拥挤效应的方式得以释放,使得本地经济快速发展,来自企业税收的本地企业财政收入也会随之稳步增长。

第三,城市民生系统。效益良好的本地企业与快速发展的经济为本地城镇常住人口提供了机会较为充分、工资待遇比较优厚的持续稳定就业,居民税后可支配收入适当,居民能有所居,生活环境幸福满意,则能够吸引更多人口流入与市民化,这样在为本地产业集聚提供劳动力与智力资本的同时,也提高了人口城镇化水平。

第四,城市金融系统。金融系统主要功能是跨期配置社会金融资源,即吸收存款,在监管部门的监管下发放贷款。实施赤字财政的地方政府以土地抵押方式借款;企业通过借款或发行债券,购买原材料、资源等投入生产经营,或通过发行股票进行固定资产投资,扩大生产经营规模;消费后有剩余收入的居民在银行部门存款,购房或车等消费大型耐用品或创业时,他们从银行贷款,到期还本付息。

由上述分析可知,现代城市治理系统中各子系统之间是相互联系、相互作用的。在由企业、居民、金融机构与地方政府四个经济主体组成的网络中,地方政府处于主导地位,它是区域经济快速健康发展的组织者与管理者,也是持续保障和改善民生的实施主体。从现代城市治理系统来看,城市繁荣与发展有三类决定因素:城市效率、便利性及拥挤效应;有三个关键节点:企业区位选择、居民区位选择及城市经济与社会治理。在现代城市治理系统周而复始的运行中,大城市体系进行着城市全球化建设与新型城镇化建设等经济、社会与文化活动,发挥其功能,实现其战略发展目标与规划。如图1所示。

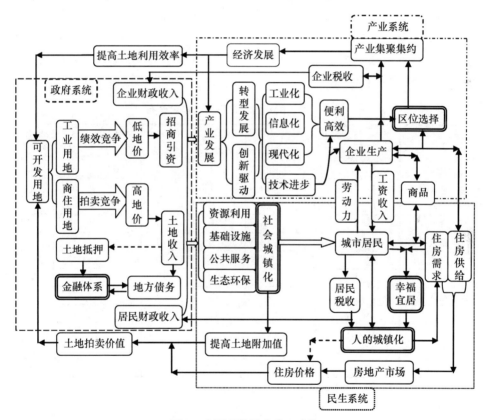

图1 中国现代城市治理系统

二、中国大城市全球化发展治理绩效的现状与差距

由现代城市治理系统运行可以看出,城市的长期繁荣发展决定城市在体

量、容量、流量、质量等方面的全面发展,也决定于综合竞争力的不断提升与可持续核心竞争优势的永续强化。作为重要的枢纽性节点城市,纽约、伦敦、东京、巴黎等老牌全球城市之所以能够在所有世界城市等体系中始终保持顶级位序,主要是因为这些城市在全球产业链与价值链及全球城市网络中具有可持续的全球城市综合竞争力(程玉鸿等,2012)。

从经济总量看,在2011年中国已经成为世界第二大经济体,而按照世界经济论坛发布的《全球国家竞争力报告》,在148个国家和地区中2012年至2013年中国都保持在第29位。但是,在全球城市排序中,中国城市综合竞争力位序与之并不相应。据《全球城市竞争力报告》,中国香港为第9位,上海为第36位,北京为第55位。由全球竞争力指标体系的要素环境指标、产业指标与产出指标评价分值可以看出中国城市的优势与差距所在。如表1、2所示:

表1 主要国别的城市竞争力排名分布

国别	评价项目	前10名	11—100名	101—200名	201—300名	301—400名	401—500名	总计	指数平均值
美国	综合	4	37	27	1	0	0	69	0.417
	要素环境	4	54	10	1	0	0	69	—
	产业	1	23	29	9	4	0	66	—
英国	综合	1	10	6	0	0	0	17	0.414
	要素环境	1	4	12	0	0	0	17	—
	产业	1	7	7	1	0	1	17	—
中国	综合	1	6	7	28	28	0	70	0.312
	要素环境	2	13	44	12	0	0	71	—
	产业	3	7	10	12	33	7	72	—
日本	综合	1	9	9	9	0	0	28	0.372
	要素环境	1	2	3	18	4	0	28	—
	产业	1	2	4	13	7	1	28	—

注:数据整理计算自《全球城市竞争力报告(2011—2012)》。

从表1可以看出,中国城市的全球化综合竞争力整体偏低。前100名入围的城市中,中国有7个,占到10%;美国有41个,占到59%;英国有11个,占到65%;日本有10个,占到36%。中国城市的竞争力投入要素环境全球排名相对靠前,前100名中有15个,第101—200名中有44位,远超过综合竞争力的排名,也说明中国城市要素投入产出效率偏低。这主要是中国核心城市的要素供给高速增长,市场需求规模巨大。但在企业素质、内部环境、公共制度与全球联系方面都还有很大差距。作为世界的制造工厂,中国核心城市的产业竞争力较好,7 个城市进入最强城市,10 个城市进入较强城市,但中国城市产业整体发展水平与质量不高(段霞等,2011;屠奇宇,2009;齐心等,2011)。

表 2 中的全球城市前四名分别为纽约、伦敦、东京、巴黎;中国大陆城市前四名分别是上海(第 36 名)、北京(第 55 名)、深圳(第 67 名)、广州(第 109 名);分值差等于以全球前四名为标杆的全球城市综合竞争力指数平均值减去中国大陆城市的全球城市综合竞争力指数平均值;位序差等于以全球前四名为标杆的全球城市综合竞争力指数排名序数的平均排序减去中国大陆城市的全球城市综合竞争力指数排名序数的平均排序。PGDP 表示人均 GDP、LGDP 表示地均 GDP、GGDP 表示 GDP 增长率。

表 2　2011—2012 年度全球城市与中国大陆城市的前四位全球竞争力及其单项比较

分类	指数	纽约(第1位)		上海(第36位)		全球城市前四名		中国大陆城市前四名		分值差	位序差
		分值	排序	分值	排序	平均分值	平均排序	平均分值	平均排序		
综合	总指数	0.704	1	0.464	36	0.657	3	0.339	53	0.318	-51
	GDP	0.822	3	0.343	8	0.895	3	0.172	38	0.723	-35
	PGDP	0.769	12	0.138	256	0.703	30	0.190	172	0.513	-142
	LGDP	0.836	3	0.051	241	0.462	18	0.048	189	0.414	-171
	GGDP	0.23	420	0.626	70	0.239	404	0.463	94	-0.225	310
	专利	0.11	91	0.068	134	0.123	103	0.067	97	0.056	6
	跨国指数	1	1	0.725	8	0.900	4	0.350	64	0.550	-60
产业	总指数	1	1	0.622	6	0.919	3	0.282	76	0.636	-73
	环节	1	1	0.741	7	0.919	3	0.357	63	0.562	-60
	结构	1	1	0.84	19	1.000	1	0.503	104	0.497	-103
要素环境	总指数	0.747	1	0.416	20	0.652	3	0.312	40	0.340	-38
	企业本体	0.863	1	0.229	57	0.734	3	0.239	39	0.495	-36
	要素供给	0.731	1	0.39	24	0.642	3	0.291	31	0.352	-29
	当地需求	0.614	1	0.418	9	0.516	5	0.305	26	0.211	-22
	基础设施	0.394	44	0.347	142	0.429	34	0.229	205	0.199	-171
	内部环境	1	1	0.767	165	0.920	20	0.600	148	0.320	-128
	公共制度	0.895	26	0.565	266	0.825	97	0.518	165	0.307	-68
	全球联系	0.8	2	0.449	14	0.727	3	0.277	108	0.450	-106

表注:数据整理计算自《全球城市竞争力报告(2011—2012)》。

由表 2 可以看出,与标杆城市比较,三个大类指标都偏低,综合产出竞争力指数低 50% 左右,产业竞争力指数低近 71%,要素投入与环境指数低 52%;在十五个一级指标中,除了绿色 GDP 增长之外,中国城市在绿色 GDP 规模、人均绿色 GDP(即 PGDP)、地均绿色 GDP(即 LGDP)、跨国指数、产业指数、层次、要素指数、企业素质、要素供给、全球联系等十四个评价项目方面都较低,特别是绿色 GDP 规模、人均绿色 GDP(即 PGDP)、地均绿色 GDP(即 LGDP)三个产出指标的差距相对幅度在 80%—95%,反映企业产业能级的产业等级、结构与企业素质三个指标差距相对幅度在 60%—70% 之间,城市网络方面的跨国公司指数与全球联系两个指标差距相对幅度在 60%—65%。

按照城市网络理论(即中心流理论),网络联系度指标度量了城市绝对重要性。Taylor 等(2014)选用 175 个先进生产性服务行业的龙头公司,利用全球城市网络联系度指标,分析 526 个全球城市的网络重要性。从其结果看,伦敦排名第 1,上海排名第 7,北京为第 12 位。从部门业务联系度的相对分析结果看,上海在金融服务与广告业务方面与其他城市联系紧密;而北京在会计服务、管理咨询与法律服务方面与其他城市联系较紧密。从与其他城市的联系度看,作为世界腹地,北京与其他政治中心城市联系比较紧密,而上海与其他商业中心城市联系比较紧密。如表 3 所示。其中联系度的数值(单位为%)是相对于最高值的比重。

表 3 中国上海和北京的总体与部门联系度及其排序

城市	总体		金融服务		广告		会计服务		管理咨询		法律服务	
	联系度	排序	联系度	排序	联系度	排序	联系度	排序	联系度	排序	联系度	排序
上海	64.1	7	77	7	64	8	60	14	44	23	42	11
北京	58.6	12	69	12	60	18	64	8	53	10	45	10

数据摘自 Taylor(2014)。

三、未来全球大城市发展战略治理的目标趋势

进入 21 世纪以来,全球 15 个大城市陆续发布了其未来发展的战略规划。在城市发展的全球化、区域化、市场化、信息化与可持续的趋势背景下,这些城市对其发展目标与策略都做了一些共同的战略性治理安排(王伟华等,2013)。

在目标导向方面,融合迎接挑战的生产目标与提高全球城市竞争力的发展目标,关注居民的幸福宜居与城市的竞合发展;在资源利用方面,坚持以人口变化趋势及其就业、住房、公共服务等衍生需求为导向,规划城市战略性要素资源开发利用;在空间重构方面,面临存量制衡与资金约束,发展多节点、综合化、网络化、高密度与集约型的城市经营空间系统,实现城市经济驱动力、社会福利、生活品质与生态环境的协同提高;在社会进步方面,强调多元全面共赢,包容持续发展;在重点关注方面,集中在提高城市生活幸福与生态文明,创造吸引力强的良好全球营商环境,用人才、创新与文化作为战略性核心驱动力,强化发展城市的全球性中心功能。从这些规划可以看出,全球中心城市的未来发展趋势都已经聚焦于产业创新、融合持续、城市文化、宜居利商、绿色交通、可支付住房与全面发展(陈可石等,2014)。

四、现代城市治理系统视角下中国大城市全球化发展策略

4.1 构建多元化可持续资金保障机制,健全持续安全长效的内生型城市经营模式

"造城引资"推动的城市发展是建立在稀缺土地资源与房地产市场泡沫之上的,土地财政难以为继,融资平台融资功能将要剥离,"造城引资"模式推动的城市经济的可持续性与安全难以持久保证,城市繁荣的活力因素也受到很大抑制。要纠正该模式,就要建立和完善以全口径预算管理、自借自还、评级评估、规模控制、风险预警为核心内容的地方政府负债风险管控机制;构建多元化可持续的城市发展融资保障组合,如抵押贷款、市政债券、公私合作的股权融资、政府购买公共服务、BOT等项目融资、使用者付费等等(邱灵,2013);综合目标性、动力性、路径性与效益效率性指标,建立全球城市目标导向下新型世界城镇化全面发展绩效的综合评价体系,改善政府官员任期制的激励约束制度;实施以创新驱动、转型升级为核心的动力机制转换,逐步建立以产业创新发展为支撑、市场主导与政府引导相结合的城市发展治理模式。

4.2 强化创新驱动,确立效率与创新双轮驱动的全球城市发展模式

中国城市要素投入产出效率较低,要素资源的低效利用正使中国城市经济

增长失去投入驱动的源动力,生产率提高的纯经济增长贡献率已由1991年至2000年的2.5%降为2001年至2010年的0.3%。以北京和上海为代表的中国大城市基本都属于新兴国家中的国际中心城市,科技制造与技术创新是其竞争力的首要决定因素。未来城市经营发展模式要向效率驱动模式与创新驱动模式相结合的双轮驱动模式转型。要从主体、资源与环境三个方面,完善调控、研发、服务、转化、推广与应用等子系统入手,健全城市研发与技术进步及转化应用系统,鼓励集群互动创新,加快完善创新驱动机制,建设全球研发中心;尝试设立个人发展账户,丰富提升人力资本,创造良好文明的生产、生活与生态环境,吸引培养卓越的科技专家与创业投资管理人才;用好用足战略性新兴产业发展基金,引导社会资金投入创业投资,提高创新创业投资绩效;完善资金募集与退出机制,建立风险分散补偿缓释机制,集聚实力强的品牌创业投资企业,建设国际创新创业投资中心。

4.3 加快发展生产性服务业,持续提升城市产业国际竞争力

产业竞争力与全球联系是全球城市的高端竞争优势之一。在全球价值网络联系中,跨国公司生产经营的价值链空间组织是核心,而在跨国公司经营管理中,生产性服务业是其生产网络中心功能的最主要生产者,其发展与集聚程度决定着城市区域在全球城市网络中的融入程度与经济地位。因此,首先要立足本城市区域,面向世界未来发展趋势,依托战略性资源与核心竞争优势,合理确定城市发展的目标体系与全球服务中心功能组合;然后围绕全球城市的目标定位,以推进产业调整升级与城市转型发展为导向,积极融合组织产业集群,聚焦扶持发展新兴生产性服务行业,促进产业全球融合,向全球价值链高端跃升,加快形成现代服务业为主体、战略性新兴产业为引领、先进制造业为支撑、以效率与创新为源动力的新型产业体系。现阶段特别要优先支持发展生产性服务业。鼓励企业提高研发创新与集成应用能力,向高技术高附加值行业拓展;明确重点发展领域,改善财税支持政策,实施负面清单式的市场准入,减少资质认定,健全法律法规支持与行业协会自我管理,营造公平竞争、良好适宜的市场环境,吸引要素资源合理集聚,推进自主创新,塑造核心竞争优势;推进智慧城市建设,完善与全球城市发展相适应的基础设施投资、科技创新与应用及人力资源开发体系。转型期要充分发挥市场拉动与政府引导的双重力量,协同推动本市生产性服务业的空间组织与结构格局的集聚与升级(姚亚伟等,2013;张明海

等,2009)。

4.4 以全球视野和世界领先水准,强化全球城市服务中心功能

企业素质主要反映城市中各类企业综合实力,全球性大公司与跨国公司总部集聚是其核心表现。它是全球城市综合竞争力中最直接的高端核心竞争优势,可以增强城市的控制力、影响力与全球联系,也可以推动产业转型升级与城市综合竞争力提升。所以,在推动产业发展的同时,尤其要加大力度继续推动总部经济发展。依据全球企业的对外投资与区域选择逻辑,用全球视野及开放包容理念,创造条件提高城市实力、资源及环境与各类企业总部需求之间耦合度;统筹扩大产业集聚与溢出效应,充实优化教育、医疗等企业发展及其管理人员生活所需的配套资源,吸引更多更高层次的企业总部、大行业协会、全球顶级服务与中介机构落户扎根(刘荣添等,2005)。另外,也要积极推进金融、管理领域的改革与创新,创造开放便利高效的良好营商环境,激发总部企业内生发展活力(仲崇高,2011),融合内外资各类企业协同发展(薛求知等,2006)。同时,引导企业不断创新设计,有效沟通,积极营销,增加品牌技术价值含量,加快发展国际知名品牌企业(李清娟,2013)。

4.5 优化中国城市主体功能发展格局,实现世界级城市区域一体化发展

以提高城市安全保障能力、资源环境承载能力与城市人口容纳能力,提升城市核心竞争优势及改善城市综合效率为基准,从宏观层次的生产、生活、生态空间与城乡发展上优化指导,从中观层次的国际化、创新网络、等级规模、功能产业、空间组织、大中小城市协调发展等方面优化实施,从微观层次的企业素质提升、人口流动及就业保障等方面优化支撑,改善城乡空间组织、产城融合及城市发展布局与形态,实现城市区域一体化发展。结合区位资源与可持续战略性竞争优势,以建设国际竞争力较强的世界级城市群的核心城市为目标,以强化全球城市功能为核心,以统筹考虑城市区域融合发展为重点,做好城市群未来发展的顶层设计,实现大中小城市与城镇之间、城乡之间一体化协调发展(徐康宁等,2008);协调规划区域内各城市的产业功能整合、基础设施建设、环境综合治理与生态合作保护,改革现行户籍制度与土地管理制度,使市场决定要素资源在城乡及城市之间有效流动配置,提高要素生产效率,推进区域共同繁荣与城乡一体化发展,实现世界城市区域经济增长、企业高效发展与居民

幸福满意。

参考文献

陈可石,杨瑞,钱云.国内外比较视角下的我国城市中长期发展战略规划探索——以深圳2030、香港2030、纽约2030、悉尼2030为例[J].城市发展研究,2013,20(11):32—40.

程玉鸿,陈利静.城市网络视角的城市竞争力解构[J].经济学家,2012(8):72—79.

段霞,文魁.基于全景观察的世界城市指标体系研究[J].中国人民大学学报,2011(2):61—71.

郭斌,雷晓康.美国大都市治理:演进、经验与启示[J].山西大学学报,2013,36(5):121—125.

李清涓.伦敦国际金融中心的漫漫长路及未来发展趋势研究[J].金融管理研究,2013,1(1):153—169.

刘荣添,林峰.我国东、中、西部外商直接投资(FDI)区位差异因素的Panel Data分析[J].数量经济技术经济研究,2005(7):25—34.

倪鹏飞.彼得·卡尔·克拉索.全球城市竞争力报告(2011—2012).[M].社会科学文献出版社,2010年版.

倪鹏飞,刘凯,彼得·泰勒.中国城市联系度:基于联锁网络模型的测度[J].经济社会体制比较,2011(6):96—103.

倪鹏飞,赵壁,魏劭琨.城市竞争力的指数构建与因素分析——基于全球500典型城市样本[J].城市发展研究,2013(6):72—79.

齐心,张佰瑞,赵继敏.北京世界城市指标体系的构建与测评[J].城市发展研究,2011(4):1—7.

邱灵.北京市生产性服务业空间结构演化机理研究[J].中国软科学,2013(5):74—91.

盛广耀.城市治理研究述评[J].城市问题,2012(10):81—86.

石光宇.纽约全球城市地位的确立及其特征分析[D].东北师范大学博士毕业论文,2013.

屠奇宇.世界城市指标体系研究的路径取向与方法拓展[J].上海经济研究,2009(6):77—87.

王伟,赵景华.新世纪全球大城市发展战略关注重点与转型启示——基于15个城市发展战略文本梳理评析[J].城市发展研究,2013,20(1):1—8.

徐康宁,陈健.跨国公司价值链的区位选择及其决定因素[J].经济研究,2008(3):138—149.

薛求知,孙蛟.跨国公司地区总部的区位选择[J].世界经济情况,2006(12):1—4.

姚亚伟,王周伟,张震.中国地方政府债务风险的现状、问题及对策分析[J].金融管理研究,2013,1(2):69—85.

张明海,盛维.什么因素影响生产者服务业的区位选择——外资生产者服务业国际转移区位选择影响因素的调查[J].科学发展,2009(12):95—104.

仲崇高.跨国公司地区总部区位分布的特征与决定因素[J].华东经济管理,2011(6):108—114.

Taylor, P. J., B. Derudder, M. Hoyler & P. Ni. Advanced producer service firms as strategic networks, global cities as strategic places[J]. Economic Geography, 2014(90):267—291.

中国大城市新型世界城镇建设研究

——以北京、上海为例*

王周伟[①]　柳闫[②]

摘　要：推进新型城镇化发展是中国及各省市经济发展的长期战略，不同省市的新型城镇化水平不尽相同，中国的一些区域核心城市则提出了建设全球城市的战略目标。以中国大型城市为例，本文在城市经济发展框架中分析了新型城镇化与城市全球化之间的互动耦合发展关系，提出了新型世界城镇概念，认为全球化城市建设是新型城镇化发展的高级阶段，全球城市目标导向的大城市新型世界城镇建设需要用全球视野与国际水准全面推进新型城镇化建设。本文接着探讨了当前中国大城市的新型城镇化建设中存在的问题与制约因素，提出了发展建议。

关键词：全球城市；新型城镇化；互动耦合发展；新型世界城镇

一、引言

近年来，全球城市、世界城市、新型城镇化等问题成为学术界并存或继起的几大理论热点，但对于它们之间内在的相关性似乎并没有得到足够广泛的认知，这对深刻理解这几个概念各自正确的含义以及全面把握总体时代特征从而制定和实施最为合理的发展战略是非常不利的。因此，无论从学术研究还是从

---

* 本文得到国家自然科学基金项目《住房保障家庭福利依赖及经济自助行为研究》（项目号：71473166）资助。
① 王周伟(1969.1—)，男，博士，副教授，上海师范大学房地产与城市发展研究中心，研究领域：城市经济与发展，金融管理。
② 柳闫，(1990.6—)，女，硕士，特聘助理研究员，上海师范大学房地产与城市发展研究中心，研究领域：城市经济与发展，金融管理。

现实指导的意义上讲,都很有必要对全球城市、新型城镇化之间内在的相关性问题做进一步的研究和探讨。

全球化是一种不可逆转的发展趋势,它是人类社会不断跨越国家与地区界限,在全球范围内进行沟通、联系和相互影响的客观历史进程。全球化包括经济全球化、政治全球化、文化全球化等各个方面,但其主要表现是经济全球化。随着以电子技术为代表的科技革命以及巨型船舶、飞机与高速公路的发展,企业进一步走向集团化、规模化和自动化,使经济全球化进入一个新的阶段,形成了一个由资本、金融、信息、技术构成的相互依赖、相互作用的全球网络。全球化本质上是一种地理过程,它在很大程度上表现为产业扩散、城市发展的地理过程。城市是全球或区域经济系统网络上大小不等的片段、节点或链条的一个重要组成部分。发达的大都市由于聚集了世界的先进技术、综合机构及科研力量,构成了全球化网络最有力的支撑,也因此成为全球体系最高级别的世界城市。

21世纪是城市发展的世纪,城市化已成为一种国际现象和发展趋势,实现城市的可持续发展已成为世界各国共同追求的目标和社会各阶层所关心的重要课题,尤其是世界城市能否实现可持续发展对全球经济的影响越来越大。而新型城镇化是中国城市发展进程中特有的概念。"新型城镇化"的提出已经有十余年了。最早的时候"新型城镇化"一词是在党的十六大上伴随着"新型工业化"提出来的。新型城镇化已经成为中国未来经济发展的巨大引擎和动力来源。中国作为一个发展中国家,尽管发展速度不断加快,但是至今仍然不具备世界城市的资质,我们的全球城市还处于酝酿发展阶段,与纽约、东京、伦敦等全球城市相比还具有很大的进步空间,但是我们相信随着中国新型城镇化的不断发展,在不久的将来上海和北京终究会跻身全球城市的行列。

新型城镇化发展战略的提出与实现是全球城市形成的现实基础,而全球城市的建设对新型城镇化发展而言既是一种全球理念,也是一种理想境界。两者融合的结果就是新型世界城镇的建设。

二、文献综述

彼特·霍尔(1966)是全球城市的现代研究的第一人,他提出了世界城市的概念,从政治、贸易、通信设施、金融、文化、技术以及高等教育等各个方面对伦敦、巴黎、纽约、东京等处于世界顶尖位置的城市进行了全面的研究。斯蒂芬·海莫(1972)首先提出世界"经济转向"及总部控制对当今世界的主宰地位,跨国公司总部趋向集中于世界主要的城市如纽约、伦敦、巴黎、波恩、东京、莫斯科及北京等。跟随着斯蒂芬·海默的研究逻辑,在此之后的许多研究把跨国公司总部作为判别一个城市在全球城市体系位序的重要指标之一。这些研究虽然确定了不同城市的重要性,但并未在全球城市的网络中确定城市的等级。在此之后的研究中,科恩(1981)提出了新的城市等级体系;弗里德曼(1986)基于资本的组织意义以及新劳动地域分工理论提出了著名的世界城市假设理论,弗里德曼侧重于理论研究,对诸如金融、跨国公司总部、商业服务业、制造业活动、交通以及人口等指标都没有进行测量。因此许多学者对弗里德曼的世界城市等级提出了批评,这其中也包括弗里德曼本人。后来的研究大都建立在几个具有主宰性的全球城市基础上,通过对这些城市的实证研究,一方面确定了它们在世界城市框架下的等级与位序,另一方面,形成了不同的测度全球城市的标准。与弗里德曼不同,萨森(1994)把全球城市看成是世界国际金融中心,强调高级生产服务业如会计、广告等在全球城市中的巨大作用,萨森在文章中只提到了纽约、伦敦、东京三大城市,并以这三个城市作为实证研究的基础,没有提及其他城市,也没有论及与其他城市的联系。在萨森研究的基础上,卡斯特尔斯进一步提出了"流的空间"这一概念,在卡斯特尔斯看来,全球城市应该被当作全球网络的结点。在全球城市的发展脉络过程中,近年来关于全球城市及体系的研究则更关注全球城市的网络、等级体系、网络组织、全球城市的现实联系以及全球城市区域的研究。

2013年12月,中央城镇化工作会议进一步明确了推进新型城镇化的指导思想、主要目标、基本原则、重点任务与着力点,至此新型城镇化内涵达成了社会共识。它的"新"是新在突出以人为本的城镇化水平、质量与持续发展的综合统一。以此为指导,按照内涵构建综合评价模型的思路,学者们开始从完整意义上探讨评价新型城镇化的进程与质量。夏斌(2013)提出城镇化建设主要是农民工市民化、城市基础设施建设、城市空间布局。单卓然、黄亚平(2013)探讨了其内涵、目标与内容;何平、倪苹(2013)构建了七个一级指标、二十九个二级指标的综合评价体系;魏后凯等(2013)构建了三个一级指标、七个二级指标、三十四个三级指标的全面评价体系。按照各自的内涵理解,利用不同的确定权重方法,学者们构建了大类差异大、具体指标相似的评价体系。从研究的内容方面来看,涉及最多的内容就是研究"城镇化过程的总体特征",包括城镇化的比率、水平、速度、存在的问题等方面,如曹桂英、任强(2005)、姚华松(2012)、张亚强(2012);还有就是有关城镇化发展的动力、推进路径、发展模式等特征方面的相关问题,如陈鹏(2005)、李海梅(2013)、王冬欣(2013);其次是有关"西部城镇化"主题的研究,如杨勇(2004);再次是研究城镇化与"工业化""经济增长""产业结构转型""金融市场的发展"等关系,如吴福象、刘志彪(2008)、曾湘泉、陈力闻、杨玉梅(2013)等;最新的研究又开始关注城镇化的融资以及城镇化发展过程中的地方债问题,以及城镇化建设过程中的"新农村建设"论题,"农民问题""土地问题"等,研究的主题内容主要处于宏观层面,研究视角仍侧重于决策层角度。

吕拉昌(2007)提出中国的全球城市建设要从全球城市体系的等级、位序规律出发,根据社会经济发展的实际,要有步骤、有目标、分阶段,稳步推进,逐步提升城市发展的层次,促进城市国际化的步伐,建设中国的国际城市。宋金平、蒋一军、王亚东(2008)分析了经济全球化对全球国家、城市与区域产生的影响,指出资金、商品、信息、人口的全球流动把全球经济紧密地联系在一起,促进了发展中国家的工业化与城市化进程,使城市各个方面产生深刻的变化,并演变为全球城市体系,城市已经成为国家参与全球竞争的核心力量。郝书池、姜燕宁(2011)探讨全球化背景下城市国际化的含义和特征,从城市现代化和城市国际关联效益两个方面构建全球化背景下的城市国际化水平的指标评价体系,通过对珠三角城市的实证研究得出深圳是国际化水平最高的城市,广州次之,并为其他城市提高国际化水平提供参考。罗震东、何鹤鸣(2012)基于全球城市区域的视角构建长江三角洲地区小城镇发展演化的理论逻辑,认为全球化生产网络的构建、高快速交通网络的完善、高品质集约发展的诉求以及社会消费需求的升级等全球城市区域的发展特征是推动区域内小城镇加速差异化发展的主要外部因素。

综上所述,对于全球城市、新型城镇化问题的探讨,国内外学者的研究成果较为丰硕,研究领域的扩展性较强,但是仍然缺乏深入研究和细致分析,在谈到有关内容时也仅仅是介绍较为基础的知识,其研究力度有待加强,对于本文所研究的问题学者们的研究重心也不尽相同,有的是对全球化背景下的世界城市进行介绍,有的更侧重于处于不同国家的各个世界城市的比较,有的是学者专门对新型城镇化进行评价和分析,几乎没有学者研究两者之间的关系;即使有少数的学者涉及到两者其分析也不够深入彻底,如对全球化对城镇化建设影响的研究,只是涉及到浅层次的分析,留有一定的挖掘余地。

三、新型城镇化与城市全球化融合于新型世界城镇建设中

(一)全球化城市建设是新型城镇化发展的高级阶段

中国特色的新型城镇化建设是以以人为本、四化同步、集约高效、生态文

明、协调持续为核心特征的城镇化,新型城镇化满足健康稳步地推进城镇的水平与质量协同提高、空间发展格局优化、生活和谐宜人、发展模式合理高效与治理体制完善。从全球城市网络来看,在专业化差异基础上的贸易自由化、资本全球化与生产国际化共同推动了经济全球化,这使生产经营的战略性资源在全球范围内流动配置,形成了全球城市网络,而处于网络当中的重要节点上的城市也是全球资源配置的枢纽城市,也就是我们所说的全球城市(又称世界城市)。进一步从全球价值链视角看,全球城市是全世界先进生产性服务业高度集聚的发达城市;它们是在所有世界性跨国公司网络分工与控制下,用于实现商品与服务价值过程中价值创造与产业分工各环节中处于顶端的控制中心型城市。新型城镇化建设更加强调城市自身的全面、协调、持续、健康的发展,而全球城市则更为强调在城市价值链与城市网络中城市功能效率与位序等级的提升。所以,从单一城市、城市群与城市区域发展来讲,全球城市建设与新型城镇化发展是统一融合的,新型城镇化发展是全球城市建设的基础性必要内容,全球城市建设是新型城镇化发展的高级阶段,大型的中心城市的新型城镇化应当以全球视野与世界水准做好全面发展,融合全球城市理念建设新型世界城镇。如图1所示。

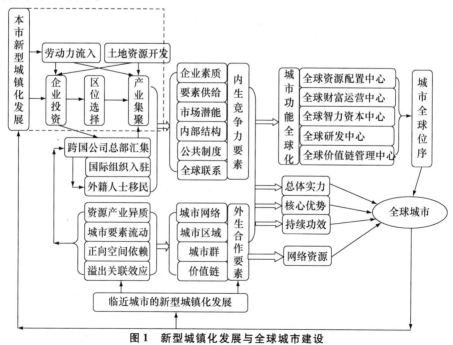

图1 新型城镇化发展与全球城市建设

（二）全球城市目标导向的大城市建设需要用全球视野与国际水准全面推进新型城镇化建设

以全球城市为建设目标的大城市需要具有与该目标相适应的总体实力、核心竞争优势与可持续的全球性战略功效及城市网络资源；能够作为全球价值链管理中心、全球资源配置中心、全球财富运营中心、全球智力资本中心、全球研发中心与全球商务中心，在全世界城市网络或区域城市网络中发挥着强大的全球性城市功能，在全球城市综合竞争与合作中具有相当的影响力和领导力，能够脱颖而出。

从单一城市来讲，这需要新型城镇化得到全方位的发展。从城市产业子系统（即"企业—产业"）运行来看，如果城市政府能够有效地实施促进"创新驱动、转型发展"的产业政策，推动四化同步，为企业发展创造了"集约高效、协调持续"的区域经济环境，这样会让本地企业加大经营规模，也会吸引城市之外的企业选择本市设厂投资，提高产业集聚水平与质量，企业会获得更大的规模经济、范围经济与学习效应，城市的总体实力、核心竞争优势与可持续发展能力也会得到不断强化。

从城市民生子系统（即"居民—城市"）运行来看，以人为本、生态文明的新型城镇化发展会为居民生活提供良好的基础设施、公共服务及足够的社会保障，为劳动力流入创造友好充分的就业条件，为人力资本增值提供便利经济的教育环境。这将吸引较高素质的劳动力流入本市，为本市产业发展与全球性城市功能塑造提供必要的智力支持，也会扩大本地市场需求。

从城市网络来看，由于资源与产业的异质性及其分工合作，以及知识、技术、信息的共享性与边际报酬递增特征，以及城市发展溢出效应的关联作用，临近城市的新型城镇化发展会通过产业链延伸、价值链增值与市场潜能提高，进一步提升城市群、城市区域与城市网络内城市合作的范围、能级与紧密程度，这些将提供外生城市合作要素，为全球城市建设直接提供网络资源，也会从外围增强本城市的总体实力、核心竞争优势与可持续的全球性战略功效。

不同于一般城市，也不同于国内中心城市或城市群中的核心城市，全球城市更加注重的是全球城市功能、全球资源配置能力与全球影响力的发挥程度，能够吸引更多的全球性跨国公司选择本市设立总部或投资设厂，吸引外籍专家与国际人士移民生活工作旅游；也需要城市在全球城市网络中具有较强的城市竞争力与可持续的核心竞争优势及战略性要素资源。因为跨国公司对外投资与区位选择是在全世界范围进行比较决策，这对城市全球化发展与城镇化建设提出更为远大厚实更为高端包容的期待，也赋予了更为广泛的城镇化与全球化相互融合的世界城镇化建设含义。因此，全球城市目标导向下的新型城镇化建设要全面推进，更应当具有全球视野与国际水准。

四、目前中国大城市城镇化建设的问题与制约

（一）中国大城市城镇化建设中的问题分析

1. 在城镇化率方面取得了快速提高，但没有实现持续协调均衡发展

改革开放以来，财政分权等中国行政管理体制改革与高速的经济增长使中国大城市城镇化取得了快速发展，常住人口城镇化率由1978年的不到20%提高至2012年底的52.6%，城镇常住人口增加了5亿多。尽管速度快于美国和英国，但慢于日本与韩国，依然低于与人均收入相适应的水平，中国的大城市城镇化还不完整、不协调与不均衡。不完整性主要体现在由于户籍制度障碍，近2.6亿的进城务工人员在为城市建设做出贡献的同时，无法完全与城市融合，难以完全享受城市基本公共服务与社会保障；不协调则主要体现在土地城镇化快于人口、经济与社会的城镇化，社会城镇化偏低，人口流入、土地利用与大中小城市的繁荣、产业发展、资源禀赋、环境承载能力不协调，与城市的基础设施、公共服务、交通网络与社会发展不协调；不均衡则是大中小城镇发展的不均衡，发达城市群接近城市综合承载能力极限，可持续问题严重，而中小城市产业发展程度偏小，就业机会严重不足，公共服务水平与覆盖率偏低，对劳动力的吸纳能力不够大，另外一个就是城乡一体化程度发展缓慢。

2. 城市经济增长很快，但引发了一系列城市问题

因为人口流动的刚性控制与柔性流动、城市的高生活成本及经济快速增长，中国的快速城镇化基本没有出现大范围的城镇失业与贫困，但是也存在着一些问题。第一，收入差距较大问题。2013年底城乡收入之比为2.24∶1，2003年至2012年中国全国居民收入的基尼系数在0.474—0.491，已连续十年都高于国际警戒线值0.4，明显高于印度、俄罗斯。第二，交通拥堵问题。如北京市2013年工作日高峰时段的交通拥堵指数为5.5，接近"中度拥堵"，有4个严重拥堵天和145个中度拥堵天，一年中有4个月处于"中度拥堵"，平均每天堵车1小时55分钟，拥堵时间与路段均较长。第三，引资补贴与廉价信贷及地方政府非理性举债导致的要素资源紧缺与过度低效利用问题。中国城市增量资本产出率在2009至2011年为4.7，属于较低水平，而实际资本存量增幅是国际合理

高效水平（占 GDP 的 30%）的两倍左右；2012 年城市群土地利用的综合效率平均值为 0.826，京津冀城市群的综合效率平均值为 0.544，长三角城市群的综合效率平均值为 0.794，而且土地开发强度与工业用地比例（大于 25%）很高，都高于首尔（7%）和香港（5%）。第四，生态环境安全恶化问题严重。如《2013 上海市环境状况公报》显示，上海 2012 年 365 天中有 124 个是污染日，重度与严重污染达 23 天，PM2.5、PM10 年日均值分别为 62 微克/立方米、82 微克/立方米，为《环境空气质量标准》年均二级标准（27 微克/立方米、12 微克/立方米）的 2.3 倍、6.83 倍。AQI 空气优良天数为 241 天，优良率为 66%，较 2011 年减少了 102 天；《2013 北京市环境状况公报》也显示，北京污染物排放量继续下降，但 6 项污染物中 4 项超标，其中 PM2.5 为 89.5 微克/立方米，超标 156%。第五，城市发展效率偏低问题。如 2012 年上海的综合效率、技术效率、规模效率分别为 0.815、0.893、0.912，远低于四个老牌全球城市及中国香港、新加坡。

3. 居民生活水平提高，但生活成本较高，生活质量偏低

作为生产要素，人口在城市集聚，具有规模经济、学习效应以及便利性，同时集聚也会带来拥挤效应，适度集聚会带来正的净集聚效应，而过度集聚则会带来负的净集聚效应。美世咨询公司（Mercer）2014 年 7 月 10 日发布了《2014 年生活成本调查报告》，报告显示，按照当地住房、交通、食品、服装、家居用品、休闲娱乐等 200 多项生活成本，上海已经超越曾以物价昂贵著称的巴黎、伦敦、纽约，进入全球生活成本最贵城市前十名，北京排在第 11 位，深圳第 17 位，广州第 24 位。《中国 35 个城市生活质量调查报告（2012）》显示，从主观满意度指数值看，上海为 50.24，排序为 20；广州为 49.74，排序为 25；北京为 49.47，排序为 28。2012 年上海社会科学院社会调查中心与上海市妇联儿童和家庭工作部共同进行了"上海市民幸福感现状"的调查。结果显示上海市民的家庭幸福感指数为 67.19，虽较 2009 年有提升，但仍然偏低。中国大城市排名都比较靠后。这主要是因为大城市的生活成本较高、房价上涨预期强与城市规模大引发的拥堵成本较高。高昂的生活成本与偏低的生活质量已严重抵消了上海居民的幸福满意感受。

4. 城市规模取得了较好的扩张，但土地财政与"造城引资"模式难以持续，新型城镇化建设支出巨大，现行的公共投融资机制难以支撑。

在政府垄断土地、财政分权、绩效竞争的背景下，二十世纪以来，中央逐步完善了以指标控制与用地审批为特征的土地管理制度，集体土地开始流转用于工业建设用地，利用土地抵押融资方式，地方政府更加偏好于建造新城。这样一方面可以改善提高城市形象，扩大城市规模，通过固定资产投资直接拉动经

济增长;另一方面,可以通过基础设施建设与压低地价方式吸引投资,所以,城市治理的"以地引资"模式转换为"以土地财政与政府举债为支撑的造城引资"模式。这种模式支持了中国大城市面貌与形象的大幅度改善,但是可持续性很差。原因在于连续过度的土地投入会受到城市土地资源的硬约束;而且该模式面临着两方面的城市经营风险:资源紧缺的大城市,土地市场波动将给未来土地收入带来很大的不确定性,加大可能不足以偿还过度快速增长的债务;资源富裕的地区把土地过多地配置到工业部门,会导致商业与居住用房价格上涨,降低城市生活幸福满意感。

按照人均收入的变化趋势,到2030年中国的常住人口城镇化率将高达70%,约10亿人将在城市生活。以2011年的不变价格计算,2亿农民工(包括存量与增量)市民化,需要新增公共支出279935亿元至296132亿元;按照地方政府主要承担随迁子女教育、保障性住房成本与社会保障等,需负担70%计算,地方政府需要新增公共支出195954.5—207292.4亿元,如果到2020年完成,则各地方政府每年需新增公共支出32659.1—34548.7亿元,占地方财政收入(以2013年财政收入约8.3万亿计)的比例达39.3%—41.6%。截至2013年6月底,地方政府负有偿还责任的债务为10.89万亿元,未来5年内还款金额在8477.55亿元至23826.39亿元之间,占2013年地方财政收入的比例达10.2%—28.7%。两项合计比例在49.5%—70.3%。另一方面,2013年地方政府土地出让金收入约为3.9万亿元,同比增长47%,占2013年地方财政收入比例达35%,土地财政依赖程度回升。由此从总体上看,目前实行的市政债券发行规模只是杯水车薪,未来地方政府财政压力是巨大的,现行的公共投融资机制难以支撑。如果考虑未来的新型工业化、信息化、人口老龄化与全球化,现行的公共投融资机制更是急需改善。

(二)中国大城市新型城镇化建设的关键制约因素分析

1. 人口规模要适度调控,人口素质与结构亟待优化

经济发展与就业、技术进步、资源环境、基本公共服务与基础设施共同决定了城市人口承载能力与区域间人口流动。现行城市运行中制约人口增长的短板因素是生态环境与资源因素。例如,上海人口的生态承载规模在1800—2300万人,如调整现行规划,改善生态治理水平,则城市人口规模增长的短板在于城镇建设用地,其人口的土地承载规模可以增加为2500—2800万人。根据《2013上海市国民经济和社会发展统计公报》,2013年底户籍常住人口为1425.14万人,外来常住人口为990.01万人,2013年上海常住人口达到2415.15万人,比

2012年增长了1.4%,已经突破2020年规划人口规模(1800万人左右)的34%,接近土地承载规模,已逼近上海的幸福宜居人口规模,虽然外来人口增长势头减弱,但也占到人口增量的10.3%。人口过快增长给经济发展提供了劳动力,但同时也给空间、环境、资源、政府公共服务能力及城市基础设施带来极大的压力,而且人口分布的空间结构与经济规模与产业布局不协调。2012年全市平均常住人口密度为3754人/平方公里,在2000年全市平均常住人口密度(为2537人/平方公里)的基础上增长40.8%,年均增长率为3.4%;中心城区常住人口密度在18206人/平方公里至34448人/平方公里,远高于其他全球城市,是东京的2.4倍、伦敦的3.5倍、巴黎的4.8倍。期间年均实际人均可支配收入增长率仅为7.8%,人均消费支出从2000年的8868元增长到了2012年的26253元,年均实际消费支出增长率仅为3.9%。2000年至2012年期间城镇登记失业率维持在3.5%—4.2%之间,基本稳定,但2012年人均生活消费能源高达482.97千克标准煤,城镇居民人均住房面积仅为17.3平方米。

同样,北京人口近十多年也是持续快速增长。到2012年底,北京市常住人口达到2069万人,已经超过了城市总体规划确定的1800万人口适宜规模的15%。这给城市交通、公共服务、基础设施和社会管理带来了巨大压力,也造成了资源环境日益不堪重负。例如,北京全市人均年用水量由2004年编制总体规划时的246立方米降低至目前的100多立方米。

2. 可再开发土地接近极限

土地财政、造城引资模式与面子工程等因素已经造成了土地过度开发与低效利用,这种摊大饼式的发展方式,已使中国大城市的土地资源无法继续支持。比如,上海市域面积为6340.5平方公里,加上滩涂等新生面积,在6800平方公里左右。而2012年上海建设用地规模已经是3034平方公里,已经非常接近2020年末的建设用地规划上限3226平方公里,建设用地面积已达到市域面积的44.7%,也即将达到生态环保与持续发展的可开发用地极限比例50%。此类情况在其他大城市同样存在,土地城镇化与人口城镇化需要协调发展,公认"安全线"比例为1.12倍。

五、中国大城市新型世界城镇发展的建议

第一,因地制宜分类规划,实现协调均衡发展。全球城市是一个完整的城市体系,这个城市体系可以分为四级:世界城市、区域领导和控制中心、专业化生产和服务中心、依附中心。世界城市是最高层次,是集全球生产、采购、调运、

销售、资金流动等经济活动的控制中心为一体,每个世界城市控制一批区域性城市,区域城市控制专业化生产与服务城市,专业化城市又控制更低层次的配套型生产城市,这样就构成了一个有机的城市网络。所以中国要想建造世界城市,不能只把目光集中在北京、上海这些具有成为世界城市条件的城市,还应该关注其他三种类型的城市建设。目前中国各省市之间的新型城镇化发展进程差异较大,由于各个区域在居民生活、经济效率、城镇服务、生态环保与协调持续等方面都不对称,各有长短;在经济实力、社会结构、环境资源禀赋与市场化程度等制约因素方面也各不相同,所以,各省市应当从本区域现状特点与潜力优势出发,切实完善创新驱动与转型升级的动力机制,提高可持续发展能力;根据区域综合承载能力、资源禀赋与竞争优势,优化产业结构,强化特色产业,提升城镇创新能力,推动技术进步,集约高效发展经济,有力支持新型城镇化发展。协调是可持续发展的基础,在推进新型城镇化发展的过程中,应该注重区域内部与区域之间的一体化协调发展,缩小城乡差距的同时也要兼顾好不同区域的耦合发展。

第二,注重生态环保,避免"城市问题"。随着"世界城市"评价体系的全面化和科学化,环境、文化等因素日益被纳入到评价体系当中。中国的城镇化发展长期以来之所以不能跟国外的城镇化相提并论,很大一部分原因来自于环境因素的制约,中国长期以来的发展都是粗放型的发展方式,推动经济发展的同时也带来了环境的破坏和一系列的城市问题,而生态环境的恶化已经给我们的经济与生活带来了许多问题,比如雾霾、PM2.5 的频频爆表等污染问题,这样的发展方式让中国的城镇建设始终被国外人所诟病,也不符合全球城市建设的趋势和要求。粗放型的发展方式只会让我们距离全球城市的目标越来越远,我们应当促进创新转型,发展集约节约式经济;加大与生态治理与环境保护投资力度与效率,提高绿色 GDP 增长效率。

第三,提升城镇服务,改善居民生活质量。通常意义上的城镇化率指的是城镇人口占总人口的比重,这一指标只能从数量上反映一个地区的城镇化发展水平,不能从质量上体现一个地区的城镇化水平,更不能反映居民的生活质量问题。由于高房价、高医疗成本等因素的制约,中国居民的生活质量始终处于低水平的状态,尽管中国的经济总量高速增长,但是生活成本依然很高。为了更好地打造中国大城市新型世界城镇化建设,应当纠正房价等生活资源价格扭曲,缩小城乡收入差距,促进城乡在空间、经济、社会、生态环境等方面的一体化,提升公共服务与社会保障的水平、质量与覆盖率,推进城乡之间的基础公共服务均衡化,实现包容、高效、可持续的新型城镇化发展。加大环保治理力度,改善社会管理,努力营造幸福美好宜居的就业生活环境,提高居民生活质量,唯有如此才能为整体协调推进新型城镇化发展提供基础。

第四,提高经济效率,促进可持续发展。经济发展是推动中国新型城镇化发展的最为核心的基础性支持手段,其他四个方面的发展最终都要依赖经济发展提供物质与金融支持。这里的经济发展应当是全面的、有效率的可持续经济发展,于是我们政府在整体主导新型城镇化发展的过程中,还要提高自身治理水平,充分发挥市场在优化资源配置中的决定作用,提高金融服务实体经济发展的能力。国家在《全国主体功能区规划》中已经确定了"两纵三横"的主体功能城镇化战略发展格局,要坚持以城市群协调发展为主线,深化东部地区之间的分工协作与功能互补,提升经济集聚与溢出扩散功效,不断推动一体化发展;创新其他地区的城镇化发展机制,改善产业转移承接环境与合作体制,强化自我发展能力,健全多元化可持续的资金保障机制,推动绿色城镇与智慧城市等新型特色化城镇建设。在城市规模不断扩张的情况下,土地财政与"造城引资"模式难以持续,新型城镇化建设需要巨大的资金投入,现行的公共投融资机制难以支撑,所以为了建成中国世界新型城镇必须寻找多元化可持续的资金来源。

参考文献

单卓然,黄亚平."新型城镇化"概念内涵、目标内容、规划策略及认知误区解析[J].城市规划学刊,2013,(2):16—22.

段瑞君.中国城市规模及其影响因素研究——来自284个地级及以上城市的经验证据[J].财经研究,2013,(9):82—94.

郝书池、姜燕宁.全球化背景下城市国际化水平评价指标体系及实证研究[J].重庆交通大学学报,2011(2):39—43.

何平,倪苹.中国城镇化质量研究[J].统计研究,2013,(6):11—18.

黄亚平,陈瞻,谢来荣.新型城镇化背景下异地城镇化的特征及趋势[J].城市发展研究,2011,(8):11—16.

罗震东,何鹤鸣.全球城市区域中的小城镇发展特征与趋势研究——以长江三角洲为例[J].规划研究,2012(12):9—16.

吕拉昌.全球城市理论与中国的国际城市建设[J].地理科学,2007(8):449—455.

吕拉昌.世界城市体系的形成与中国的国际城市化[J].世界地理研究.2009(1):57—61.

钱明辉,胡日东,胡安其.提升中国城市空间发展布局与推进新型城镇化建设关系研究[J].

当代财经,2013,(9):17—27.

宋金平、蒋一军、王亚东.全球化对城市发展的影响与启示[J].城市问题,2008(4):31—34.

宋金平.全球化对城市发展的影响与启示[J].城市问题,2008(4):30—34.

王发明.城市国际化水平综合评价指标体系的构建[J].统计与决策,2009(11):55—57.

王学峰.发达国家城镇化形式的演变及其对中国的启示[J].地域经济与开发,2011(4):54—60.

姚东.中国区域城镇化发展差异的解释——基于空间面板数据与夏普里值分解方法[J].中南财经政法大学学报,2013,(2):40—47.

张占斌.新型城镇化的战略意义和改革难题[J].国家行政学院学报,2013,(1):48—54.

周江燕,白永秀.中国城乡发展一体化水平的时序变化与地区差异分析[J].中国工业经济,2014,(2):5—17.

城市区域视角下的上海全球化转型发展研究*

王周伟① 王 衡②

摘 要：长三角城市群实力雄厚,是我国与世界交流的城市群窗口,而上海是长三角乃至中国大陆正在崛起的全球城市。全球城市是具有政治影响力的国际金融资本集散地,是全球网络的重要"节点城市"。本文先分析长三角城市群在中国特殊的地位,继而阐述上海"四个中心"建设的成绩,接着指出长三角各港口重复投资、功能重叠严重,以及上海人口压力大,城市生态建设不完善,企业品牌文化不强等问题,最后从产业结构升级、创新能力提升、空间格局优化及城市功能重塑等方面,提出上海必须加大力度发展生产性服务型产业,控制人口规模及区域内分布的疏密程度,更加注重全球价值链管理控制功能、投资贸易枢纽功能、科技创新策源功能、资本与财富管理功能、人才流动集聚功能、文化融汇引领功能,对决定城市内在生命力的创新要素予以重点关注,营造优质生活环境,构建宜居城市。

关键词：长三角城市群;都市建设;全球城市区域;转型发展

一、引言

《关于编制上海新一轮城市总体规划的指导意见》的发布公开表明上海要

---

* 本文获得国家自然科学基金面上项目《基于流动性视角的资产定价模型重构研究》(项目号：71471117)、教育部人文社科研究项目《中国宏观审慎货币政策的调控机制研究》(项目号：11YJA790107)、《通货膨胀惯性、金融市场摩擦与结构性冲击——债务危机下 DSGE 模型的扩展与应用研究》(项目号：12YJC790020)、上海市教委重点课题《综合风险网络传染的系统性风险评估与分析框架研究》(项目号：12ZS125)的资助。

① 王周伟(1969.1—),男,博士后,副教授,上海师范大学金融工程研究中心,研究方向：风险管理、金融工程。
② 王衡(1990.11—),男,上海师范大学商学院,金融学专业研究生,研究方向：风险管理、金融工程。

建设具有影响力的全球城市,而2014年4月1日公开招标的《面向未来30年的上海》有关"建设全球城市"的部分课题流标,表明上海建设全球城市责任重大,还要经历长期的奋斗。全球城市则可以称得上是国际大都市的升级版,上海建设全球城市必须要"站在未来看今天",要能畅想出30年后的世界是什么样、30年后作为全球城市的上海具有什么样的技术、产业等等一系列问题。一批在全球经济中发挥指挥和控制作用的全球城市开始在政治、经济、贸易等各方面影响全球命脉,目前公认的最高能级的全球城市是纽约、伦敦和东京。发达国家的城市处于再重构阶段,发展中国家则处在快速全面的城镇化进程中,城市间、尤其是不同层级的全球城市间的竞争深刻影响着国与国、地区与地区之间的竞争,因此从长三角城市群出发,研究上海如何建设全球城市对中国的综合竞争力、经济转型以及新型城镇化发展都具有一定的现实指导意义。

二、文献综述

Peter Hall(1966)开拓性地提出"世界城市"概念,并对处于世界顶尖位置的城市进行了全面系统研究。Stephen Hymer(1972)首先提出世界"经济转向"及总部控制的重要作用,并提出跨国公司总部趋向集中于世界主要城市,Feagin(1987)、Short(1999)等在全球城市指标体系中把跨国公司总部作为重要因素。Cohen(1981)提出了新的城市等级,Friedmann(1986)提出影响深远的世界城市假设理论,Tayer(1997)、Beaverstock(2000)等对 Friedmann 的研究重理论轻实证的不足提出了批评。Fujita(1991)等在世界城市框架下研究其城市等级与位序。Sassen(1994)对纽约、伦敦、东京进行了系统地实证研究,并强调高级生产服务业巨大作用。Castells(1996)提出把全球城市看作是全球网络的结点的观点。Taylor(2001)谈论了全球城市的网络、等级以及全球城市区域。

然而直到20世纪60年代以来,发展中国家和地区相应城市才逐渐被世界城市研究者的视野纳入了研究范围。如 Olds K.(1995)、Simon D.(1995)的研究。中国政府一系列对内改革、对外开放以及加入WTO等措施,使得国内城市发展受到世界各国的关注。国内文献中,谢守红(2004)概括了世界城市概念、功能、分类、形成机制以及国外研究流派等。吕拉昌(2007)认为中国的全球城市建设要根据社会经济发展的实际稳步推进。顾朝林(2007)先是对长三角城市群的现状进行分析,进而从上海各方面的崛起探索上海要建设全球城市需进行的转型。张敏等(2006)通过分析长江三角洲地区城镇一体化态势,提出通过提升上海全球城市功能,打造周边城市的次级全球城市职能的长三角全球城市区。王伟等(2013)对全球15个代表性城市的发展战略文件进行梳理比较。陈可石等(2013)对深圳、香港、纽约、悉尼四个典型全球城市长期战略规划的梳理,归纳出城市规划共同关注可持续发展、城市文化、宜居城市、绿色交通等。张婷麟等(2014)采用案例研究的方式,比较纽约、伦敦、东京三大全球城市以及上海制造业企业不同环节的空间布局,指出三大全球城市虽然以服务业为主,但并未完全放弃制造业,只是在门类上向都市型工业转型。

上海的城市定位将发生转变,因此从我国实力雄厚的长三角城市群探索都市建设存在的问题和优势是上海全球城市形态重构的必要研究。本文正是沿着这样的逻辑思路出发的。本文先是介绍城市群格局的演变,进而揭示长三角城市群存在的短板和优势,最后提出上海建设全球城市必须面临的转型。

三、中国长三角城市群发展格局的演变

"城市群"不仅是指在特定地域上不同类型、等级规模城市组合的集合体,其在经济上也具有深层含义。这种含义具体表现在城市群内人才、资本、科技和信息等要素的自由流通,而物质资本和非物质资本的快速流动优化了资源的合理配置,我们应利用不同成员城市的资源禀赋、区位优势进行产业布局合理分工,在动态变化与不断扩张中增强城市功能。

改革开放前的30年,长三角城市群的发展几乎停滞,改革开放后30年,随着国家战略的实施,上海的全国中心城市地位才重新得到认可。城市的发展已经由个体发展向群体发展演变,长三角城市群的兴起很好地适应了这种集聚效应并成为引领城市发展的战略支点。长三角、珠三角和京津冀是影响力最大、实力最强、发展迅速的三大城市群。根据国务院2010年批准的《长江三角洲地区区域规划》,长江三角洲包括上海市、江苏省和浙江省,由表1可知,三大城市群的面积仅占全国面积的5%,人口占全国人口的近24%,却创造了全国GDP的40%,进出口总额更是达到了70%以上,可见三大城市群在中国的特殊地位以及非凡的财富创造力。

表1 中国三大城市群各项指标对比及全国占比

指标地区	人口（万人）	面积（万 km²）	地区生产总值（亿元）	固定资产投资（亿元）	进出口总额（亿美元）
长三角	15900.0	21.1	118332.4	61816.2	13280.4
珠三角	5616.4	5.6	50360.5	16056.9	10471.9
京津冀	10860.5	21.6	62172.0	8530.3	6124.8
合计	32376.9	48.3	230864.9	86403.4	29877.1
全国占比	23.91%	5.03%	40.58%	19.79%	71.82%

资料来源：2013年各省市国民经济和社会发展统计公报。

法国经济学家戈特曼于1976年提出了"六大城市群"理论。"六大城市群"是指以纽约为中心的美国东北部大西洋沿岸城市群，又称作波士顿—纽约—华盛顿城市群、以芝加哥为中心的北美五大湖城市群、以东京为中心的日本太平洋沿岸城市群、以伦敦为中心的英国城市群和以巴黎为中心的欧洲西北部城市群，以上海为中心的中国长三角城市群。

按现有研究，国际城市分五类（见表2），上海是崛起中的全球城市，上海具有与世界各地，尤其与全球城市有紧密的联系能力以及具有较强的生产服务业，属于第二类国际枢纽城市。

表2 国际城市等级分类

国际城市	全球城市	全球影响力；极强的全球生产服务业
	国际枢纽城市	洲际层面上重要影响力；较强的生产服务业
	区域性国际城市	区域层次影响力；广泛的国际经济、文化、人员联系
	国际区域中心城市	一定的国际影响；区域内服务强于国际服务功能
	单一职能国际城市	具有单一功能的国际水准；具有一定的国际服务能力

资料来源：引自吕拉昌（2007）。

四、上海建设全球化的进展与趋势

（一）中国最大的FDI集聚地和输出基地

2012年发展中国家在国际资本吸引中占比已达到全球的34%。发展中国家的迅速发展为中国经济增长带来了契机，2004年中国吸收FDI达到全球10%，成为全球第一大国际资本吸引国。其中，在2000—2012年间上海每年实际吸收FDI以年均14%的速度增加，2012年实际吸收FDI已接近152亿美元，占全国实际吸引FDI的13.59%，成为中国吸引FDI数量最多的城市（图1）。

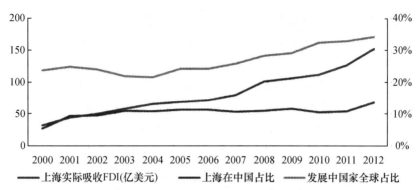

图 1 上海实际吸收 FDI 及其在中国占比、发展中国家吸收 FDI 在全球占比

资料来源:根据中国统计年鉴以及上海统计年鉴数据整理。

(二) 上海的"四个中心"建设

1. 建设中的国际金融中心

在 13 世纪以"复式簿记制度"及"非现金结算制度"的现代金融雏形为代表的意大利,其国内诞生了如佛罗伦萨、热那亚及威尼斯等金融中心城市;1492 年地理大发现让阿姆斯特丹成为国际金融中心;17 世纪的工业革命重新勾画了世界经济版图,将伦敦送上了国际金融中心的宝座;美国经过第二次世界大战雄踞资本最强国,纽约自然而然成为国际金融中心;二战后日本经济迅速腾飞让东京在 20 世纪 80 年代成为仅次于纽约和伦敦的国际金融中心。纵观历史,金融中心的形成受到政治层面、经济因素及地理环境等多方面的影响,基于路径依赖与蝴蝶效应的金融中心变迁机理揭示金融中心具有漂移性和黏滞性。

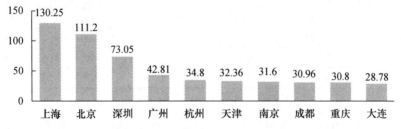

图 2 CDI 中国金融中心指数(CFCI)第五期前十大城市排名

资料来源:综合开发研究院(中国.深圳)发布的第五次 CFCI 报告整理。

上海依托中国经济改革开放迅速崛起的强大契机,在现代国际金融中心建设上具有时代历史传承的特殊意义,上海应该勇于接过这一接力棒。上海在中国的金融地位无法撼动(见图 2)。在评价国际性金融中心的指标体系中,有两大指数较为权威,其一是基于成熟金融市场分析视角的"全球金融中心竞争力指数"(GFCI),其二是基于新兴市场视角的"新华—道琼斯国际金融中心发展指数"(IFCD)。

"全球金融中心竞争力指数"(GFCI)是由伦敦金融城于2007年首次发布,迄今已发布15次,第1、2次报告并没有把上海列入排名范围。第3次报告以后,上海排名最高第5名,最低第35名,上海名次的上升得益于全球金融危机后中国在"大救赎"中的大稳定、大发展,而名次的剧变反映上海国际金融中心建设任重道远(见表3)。面临国内外严峻的经济形势,上海需依照"克强经济学"主动调结构,率先走出一条转型驱动创新发展的道路。

表3 基于CFCI指标体系的上海国际金融中心竞争力排名

	日期	分值	分值变化	排名	排名变化
GFCI1	—2007.3	—	—	—	—
GFCI2	—2007.9	—	—	—	—
GFCI3	—2008.3	554	—	31	—
GFCI4	—2008.9	568	14	34	-3
GFCI5	—2009.3	538	-30	35	-1
GFCI6	—2009.9	655	117	10	25
GFCI7	—2010.3	668	13	11	-1
GFCI8	—2010.9	693	11	6	5
GFCI9	—2011.3	694	1	5	1
GFCI10	—2011.9	724	30	5	0
GFCI11	—2012.3	687	-37	8	-3
GFCI12	—2012.9	656	-31	19	-11
GFCI13	—2013.3	674	18	24	-5
GFCI14	—2013.9	690	16	16	8
GFCI15	—2014.3	695	5	20	-4

资料来源:根据 The Global Financial Centers Index 1–15 整理。

由于GFCI指标体系反映新兴经济体缺陷较大,2010年发布的"新华—道琼斯国际金融中心发展指数"(IFCD)则较好地弥补了这一缺陷,该指数是对全世界国际金融中心发展现状、趋势及发展能力的全面测度和客观评价,既关注现状,更关注成长的潜力、发展未来。在IFCD榜单中上海表现不俗,自发布以来,上海国际金融中心连续三年稳居第六(见表4),其中成长发展指标排名上上海连续四年蝉联榜首。新兴经济体国家在金融中心建设过程中还有很长的路要走,但其发展无疑具有很大的空间和很强的成长性。

上海在全球经济重心东移、亚洲中产阶级崛起和资本与财富管理需求膨胀的背景下,面临着从国际金融中心到资本与财富管理中心跨越的新机遇与新挑战。财富管理功能更加强调对(离岸)资本与财富的分配、控制、管理和支配的软实力,更加强调资本管理的财富效应,更加强调丰富的财富管理内容与方式。未来30年,随着科学、高效的资本风险监管体系和覆盖全社会的信用体系逐步完备,上海需要在战略路径、体制机制与政策选择上积极营造适宜全球资本和财富管理功能提升的制度环境,推进实现全球城市的发展目标。

表4 基于IFCD指标体系的国际金融中心竞争力排名

排名	2010	2011	2012	2013
1	纽约	纽约	纽约	纽约
2	伦敦	伦敦	伦敦	伦敦
3	东京	东京	东京	香港
4	香港	香港	香港	东京
5	巴黎	新加坡	新加坡	新加坡
6	新加坡	上海	上海	上海
7	法兰克福	巴黎	法兰克福	巴黎
8	上海	法兰克福	巴黎	法兰克福
9	华盛顿	悉尼	苏黎世	芝加哥
10	悉尼	阿姆斯特丹	芝加哥	悉尼

资料来源:根据新华—道琼斯国际金融中心发展指数报告2010—2013整理而得。

2. 建设中的国际航运中心

2012年5月,上海发布上海国际航运中心建设第一个专项"五年规划"。2012年,上海港货物年吞吐量与集装箱年吞吐量均蝉联世界第一。上海航运中心发展迅速,整体来看代表航运中心"软实力"方面与国际顶级航运中心仍存在明显差距。例如海事仲裁方面,2009年上海海事仲裁案件数不足伦敦的2%;航运金融方面,2009年上海海上保险保费收入不足伦敦的4.5%。

17世纪的阿姆斯特丹航运中心的建立得益于其优越的地理位置,英国工业革命以及集装箱的运用都对国际航运中心产生了深远的影响,纽约航运事业的发展得益于《1916年航运法》和《1920年商船法》对航运业的支持和规范,新加坡对于航运业强大支持以及自由港政策风行使其航运业务发展迅猛。国际航运中心既需要得天独厚的地理环境,也需要技术革新、宏观经济以及政策的大力支持。

3. 建设中的国际经济中心

2013年上海地区生产总值21602.12亿元,上海GDP在2008年超越新加坡、2009年超越中国香港、2011年超越日本京都和韩国首尔,按经济体量来看已是名副其实的经济中心。按常住人口统计的人均GDP在2013年达到1.4万美元,已经达到中上等富裕国家的水平。但根据中国社科院发布的《全球城市竞争力报告(2011年—2012年)》,上海位列第33位,相比东京、香港的第3、9位大为逊色。资本输入、输出应是国际经济中心的重要衡量标志之一,上海建设国际经济中心仍然是一种政府主导的投资和资源导向的"大国模式",这种模式能培植企业同时也禁锢了另一些企业发展。可见,上海在建设成为真正的国际经济中心的道路上还需各方面转型升级。

4. 建设中的国际贸易中心

2013年上海社会消费品零售总额为7412亿元,全国占比3.5%。同年上海关区进出口额分别为3101.54亿美元、4912亿美元,分别占全国的17.1%、24%。上海的国内国际贸易规模首屈一指。上海力求形成创意风向标的品牌和企业群,积极推进免税商品购物场所。中国香港和新加坡是以全球贸易商为主导,日本东京是以本地贸易商为主导,由于上海是大国中心城市,因此上海既需要吸引大型跨国贸易商的集聚,同时也需要培育本土贸易商。

2008年国际金融危机以后,世界经济进入了深度调整期,世界主要国家开始调整发展理念,更加重视实体经济,更加注重通过投资带动贸易发展,从而推进经济发展的深层次调整。在这一背景下,中国作为第二大经济体和吸收外资国以及第三大对外投资国,必须更加积极主动地参与国际贸易投资的规则制定,争取更加公平、更加有利的国际市场发展空间。对于上海而言,必须率先提升在全球投资贸易分工体系中的层次和能级,率先增强对于全球资源的利用、驾驭和配置能力。

(三)中国首个国际自由贸易试验区

2009年以来,美国一直大力推动的TPP(跨太平洋伙伴关系协议)谈判,2013年7月,欧美两大经济体启动的TTIP(跨大西洋贸易和投资协议)谈判,这两大谈判涵盖了超过39个国家62%的世界经济体量,未来将重构世界经贸格局,但这两大体系都把中国排除在外!为了消除被边缘化的危险,主动对接国际贸易投资新规则,中国有必要"二次入世"建立"属于自己"的自由贸易区域。于是2013年8月22日经国务院正式批准设立,9月29日中国(上海)自由贸易试验区正式挂牌。从国际影响层面来说,中国(上海)自由贸易试验区的建立有助于提高我国在全球贸易体系中的影响力,并将成为人民币国际化的一个突破口;从国内影响层面来说,将打造中国市场经济的"升级版",以"开放倒逼改革",必将释放出巨大的"改革红利"。中国(上海)自由贸易试验区的建立将产生巨大的辐射效应,长三角地区城市群可凭借地理优势率先在监管模式、人才引进、区域合作以及市场准入规则等方面接轨自贸区,缩小与上海的政策差距,以便获得更多经济合作机会和人才、信息等资源。上海自贸区内集聚全球高水平的制造业和现代服务业,必将带动长三角城市群新一轮的产业分工和产业重组。

五、长三角城市群以及上海未来发展中面临的问题

(一)长三角城市群未来发展面临的问题

长三角港口基础设施虽有了大幅度提高,但总体服务能力、软硬件环境要赶上全球顶尖港口仍有很长的路要走。上海港因收费高、通关繁琐,国际竞争力不强,2005 年"长三角区域通关一体化"改革开始,通过采取"属地申报、口岸验放"的通关方式,虽有成效,但整体大合作进展并不顺利;上海港集疏运体系中的主要形式仍是公路,洋山港公路运输中转比例也仍高于水路;上海到南京之间平均每隔 39 公里就有一个港口,港口密度已经达到世界第一,但各港口普遍存在功能重叠,不同港口之间难以通过合理分工实现错位发展进而发挥规模效应;上海曾牵头组建电子口岸信息化平台,然而在电子管理系统的对接中显现出不同地区、信息化发展水平参差不齐、信息平台相对独立,实时数据交换和信息共享难以实现等众多问题,区域"大通关"搁浅;我国航运体系法律寥寥几部未成体系,远不能满足现实需要;我国航运教育体系相对滞后,专业型航运人才是制约长三角航运未来成长的瓶颈。

几千年的封建历史形成的"诸侯经济"、儒家思想支配下的"父母官"意识、银行司法的"属地化"及其地方官员要升迁、出政绩,想方设法扩大本地经济规模,维护本地区的利益,因此中国转型经济中行政区争夺资源矛盾尖锐,长三角城市群面临的难以统筹建设的问题也在这种时代背景下产生。行政区划界线如同一堵"看不见的墙"对区域经济横向联系产生刚性约束,实现一体化困难重重。

(二)上海未来发展面临的问题

《关于编制上海新一轮城市总体规划的指导意见》明确指出上海在 2020 年基本建成"四个中心"和社会主义现代化国际大都市的基础上,努力建设成为具有全球资源配置能力、较强国际竞争力和影响力的全球城市。2001 年 5 月正式实施《上海市城市总体规划(1999—2020)》,从实施成效来看,主要表现在三个方面:一是现代化国际大都市的发展目标初步实现。二是虹桥商务区、世博园区、上海国际旅游度假区、临港、前滩、黄浦江两岸等重点地区建设取得重大进展。三是以"三港三网"为重点的一系列枢纽型、功能性、网络化基础设施体系基本建成。但仍然存在各种问题,具体如下:

一、城市规模方面。按照《上海市城市总体规划(1999—2020)》的要求,全市实际居住人口 1600 万人左右,集中城市化地区城市建设总用地约 1500 平方公里,2013 年末全市人口用地规模均超过总体规划确定的 2020 年指标,相比产城融合度不够,公共服务设施配套和交通基础设施建设滞后的新城、新市镇,中心城集中全市约 50% 的人口(2010 年中心城人口密度为 1.71 万/平方公里),疏解压力较大,且中心城向外蔓延的趋势没有得到有效遏制。二、产业结构方面。目前主要的全球城市第三产业占比多在 80% 以上,而 2012 年上海第三产业比重只有 60.4% 左右。2011 年全市平均工业产值 40.9 亿元/平方公里,对比国际大都市,工业用地效率偏低。三、商务、住宅建设方面。目前全市商务楼宇、商业设施等快速增长,但高端商务设施总量不足,中低端商务设施空间集聚度不够,空置率偏高。四、公共服务设施。中心城集中了全市大部分文化、体育、医疗等优质资源,据统计,全市医院中 50% 分布在中心城八区,中心城街道的养老机构"一床难求",郊区由于交通、就医不便等原因,养老机构床位空置率较高。五、生态环境方面。2012 年底,全市建设用地占市域总面积的 44.7%(接近 50% 的生态阈值),可供居民休闲娱乐的空间在数量、面积、布局上均显不足。2011 年底世界卫生组织公布的一份全球 1099 个城市地区的空气质量报告中,上海 PM10 年均浓度值为 81 微克/立方米,排在 995 位,大气问题严重。六、城市品质方面。对体现上海城市文化的历史遗产如大量的二级里弄住宅、工业遗产缺乏针对性的保护规定。

全球城市的基本判断标准是跨国公司地区总部数量。由图 3 可知,上海与全球城市香港相比,在跨国公司地区总部数量上仍然相差甚远,上海要建设全球城市,必须面临各种转型。而且与北京相比上海地区的 500 强企业太少,良好的企业品牌形象一直未能树立起来。

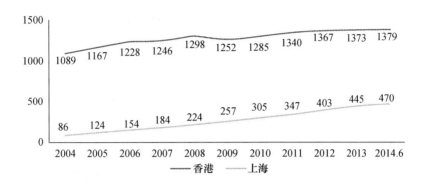

图 3　驻港、沪的跨国公司地区总部数量变化情况

资料来源:香港特区政府统计处、上海经贸委发布的各项信息整理而得。

六、城市区域视角中上海全球化转型发展的策略

上海要建设成为全球城市需强化"四个中心"功能,以高端集约性的服务化产业体系和效率驱动的创新体系为基础,在全球价值链管理控制、投资贸易枢纽、科技创新策源、资本与财富管理、人才流动集聚、文化融汇引领等六大功能基础上探索发展路径和可能趋势,推动长江流域经济带提升能级,弘扬上海城市精神,向世界展示一个充满魅力,安全感、幸福感十足的国际大都市。城市群内要破除行政壁垒和垄断,建立成本共担和利益共享机制,推动跨区域城市间产业分工、协调联动,区域环境联防联控联治,推行城市公共交通"一卡通"平台建设,使得跨区域互联互通,促进生产要素自由流动和优化配置,最终实现城市群一体化发展。在此基础上还需进行如下转型优化:

(一)产业结构升级

从 1990 年开始,上海的产业结构开始向现代化方向转变,2012 年上海第三产业产值比重达到 60.4%,但与发达国家国际化城市 75% 的及格水平相比,差距还是较大。世界著名的全球城市纽约、伦敦和东京的第三产业比重分别高达 91.4%(2012)、91.1%(2011)、86.0%(2012),可以看出全球城市是一个服务经济为主的城市。未来的全球城市是基于全球网络广泛交流联系,具有全球资源流动与配置战略地位功能,这一功能将更多地体现为城市对全球价值链的集聚与扩散能力,对于未来要建设成为全球城市的上海而言,"全球价值链管理控制中枢"的功能是其内在要求,产业结构在价值链管理中枢居于核心地位。

纽约、伦敦、东京三大全球城市的产业布局验证了大都市仍然存在部分制造业,一般为高附加值、少能耗、少占地的都市工业,这些产业对城市空间的要求较少,却需要大都市人才信息的支持。分析纽约、伦敦等主要全球城市2030战略规划对上海有如下启示:重视发展"城市机能活用型""社会问题解决型""促进人的全面发展型"的产业。上海产业结构重构的具体思路为:(1)生产服务业。2012年金融业占第三产业产值20%,交通运输、仓储和邮政业占比7%,比例都较低。因此要加快发展金融业、商贸服务业、交通运输业。(2)2007—2012年,上海的国有经济比重一直稳定在45%左右,应该大力发展非公有制经济中的个体和私营经济。以构建与全球城市相匹配的产业体系为目标,强化现代服务业引领,重视新一代信息技术、生物、新能源、新材料、新能源汽车等战略性新兴产业的发展。

(二) 创新能力提升

建成顶级全球城市是上海未来发展的目标,作为中国重要的经济中心,上海有必要从科技创新的追随者成为引领者。因此,未来三十年上海必须形成全球科技创新策源功能。

城市发展动力机制要创新驱动与效率驱动相结合。发挥城市创新载体作用,强化企业在技术创新中的主体地位,发挥大型企业规模效应的基础上树立创新提升效率的理念,加强知识产权运用和保护以及建立相应的产权激励制度。完善扶持创业的优惠政策,激发中小企业创新活力,税费减免、创业投资引导、小额贷款担保等手段,形成政府支持创业、劳动者勇于创业新机制,促进以创业带动就业。加快现代职业教育体系建设,引导部分高等学校转型为应用技术类型高校。2012年在沪外国常住人口占沪常住人口比例仅为1.44%,常年在沪外国专家约8.5万余人,仅占常住人口0.34%。2012年,上海市全市公有制、非公有制领域人才本科以上学历人口为183.14万人,仅占总人口7.33%,企事业单位专业技术人才从事金融业的技术人才比例仅为7.3%。全球化和产业重构势必导致劳动力的分层,创新是人才的创新,效率来源创新,因此需加大力度引进高端人才。

(三) 空间格局优化

在区域面积刚性约束的情况下,增强长三角城市群内中小城市和小城镇的人口经济集聚能力,有机疏散人口以达到控制人口规模的目的,花大力气建设新城、新市镇的公共服务设施配套和交通基础设施,转移中心城区文化、体育、医疗等优质资源到新城,围绕产城融合、生态良好的目标要求,大力提升新城城市品质,控制中心城向外蔓延的趋势,引导中心城的居民向新城、新市镇疏散,缓解中心城的人口压力。在整个市区内增加可供居民游玩、休闲、休憩的空间(如城市公园、郊野公园),提升休闲娱乐效益。中心城注重城市绿地和开放空间布局,发展高端商务设施,要建设功能完善布局合理的美丽乡村。强化城乡空间、海洋陆域资源统筹,形成以基本生态空间为底线,以市域"多心、开敞"空间结构为导向,体现上海滨海城市特色的集约型、紧凑型、网络化的城市空间格局。

(四)城市功能重塑

在全球化、信息化浪潮冲击下,世界变得越来越"平"和"单一",全球城市的贸易、商业和金融等功能趋于雷同,但作为城市灵魂的文化,则体现了一个城市的性情品格,成为让城市与众不同的主要原因。进入21世纪以来,受知识经济崛起、旅游业和创意经济快速发展等积极影响,文化越来越被视为全球经济持续增长的重要驱动力。对致力于建设顶级全球城市的上海而言,促进文化繁荣发展,提升城市的全球文化融汇引领功能,推动各种资源汇聚和多元文化交流,增强城市魅力和软实力,将是体现上海强大全球资源配置能力、提升上海软实力、国际竞争力和影响力的重要组成部分,也将是上海面向未来发展的根本战略。

目前,众多不同层级全球城市纷纷出台2030年长期发展战略规划,战略规划的方向一定程度上代表了未来全球城市化发展方向。上海需在提升城市交通系统基础上,对决定城市内在生命力的文化创新要素予以重点关注,构筑可持续的城乡区域空间形态并积极应对全球气候变化风险与能源危机。最终共同趋势是在可持续发展的大前提下,注重发展城市文化和绿色交通,营造优质生活环境,保障社会公平,构建宜居城市。还应对城市中长期发展战略规划加强实施监管,建立政府与公众结合的实施监管机制。

七、结论

本文先是分析长三角城市群在地区生产总值、与世界经济对接中所发挥的重要的作用,继而阐述上海在迈向全球城市的行程中,"四个中心"建设中金融、经济、航运和贸易的发展取得的骄人成绩,进而指出长三角各港口重复投资、功能重叠问题严重,然后指出上海人口压力大,城市生态建设不完善,企业品牌文化不强等问题,最后提出上海必须加大力度发展服务型产业,控制人口规模及区域内分布的疏密程度,优化人口结构,激励企业创新,对决定城市内在生命力的创新要素予以重点关注,发展城市文化和绿色交通,营造优质生活环境,保障社会公平,构建宜居城市。

参考文献

陈可石,杨瑞,钱云. 国内外比较视角下的我国城市中长期发展战略规划探索——以深圳 2030、香港 2030、纽约 2030、悉尼 2030 为例[J]. 城市发展研究,2013,(11):32—40.

顾朝林,陈璐. 从长三角城市群看上海全球城市建设[J]. 地域研究与开发,2007,(1):1—5.

吕拉昌. 全球城市理论与中国的国际城市建设[J]. 地理科学,2007,(4):449—456.

王伟,赵景华. 新世纪全球大城市发展战略关注重点与转型启示——基于 15 个城市发展战略文本梳理评析[J]. 城市发展研究,2013,(1):1—8.

谢守红,宁越敏. 世界城市研究综述[J]. 地理科学进展,2004,(5):56—66.

张敏,顾朝林,陈璐,张成,汪淳,张晓明. 长江三角洲全球城市区空间建构[J]. 长江流域资源与环境,2006,(6):787—792.

张婷麟,孙斌栋. 全球城市的制造业企业部门布局及其启示——纽约、伦敦、东京和上海[J]. 城市发展研究,2014,(4):17—22.

Beaver Stock J. V., Smith R. G. and Taylor, P. J. World city network: new mega geography? [J] Annals, Association of American Geographers. 2000, 90: 123—134.

Castells M. The Rise of the Network Society [M]. Oxford: Blackwell. 1996.

Cohen R B. The New international Division of Labor [A], Multinational Corporations, and Urban Hierarchy in Urbanization and Urban Planning in Capitalist Society [C], edited by Michael Dear and Allen Scott. New York: Methuen. 1981:287—315.

Feagin J R, Smith M P. Cities and the New International Division of Labor [A]. in M. Smith and J. Feagin (Eds) The Capitalist City[C]. London: Basil Blackwell. 1987:3—34.

Friedmann J. The world city hypothesis [J]. Development and Change. 1986. 17:69—84.

Fujita K. A world city and flexible specialization: restructuring of the Tokyo Metropolis [J]. International Journal of Urban and Regional Research. 1991, 15: 269—84.

HallP. The World Cities [M]. London: Heinemann, 1966.

Hymer S. The Multinational Corporation and the Law of Uneven Development [A]. In Economics and World Order [C], edited by Jagdish N. Bhagwati. New York: Macmillan. 1972:113—40.

Olds K. Pacific Rim mega—projects and the global cultural economy: tales from Vancouver and Shanghai[D]. Department of Geography, University of Bristol. 1995.

Sassen S. Cities in a World Economy [M]. London: Pine Forge Press. 1994.

Short J R, Kim Y-H. Globalization and the City [M]. Essex: Longman,1999.

Simon D. The World City Hypothesis: Reflections from the Periphery[A]. In: Knox, P., Taylor,

P. (Eds.), World City in A World-system [C]. Cambridge University Press, New York, 1995:132—155.

Tayer P J. Hierarchi caltendencies amongst world cities: a global research proposal [J], Cities, 1997, 4: 323—332.

Taylor P J, Walker D R F. World cities: a first multivariate analysis of the service complexes [J], 2001, Urban Studies, 38(1): 23—47.

中国新型城镇化建设的永续高效投融资机制研究[*]

王周伟[①] 柳闫[②]

摘 要：根据相关理论与文献研究结果，本文综合分析了城镇化发展的水平、速度、质量、模式、动力以及与社会融资配置效率之间的相互作用。在此基础上，从货币金融经济的时空特征、不完全市场化与市场扭曲以及产业集聚与区域关联三个领域，分析了二者相互作用的影响因素；从区域金融发展与金融地理视角，探讨了货币政策调节城镇化建设信贷资源配置效应的作用机理。最后，根据上述投融资机制运行机理，提出了构建新型城镇化永续高效发展机制的完善措施。

关键词：新型城镇化；社会融资配置效率；永续高效发展机制

一、引言

从近期实践看，我国信贷货币存量维持高位，社会融资规模增长较快，同时资源扭曲配置及其副作用现象日益凸现，如产能过剩、风险剧增、鬼城空城睡城蔓延及通胀压力加大；企业融资难问题依然严重，老板曾经"集体跑路"；商业银行体系闹"钱紧钱荒"等。这些问题的继续累积将会使经济转型发展日益艰难，

---

[*] 本文得到国家自然科学基金项目《住房保障家庭福利依赖及经济自助行为研究》（项目号：71473166）与上海师范大学"城市经济学"（第七期）重点学科、"投资学"（第六期）重点学科的资助。文章先后在"城市经济学"重点学科研讨会上报告过，刘江会、崔光灿、张震、朱敏等均给予了建设性的修改意见，作者感谢"城市经济学"重点学科团队全体成员的支持。

[①] 王周伟（1969.1—），男，博士，副教授，上海师范大学房地产与城市发展研究中心，研究领域：城市经济与发展，金融管理。

[②] 柳闫（1990.6—），女，硕士，特聘助理研究员，上海师范大学房地产与城市发展研究中心，研究领域：城市经济与发展，金融管理。

所以,提高社会融资配置效率已是当务之急。那么,在推进新型城镇化发展进程中,如何使市场在金融(信贷)资源配置中发挥决定性作用,使金融资源提高配置效率的同时,又能充分支持新型城镇化与实体经济的持续稳定发展,已经成为中国进一步释放改革红利、经济转型发展升级所必须解决的问题。

从长远发展看,按照内涵与目标,当前多数区域的新型城镇化还处于成长期,在较长时期内都需要进行大量的准公共投资,如建设城镇基础设施、提供公共产品与服务、产城融合、城乡统筹等,这些都需要有市场化可持续的新型城镇化融资。然而,在相当长的时期内,它都将面临许多制约与挑战,如经济增长放缓,政府可支配收入增速趋势性下降;政府性债务负担过重,其可持续性与银行业金融风险已经很高,导致再融资空间不大;现有融资机制的局限性很强等。这使得在区域金融风险可控的前提下如何构建新型城镇化发展的可持续高效投融资机制问题日益突出。为此,中央城镇化工作会议把建立多元可持续的资金保障机制作为一项主要任务。

从当前文献研究来看,金融、城镇(市)化与经济发展之间关系方面的研究已取得了一些进展,但是关于城镇化投融资、区域金融风险承担与社会融资效率之间相互作用的量化研究方面还比较少。在金融与新型城镇化之间作用关系方面,很多的文献主要是研究金融支持城镇(市)化发展的。但是金融资源过多投入的副作用是很大的,如引发通胀、经济泡沫、金融不稳定等问题,所以,稀缺性金融资源投入与配置尤其要讲究效率,特别是新型城镇化是一个长期而又复杂的资本配置过程,只有熟悉三者之间相互作用规律,形成良性循环,才可能为新型城镇化发展提供源源不断的动力。

在推进新型城镇化发展进程中,如何使市场在金融(信贷)资源配置中发挥决定性作用,使金融资源提高配置效率的同时,又能充分支持新型城镇化与实体经济的持续稳定发展,已经成为中国进一步释放改革红利、经济转型发展升级所必须解决的问题。本课题的研究思路在于,不同发展阶段上新型城镇化建设都需要大量公共投资与企业投资。一方面,这些投资总体上可能会通过推动新型城镇化拉动了经济发展,但在要素市场扭曲与金融摩擦情况下,投资结构变化会影响社会融资的边际产出弹性与经济贡献;另一方面,这些投资都需要融资,会累积加大地方政府与企业的债务风险。新型城镇化投融资的永续高效发展机制就是要在区域经济体系承担的金融风险总体可控前提下,能够实现社会融资效率最优化的新型城镇化及其投融资。因此,本课题计划先围绕研究该主题探讨新型城镇化发展、区域风险承担与社会融资配置效率之间的相互作用关系,然后据此提出新型城镇化投融资的永续高效发展机制的完善措施。

二、文献综述

新型城镇化推进需要投融资,本课题拟在安全与效率框架下研究新型城镇化投融资问题,其中核心内容是新型城镇化发展内容及其投融资与风险、效率之间的作用规律。围绕这一核心内容,就相关文献分类综述如下:

(一) 新型城镇化及其发展规律方面

早期的城镇化研究主要关注的是人口的城镇化,用传统的人口城镇化率(即城镇人口占总人口比重)评价城镇化水平。这种不系统的认知导致了片面追求人口转移的城镇化,带来了种种城市病及城乡二元经济分化加大等问题,于是,学者们开始探讨中国特色的新城镇化建设,如吴江等(2009)、罗宏斌(2010)。新型城镇化概念的正式提出是在党的十八大上,而2013年12月中央城镇化工作会议进一步明确了推进新型城镇化的指导思想、主要目标、基本原则、重点任务与着力点,至此新型城镇化内涵达成了共识。它的"新"是新在突出以人为本的城镇化水平、质量与持续发展的综合统一。以此为指导,按照内涵构建综合评价模型的思路,学者们开始从完整意义上探讨评价新型城镇化的进程与质量。夏斌(2013)认为城镇化建设主要是农民工市民化、城市基础设施建设、城市空间布局。单卓然、黄亚平(2013)探讨了其内涵、目标与内容;何平、倪苹(2013)构建了七个一级指标、二十九个二级指标的综合评价体系;魏后凯等(2013)构建了三个一级指标、七个二级指标、三十四个三级指标的全面评价体系;在城镇化发展阶段与推动力方面,学者们也做了一些定性分析。

在探讨内涵及其评估的同时,学者们也多角度地定性探讨了城镇化发展规律,如动力、规律与推进模式等。陈波翀等(2004)认为第三产业发展是城市化快速发展的主要推动力;李强等(2012)从动力机制与空间模式两个方面,归纳出了中国城镇化的六个突出特征与七种推进模式;王德利(2013)分析了城市化发展质量的影响因素与演化特征。李晓梅、赵文彦(2013)利用VECM模型证实了产业结构的调整是中国城镇化长期持续发展的动力,城乡收入差距扩大则是负效应,政府主导的资源配置初期可以推动,长期则是阻碍了城镇化的发展。针对特定区域或类型的城镇化,陈杨乐(2000)、冯尚春(2005)、李世泰、孙峰华(2006)建立动力系统结构模型,探讨了农村城镇化动力;黄亚平、林小如(2012)利用偏相关分析法,挖掘了欠发达山区的县域城镇化的主要制约因素;柳思维等(2013)由区域 C—D 生产函数构建理论动力模型提出空间计量模型,实证研究了环洞庭湖区域的城镇化动力;王雅莉、张明斗(2013)分析了民生型城镇化的动力机制、运行框架。

(二)新型城镇化与投融资之间的相互作用方面

在起步、发展、快速发展阶段,新型城镇化建设都需要大量的公共投资,如建设城镇基础设施、提供公共产品与服务等,都离不开金融支持。如李宝庆(2011)通过实证研究认为地方政府投融资是我国城市化发展的主要推动力。许多文献研究都表明二者之间存在着长期相互作用的均衡关系,如黄勇等(2008)认为银行贷款与城镇化存在着直接因果关系;饶华春(2009)利用向量自回归模型,谷小箐等(2011)利用省域面板数据模型,分析了金融发展与城镇化之间的均衡作用关系;赵静(2012)认为金融支持对人口、产业与空间三个方面的城市化具有长期均衡关系。高友才、曹东坡(2012)利用灰色关联分析法,分别分析了政策性与商业性金融对城市化规模与质量的作用,他们认为,总体上二者正相关,但不同类型金融方式对不同城市化内容的支持贡献力度是不同的。李伶俐等(2013)利用面板数据模型证实了中央与地方财政分权程度越大,政府城市化资源配置越多,越能加快城市化,这种强度由西部往东部逐步变大。

(三)促进城镇化发展的投融资规律及规律方面

相关文献研究表明,从时间维度上讲,区域城镇化融资一般都要经历政府主导到市场主导的演变过程,前期主要是提供纯公共产品,属于非经营性项目,市场配置失灵,需要政府主导的公共投资;随着公共服务需求增加,使用者付费的经营性项目增加,社会资本进入,与公共投资并存,直至成熟稳定发展阶段,市政债与公私合作会成为主流的投融资方式。

在此基础上,学者们进一步开始定性地从不同角度探讨如何构建促进城镇化发展的金融体系与投融资机制。从区域差异与融资需求角度,巴曙松等(2011,2013)认为应当从城镇化发展的历史阶段,不同区域的城镇化所处的产业与经济发展阶段不同,金融系统应当顺应城市化发展转型提供融资。财政部财科所课题组(2013)通过分析城镇化进程中地方政府的主要事权与投融资责任变化,估算了资金收入与供给及融资需求,提出了关于城镇化可持续发展的地方政府融资机制的完善建议。中国人民银行研究局课题组(2013)认为金融市场能够在城镇化持续投融资中发挥重要作用,需要转变政府职能,明确事权、健全绩效考核,改革财税体制,提高土地资源市场化配置程度,健全债务风险约束机制,加快构建市场化可持续融资机制。雷薇、朱鸿鸣(2013)由内外部环境变化分析了2020年之前中国新型城镇化融资面临的制约因素。从日益扩大的城乡二元经济结构特征出发,朱厚玉(2012)认为要建立小城镇建设投融资机制,黄国平(2013)认为首先要完善农村金融服务体系,孙永强(2012)则利用VECM模型分析了金融经济城乡二元结构的缓解对城市化的延缓作用,认为二者的发展可以间接缩小城乡收入差距。从国际经验与支持重点出发,吴超、钟辉(2013)提出了金融支持的重点;宋艳丽(2013)借鉴他国城市化及其融资经验,谷秀娟、李文启(2013)从当前地方政府融资平台运营问题出发,分析了地方政府融资平台持续支持城镇化发展的措施;从"土地财政+土地金融"模式的产生背景与不可持续性分析,戴双兴(2013)建议实施"物业税+市政债"模式;倪红日(2013)就城镇基础设施建设资金筹措的财税体制改革提出了建议;丁远杏(2013)、张伟(2013)分别探讨了湖北省、福建省的城镇化融资模式创新。

综上所述,关于城镇化投融资规律方面已有相关规范性研究,但是其局限性也是明显的。第一个表现是大多是围绕传统的人口城镇化做的相关研究,关于系统全面的新型城镇化发展与投融资的研究不多;第二个表现是许多文献是定性分析式探讨,对于其中还有一些问题需要量化研究,唯有如此,才能有效准确地把握。特别是在新型城镇化发展、区域金融风险承担与区域社会融资效率三者之间的作用与反作用关系方面,以及关于作用的性质、路径、力度等方面的量化研究还鲜有研究。

三、新型城镇化发展、区域风险承担与社会融资配置效率之间作用机理的理论分析

(一)城镇化发展对社会融资配置效率的作用分析

城镇化是人口与经济活动向城镇集聚、城镇规模扩大及由此而引起的一系列经济社会变化过程(魏后凯等,2013)。现代城镇化与工业化二者相互作用,推动着经济社会形态的不断升级。但是,无论是哪一种城镇化模式,也无论是城镇化发展的哪一个阶段,任何经济社会形态下城镇化发展过程中一个始终不变的首要内容是人口城镇化与经济产业集聚,它们需要配套推进城市基础设施建设,提供公共服务,承载要素转移,从而需要政府与社会投入资本、土地、劳动

力、技术、能源等生产要素。这些投资项目可以按照两个维度进行划分,一个维度是项目生产的产品消费是否具有排他性和竞争性。另一个维度是项目有无收费机制与投资价值。根据这两个维度可以把城镇化投资项目性质分为九类,其对应的投资主体、投资回收收入支持、运营负担主体如图1所示。

排他性 竞争性			
私人商品(排他性、竞争性)	—	项目融资,捆绑销售;企业项目运营收入,社会资本参与;使用者付费;市场利润	企业投资;企业收入;市场利润
准公共产品或服务(排他性、非竞争性)	公共投资;财政收入或市政建设债券收入支持,部分使用者付费;政府补贴部分运营成本;微利、回收期较长	企业或公私合作投资运营,社会资本参与;项目融资,捆绑销售;项目运营收入;部分使用者付费,部分财政收入;稳定的平均利润,投资回收期长	企业或公私合作投资运营,社会资本参与;使用者付费;市场利润
公共产品或服务(非排他性、非竞争性)	公共投资;财政收入或市政建设债券收入支持,政府承担运营成本	—	—
非排他性 非竞争性 非经营性	非经营性项目	准经营性项目	经营性项目

经营性强

图 1 城镇化投资项目的特征与分类

社会融资总量是指一定时期内(每月、每季或每年)实体经济从金融体系获得的全部资金总额。可以用贷款余额、财政支出、保险密度、FDI综合度量社会融资规模。就社会融资形成的资本这一要素而言,在不同模式下,在不同的发展阶段中,投融资的主体与项目结构都是显著不同的,可以说社会融资规模与结构都是时变的;这需要城镇化的主体(即政府与市场)根据城镇化全面发展的需要,以提高综合效率为导向,及时调整好存量,用好增量,配置社会金融资源。由此可以归纳出,新型城镇化对社会融资效率的作用机理是个多元相互作用的复杂过程,分析如下:

1. 城镇化发展水平与速度对社会融资配置效率的作用机理分析

城镇化的发展既包括城镇化数量的外延增长,也包括城镇化质量的内涵发展。前者包括城镇数量与规模、人口城镇化比率、城镇化速度等;而后者包括在人口、经济、社会、空间、生态、文化等方面的城镇化发展质量、城镇资源效率、城乡协调发展等。

就本区域来讲,城镇化水平的提高可以促进消费与固定资产投资(史晋川等,2006;沈坤荣、蒋锐,2007)、工业化、产业结构升级(戴永安,2010)、产业集聚、规模经济、要素积累(如物质资本积累、农业剩余劳动力转移、人力资本集聚)(马兴杰、陈通,2009 等;吴福象、沈浩平,2013)等,推动本地区经济发展;跨区域来讲,新型城镇化可以引领要素空间重组、产业布局优化、发展空间拓展(陈明星等,2013),可以促进区域经济增长(张明斗,2013),从而提高社会融资配置效率。

进一步,按照水平与发展速度,城镇化进程由低到高,可以分为初期起步阶段、加速发展阶段与后期稳定阶段。人口城镇化率在第一个阶段中为25%以下,第二阶段为25%到70%,第三阶段在70%以上。在起步阶段,大量做的是前期开发与基础设施等公共投资,这些投资回收周期长,收益率低,但是工业化与集聚程度不高,生产要素投入不够,产出规模及其增长较慢,所以社会融资配置效率偏低;在第二阶段,要素已有大量积累,工业化技术与集聚程度都得到提高,规模经济与范围经济效应开始逐步体现出来,所以,社会融资配置效率逐步提升;而第三阶段,城市规模与承载水平已达最优区域,规模经济与范围经济充分发挥,社会融资配置效率到达高点;如果持续提升下去,过度城市化,多种城市治理问题就会出现,社会融资配置效率则会掉头下降。由此可以认为,某一区域的城镇化发展水平对社会融资配置效率的作用呈现倒 U 形曲线。

2. 城镇化发展质量变化对社会融资配置效率的作用机理分析

城镇化发展质量的核心内容之一是以人为核心的城镇化,这需要加大在市政公用基础设施、民生等领域的社会投资。前者主要是水、电、燃气、交通等投资,民生投资主要是教育、卫生、社保养老、园林绿化与生态养护等投资,这些公共投资收益低周期长,而在带动短期经济增长的同时,也挤出了私人商业投资。

城镇化与工业化推动着经济增长,提高了社会融资配置效率。同时,在环境库兹涅茨曲线效应作用下,在城镇化的初期、加速期及稳定期的前期,经济增长也都伴随着具有增效应地排放主要污染物(王会、王奇,2011;黄棣芳,2011)。新型城镇化发展应当是绿色发展,生态质量的保证需要不断运营与投资市容环卫治理与节能减排等项目,这些公共投资将降低社会融资配置效率。

3. 城镇化发展模式与动力变化对社会融资配置效率的作用机理分析

按照配置资源的主体不同,城镇化模式可以分为三种,即市场主导模式、政府主导模式,以及政府宏观调控与市场微观配置资源的组合模式。理论与实践均已表明,如果不考虑市场扭曲,市场在竞争性高的微观经济领域可以有效配置资源,但在垄断程度高的经济领域与公共产品领域及外部性较强的领域等,市场会失灵,金融资源被低效配置;相反,负责任的政府"有形之手"则可以弥补市场失灵,在宏观层面、公共产品、外部性配置金融资源;即使如此,政治周期(周黎安等,2013)、官员晋升激励(周黎安,2013)、政府偏好(刘成奎,2012)、政府质量(陈刚、李树,2012)、财政分权(熊柴、高宏,2012)与税收竞争等因素也在影响着政府的资源配置功效,政府干预力度、地区市场与法制环境都是造成不良贷款的主要成因(谭劲松等,2012)。因此,城镇化模式影响着社会融资效率。

(二)社会融资配置效率对城镇化发展的作用分析

1. 社会融资配置效率提高对城镇化水平的影响分析

从金融功能观来看,作为生产要素,在资金约束情况下,开发性金融可以提供信贷资金,支持城镇公共投资与民生投资。商业性金融可以提供生产资本与创新投资,也可以提供经营流动性与有效的风险分散,促进技术进步与产业集聚,提高全要素生产率,所以,融资支持扩张与结构合理化将直接推动着城镇化水平的提升(韦福雷等,2013);社会融资配置效率的提升,可以促进产业结构优化升级,推动全要素生产率的提高与城市经济的发展;可以促进金融发展(周战强、乔志敏,2011;孙永强,2012)、金融集聚(陈立泰、刘倩,2012)、金融结构优化(高友才、曹东坡,2012),推动城镇化水平提升;也会带动要素、就业、空间、收入与消费结构的转型,从而促进工业化,加大城镇化的动力,改善城镇化质量。

2. 社会融资配置效率提高对城镇化发展质量的影响分析

金融资源配置的纯效率化会形成农村金融在条件、地理、营销与价格方面受到排斥(刘长庚等,2013),金融资源差异会导致不同区域或城镇的生产投入资本存在差异,是引发城乡收入差距的主要因素(杨锡铭、王博,2013);

(三)城镇化发展与社会融资效率相互作用的环境因素分析

1. 货币金融经济时空特征视角下城镇化发展对社会融资配置效率的作用机理分析

信贷资源配置效率是非帕累特最优的,其成因是多方面多层次的,是相互交织、共同作用的结果,也是在一般均衡经济系统中空间经济与金融因素协同作用、综合形成的空间异质性结果。利用空间经济理论与金融理论可以揭示其中的机理。在空间金融框架下,我们利用货币金融理论,从金融地理、金融摩擦、风险承担、区域效应四个方面,规范探讨货币政策风险承担渠道的信贷扭曲配置作用原理,最后提出本课题的主要观点与待检验的假设,构建实证计量模型。

第一,金融地理与金融功能视角下城镇化发展对信贷资源配置效率的分析中国区域金融呈现着多元特征。在微观上,通过金融区位、金融发展、区域信用与风险抵补等层面,金融地理因素作用于区域社会融资配置效率;在宏观上,通过空间差异(均衡与非均衡)、空间过程(聚集(群)与扩散)、空间相互作用等层面,金融地理因素影响着区域金融配置效率(曹源芳、谢惠贞、汪祖杰,2012)。各区域空间金融特征与格局的差异性,将导致货币政策调控的区域社会融资配置效率具有异质性。

第二,金融加速器理论视角下城镇化发展对信贷资源配置效率的分析。

经验研究表明,我国经济中存在显著的金融加速器效应(王立勇、张良贵、刘文革;2012)。不同粘性条件下,金融加速器效应大小不同。粘性信息条件下的金融加速器效应较显著,而粘性价格条件下金融加速器效应相对最小;不同粘性条件下,考虑金融加速器作用后的外部冲击的影响程度存在明显差异;不同粘性条件下,金融加速器对经济冲击的放大作用也存在明显差异。粘性条件的不同引致金融加速器效应呈现不同表现;不同粘性条件下,经济冲击的传递性和持续性有所不同,相对粘性价格和粘性信息,混合粘性条件下的冲击变化路径更接近现实,冲击更具持续性。

中国城市劳动力市场普遍存在工资扭曲的情形(冼国明,徐清;2013);要素市场普遍存在扭曲的现象,各区域在不同时期的要素与产品市场化(扭曲)程度是不同的(张杰等,2011;樊纲等,2012),其粘性条件也是不同的,因此,各区域在不同时期的金融加速器效应的大小、显著性、放大作用及经济冲击的传递性和持续性都有所不同,统一的货币政策将会有不同的区域信贷效率。

第三,货币政策调控的风险承担渠道理论视角下城镇化发展对信贷资源配置效率的分析。

已有的研究成果表明,货币政策风险承担渠道使宽松货币政策会增加银行风险容限,激励银行增加信贷供给;该渠道的作用路径主要有风险定价效应、追求收益、央行沟通反馈效应、习惯形成路径、杠杆效应等五条传导路径。而该作用力度的大小取决于微观银行特征、宏观经济状况、银行市场结构。研究表明,国有股权占比(银行治理)上升将增强风险承担弹性(潘敏、张依茹,2012;曹廷求、朱博文,2012)。信贷市场竞争越加激烈,会越加迫使银行过度承担风险,追求收益;银行资本充足率、资产规模与银行风险承担负相关(江曙霞、陈玉婵,2012);宏观经济波动与银行风险承担水平负相关(徐明东、陈学彬,2012;潘敏、张依茹,2012;刘晓欣、王飞,2013)。

而中国金融资源在空间上是非均衡配置的(王认真等,2012),各区域的金融生态、金融发展水平以及区域经济状况不尽相同,这些都使得统一货币政策的风险承担效果具有区域差异性,进而导致区域资本的积累与差异的形成,以及各要素生产率与技术效率的差异,从而引发全要素意义式的区域信贷配置效率差异性。

第四,货币政策调控的区域异质效应理论视角下城镇化发展对信贷资源配置效率的分析。

由于区域经济、金融体系与发展的差异性,货币政策具有区域异质性效应(宋旺、钟正生,2006;董志勇、黄迈、周铭山,2010)。我们可以用区域的动态货币政策乘数的差异度量货币政策区域效应。研究表明,经济开放度、劳动生产率对货币政策区域效应有显著的正向影响,而地方政府行为对货币政策区域效应有显著的负向影响,这说明地方政府干预经济过多反而会削弱货币政策效力。

2. 不完全市场化与市场扭曲情况下城镇化发展对社会融资配置效率的作用机理分析

由于种种因素,生产要素在区域之间一般是不可完全自由流动的,不同区域劳动力、资本要素市场总是存在扭曲的,这会抑制企业创新投资及经营与投资效率的提高(张杰等,2011;毛其淋,2013),导致金融资源错配与效率损失(罗德明等,2012)。而不同程度的城镇化对要素的吸纳能力、市场化程度是不同的,其要素市场扭曲情况各有千秋,这些扭曲因素的影响程度也就不尽相同,也就会导致金融资源配置的规模与效率的差异。

3. 产业集聚与区域关联情况下城镇化发展对社会融资配置效率的作用机理分析

城镇化有效发展与产业集聚是相辅相成的,产业集聚具有技术外部性与金融外部性。前者主要有共享效应、匹配效应与学习效应(Duranton 和 Puga,2004);后者主要是通过地理临近、信息扩散与知识交流,声誉风险损失加大使违约门槛提高,降低金融机构的经营损失,减少企业融资成本;也缓解了信息不对称,重新配置通过扩展边际效应与集约边际效应,也通过优化配置,提高资金配置效率。

对于可自由流动的要素而言,在需求与成本关联的循环累积因果效应作用下,优质因素向高效率的核心城市集聚,会增加大城市要素集聚的外部经济性、溢出效应(时慧娜,2013)和创新效率(吴福象、沈浩平,2013),促进产业发展与技术进步;对于不可完全自由流动的要素而言,在投入产出关联的溢出效应与资本逐利机制及地方政府的蒂伯特选择机制作用下,也会实现产业集聚,以及核心城市区位优势日益突出,在其自身金融效率提高的同时,它对周边城市的辐射与扩散效应也会增强(吴福象、刘志彪,2008),从而带动整个城市群的产业升级与产业结构优化,提高社会融资配置效率。

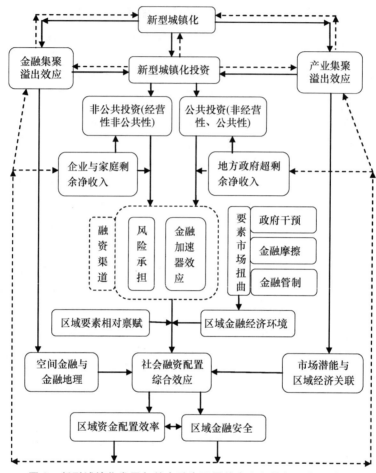

图 2 新型城镇化发展与社会融资配置效率之间的相互作用路径

图注：实线箭头表示作用；虚线箭头表示反作用。

（四）货币政策调节城镇化建设信贷资源配置效应的风险承担渠道作用路径分析

一般地，银行中介能够利用自身的专业与规模优势，有效识别投资机会，减缓企业的逆向选择和道德风险及交易成本，动员资本形成规模经济，并以受托人身份监督约束信贷资金，从而改善信贷资源配置效率。而如果中央银行降低基准利率、或增加货币供给、或降低存款准备金率，在风险承担渠道作用下，区域内的银行业风险偏好越强、风险容忍度上升，意愿信用风险承担水平提高，发放的贷款就会增加。作为要素的新增资本投入，通过要素增量效应、结构红利效应、扭曲纠正效应、空间关联效应等，影响社会融资配置效率。

从区域金融层面看,金融市场是社会融资资源配置的主要手段,但金融市场存在摩擦与管制,在空间经济不同特征作用下,区域金融生态的差异使不同区域的信贷市场摩擦的性质与程度各不相同。这些摩擦与管制导致信贷资源配置出现扭曲,而信息不对称又导致信贷配给,不完全竞争又引致金融加速器效应。不同区域的空间经济特征、政府干预、市场扭曲程度、金融等要素资源存量、微观银行业特征等因素不尽相同,差异的区域金融生态形成不同的市场环境,使得银行行为在时空上也不同,引致区域信贷资源配置效果与效率的不同;另外,在市场摩擦情况下,迫于发展压力和政治晋升动机,地方政府直接或间接地干预和控制信贷资源,空间资源配置数量与结构的初始差异,空间经济特征（如分布、集聚、扩散等方面）及区域关联程度的差异,使得此社会融资配置效率的时空效应进一步放大。

从空间金融与金融地理视角看,货币金融政策在中微观层次调节新型城镇化对社会融资配置效率的作用分析的技术路线,如图3所示。

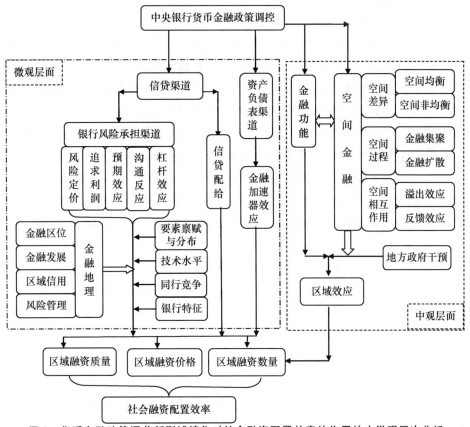

图3 货币金融政策调节新型城镇化对社会融资配置效率的作用的中微观层次分析

四、中国新型城镇化投融资永续高效发展机制的完善措施建议

新型城镇化发展路径应当是可持续高效的。新型城镇化发展包括综合水平提高、结构均衡公平与品质全面提升。新型城镇化是可持续性的,这是指新型城镇化是稳定均衡发展的,其发展速度是安全的,同时其动力机制也得到不断的完善优化,新型城镇化推进与宏观经济发展也已经形成了良性循环。新型城镇化是高效的,这是指尽管新型城镇化建设投资包括无收益、周期长的公共投资,也包括低收益、可收费的经营投资,但其投入产出与资源配置及投资运营发展模式是讲究效率的。

中国新型城镇化是个长期的历史过程,这需要其投融资活动应当是可持续的,能够维护区域金融稳定的,而且各要素资源得到稳态有效配置,相关经济主体均得到包容性发展。

1. 构建多元化可持续的融资机制

首先,一个良好的金融体系是构建多元化可持续的融资机制的前提条件,健全的金融体系能够为融资机制提供防范和化解风险的手段。构建一个可持续的融资机制不是一蹴而就的,这是一个长期的过程,伴随着风险。而且资本都是逐利的,投资者都比较倾向于短期高利润项目。健全的金融体系的支持作用也就体现于此,它为投资者迅速变现投资项目提供了便利,有利于长期资本形成和资源配置集聚,从而能够为新型城镇化发展解决资金需求的问题。因此,良好的金融体系在金融集聚促进新型城镇化发展过程中发挥了很好的中介功能,它能以较低的成本判定并提供资金给那些在新型城镇化建设中最具效率的项目而形成金融集聚,进一步促进新型城镇化发展。

2. 健全负债融资风险管理制度

"造城引资"是目前城市发展的主要融资方式,但是它推动的城市发展往往是建立在稀缺土地资源与房地产市场泡沫之上的。按照目前的发展状况,"造城引资"模式推动的城市经济的可持续性与安全难以持久保证,因为随着房地产市场的衰落土地财政将难以为继,融资平台融资功能将要剥离,这将造成城市繁荣的活力因素因此受到抑制,同时还会带来地方融资链的断裂,阻碍城市化的进一步发展。要纠正该模式,一方面要构建多元化可持续的城市发展融资保障组合,如抵押贷款、市政债券、公私合作的股权融资、政府购买公共服务、

BOT等项目融资、使用者付费等等；另一方面要建立和完善以全口径预算管理、自借自还、评级评估、规模控制、风险预警为核心内容的地方政府负债融资风险管控机制。

3. 建立综合绩效考评机制，完善地方政府激励约束制度

在城镇化的发展过程中，政府始终发挥着其他经济主体所无法替代的作用。在投融资的过程中，政府行为的效应是普遍存在的，如果能正确对其进行测度，并据此对政府行为做出相应的激励和约束，就可以最大程度增加政府行为的正效应，而测度政府行为的效应就是对政府的行为绩效展开综合评价。要全面、客观地评价政府行为绩效水平，就必须考虑多方面因素，建立一个综合的考评机制。也就是综合目标性、动力性、路径性与效益效率性指标，建立全球城市目标导向下的新型世界城镇化全面发展绩效的综合评价体系，改善政府官员任期制的激励约束制度。在建立地方政府绩效评价指标体系时需要遵循以下几个原则：① 系统性原则。对地方政府绩效水平的评价实际上是对一个系统的评价，这个系统包括经济、环境、社会等各个因素，这些因素之间既相互联系又相互制约。② 可操作性原则。对地方政府绩效水平的评价应尽量选择那些可以量化的指标，即使没有量化的数据，也应采用其他方法进行量化。③ 可比性原则。通过地方政府绩效水平的评价所得到的结果应具有连续性，相互之间可以进行比较，以便找出差异，然后采取相应的纠正措施。

4. 实施创新驱动、转型升级、集约高效的城市发展战略

目前中国各省市之间的新型城镇化发展进程差异较大，由于各个区域在居民生活、经济效率、城镇服务、生态环保与协调持续等方面都不对称，各有长短；在经济实力、社会结构、环境资源禀赋与市场化程度等制约因素方面也各不相同，所以，各省市应当从本区域现状特点与潜力优势出发，切实完善创新驱动与转型升级的动力机制，提高可持续发展能力；根据区域综合承载能力、资源禀赋与竞争优势，优化产业结构，强化特色产业，提升城镇创新能力，推动技术进步，集约高效发展经济，有力地支持新型城镇化发展。还应当实施以创新驱动、转型升级为核心的动力机制转换，逐步建立以产业创新发展为支撑、市场主导与政府引导相结合的城市发展治理模式。

参考文献

曹玉书,楼东玮.资源错配、结构变迁与中国经济转型[J].中国工业经济,2012(10):5—18.

曹源芳,谢惠贞,汪祖杰.金融地理对区域金融稳定的作用机理:基于金融功能观的分析视角[J].经济体制改革,2012(4):47—51.

曾湘泉,陈力闻,杨玉梅.城镇化、产业结构与农村劳动力转移吸纳效率[J].中国人民大学学报,2013(4):36—46.

陈波翀,郝寿义,杨兴宪.中国城市化快速发展的动力机制[J].地理学报,2004(6):1068—1075.

陈德球,刘经纬,董志勇,社会破产成本、企业债务违约与信贷资金配置效率[J],金融研究,2013(11):68—81.

陈德文,苗建军.空间集聚与区域经济增长内生性研究[J].数量经济技术经济研究,2010(9):82—93,106.

陈永伟,胡伟民.价格扭曲、要素错配和效率损失:理论和应用[J].经济学(季刊),2011(4):1402—1422.

董志勇,黄迈,周铭山.我国货币政策区域效应的度量与成因分析[J].经济理论与经济管理,2010(10):34—40.

范建勇,谢强强.地区间产业分布的本地市场效应及其对区域协调发展的启示[J].经济研究,2010(4):107—119.

龚关,胡关亮.中国制造业资源配置效率与全要素生产率[J].经济研究,2013(4):45—56.

郭晔.货币政策与财政政策的分区域产业效应研究[J].统计研究,2011(3):36—44.

何雄浪,赵峰.空间相关性、企业效益与我国地区资本流动[J].南开经济研究,2013(2):112—131.

胡健,焦兵.空间计量经济学理论体系的解析及展望[J].统计与信息论坛,2012(1):3—8.

黄国平.促进城镇化的金融支持体系改革和完善[J].经济体制改革,2013(4):56—66.

贾康,赵全厚等.城镇化进程中的地方政府融资研究[J].经济研究参考,2013(13):3—25.

康立,龚六堂,陈永伟.金融摩擦、银行净资产与经济波动的行业间传导[J].金融研究,2013(5):32—46.

柯善咨.中国城市与区域经济增长的扩散回流与市场区效应[J].经济研究,2009(8):85—98.

李林,丁艺,刘志华.金融集聚对区域经济增长溢出作用的空间计量分析[J].金融研究,2011(5):113—123.

李强,陈宇琳,刘精明.中国城镇化"推进模式"研究[J].中国社会科学,2012(7):82—100.

李青原,李江冰,江春等.金融发展与地区实体经济资本配置效率——来自省级工业行业数据的证据[J].经济学季刊,2013(1):527—548.

林伯强,杜克锐.要素市场扭曲对能源效率的影响[J].经济研究,2013(9):67—89.

刘红.金融集聚对区域经济的增长效应和辐射效应研究[J].上海金融,2008(6):14—19.

刘乃全,东童童,赵丽岗.集聚经济溢出效应与中国城市生产率差异——基于中国城市面板数据的分析[J].区域经济评论,2013(4):107—112.

刘尚希,赵全厚等."十二五"时期我国地方政府性债务压力测试研究[J].经济研究参考,2012(8):3—58.

刘晓欣,王飞.中国微观银行特征的货币政策风险承担渠道检验——基于我国银行业的实证研究[J].国际金融研究,2013(9):75—88.

聂辉华,贾瑞雪.中国制造业企业生产率与资源误置[J].世界经济,2011(7):27—42.

潘文卿,李子奈.中国沿海与内陆间经济影响的反馈与溢出效应[J].经济研究,2007(5):68—77.

潘文卿.中国的区域关联与经济增长的空间溢出效应[J].经济研究,2012(1):54—65.

钱明辉,胡日东,胡安其.提升中国城市空间发展布局与推进新型城镇化关系研究[J].当代财经,2013(9):17—27.

任英华,徐玲,游万海.金融集聚影响因素空间计量模型及其应用[J].数量经济技术经济研究,2010(5):104—115.

申俊喜,曹源芳,封思贤.货币政策的区域异质性效应——基于中国31个省域的实证分析[J].中国工业经济,2011(6):36—46.

师博,沈坤荣.政府干预、经济集聚与能源效率[J].管理世界,2013(10):6—18.

舒元,张莉,徐现祥.中国工业资本收益率和配置效率测算与分解[J].经济评论,2010(1):27—35.

宋旺,钟正生.我国货币政策区域效应的存在性及原因——基于最优货币区理论的分析[J].经济研究,2006(3):46—58.

苏红键,魏后凯.密度效应、最优城市人口密度与集约型城镇化[J].中国工业经济,2013(10):78—91.

孙会霞,陈金明,陈运森.银行信贷配置、信用风险定价与企业融资效率[J].金融研究,2013(11):55—67.

汪署霞,陈玉婵.货币政策、银行资本与风险承担[J].金融研究,2012(4):1—16.

汪伟,胡军,宗庆庆,郭峰.官员腐败行为的地区间策略互动:理论与实证[J].中国工业经济,2013(10):120—129.

王立勇,张良贵,刘文革.不同粘性条件下金融加速器效应的经验研究[J].经济研究,2012(10):69—81.

王周伟,柳闫.中国省域新型城镇化发展的空间异质性与相关性分析[J].金融管理研究,2014,2(2):已录用.

王周伟,柳闫.中国省域新型城镇化发展的系统评价与时序分析[J].金融管理研究,2014,2(2):2—33.

吴福象,刘志彪.城市化群落驱动经济增长的机制研究——来自长三角16个城市经验证据[J].经济研究,2008(11):126—136.

吴福象,沈浩平.新型城镇化、创新要素空间集聚与城市群产业发展[J].中南财经政法大学学报,2013(4):16—26.

吴福象,沈浩平.新型城镇化、基础设施空间溢出与地区产业结构升级——基于长三角城市群16个核心城市的实证分析[J].财经科学,2013(7):89—97.

冼国明,徐清.劳动力市场扭曲是促进还是抑制了FDI的流入[J].世界经济,2013(9):34—42.

谢兰云.中国省域R&D投入对经济增长作用途径的空间计量分析[J].中国软科学,2013(9):37—47.

徐明东,陈学彬.货币环境、资本充足率与商业银行风险承担[J].金融研究,2012(7):48—62.

徐明东,陈学彬.中国工业企业投资的资本成本敏感性分析[J].经济研究,2012(3):40—53.

徐明东,陈学彬.中国微观银行特征与银行贷款渠道检验[J].管理世界,2011(5):24—38.

闫彦明.金融资源集聚与扩散的机理与模式分析——上海建设国际金融中心的路径选择[J].上海经济研究,2006(9):38—46.

杨天宇,钟宇平.中国银行业的集中度、竞争度与银行风险[J].金融研究,2013(1):31—44.

姚亚伟,王周伟,张震.中国地方政府债务风险的现状、问题及对策分析[J].金融管理研究,2013,1(2):69—85.

张润杰,潘文卿,陈杰.中国区域经济的空间联系:1997—2007[J].统计研究,2011(10):47—53.

张雪兰,何德旭.货币政策立场与银行风险承担——基于中国银行业的实证研究(2000—2010)[J].经济研究,2012(5):31—44.

赵增耀,夏斌.市场潜能、地理溢出与工业集聚——基于非线性空间门槛效应的经验分析[J].中国工业经济,2012(11):72—83.

中国社会科学院《城镇化质量评估与提升路径研究》创新项目组.中国城镇化质量综合评价

报告[R].中国社会科学院城市发展与环境研究所,2013(31):3—32.

Valentina Bruno, Hyun Song Shin. Capital flows and the risk-taking channel of monetary policy. BIS Working Papers No. 400, 2012(12): 1—57.

Giovanni Dell'Ariccia, Luc Laeven, and Gustavo Suarez1. Bank leverage and monetary policy's risk-taking channel:evidence from the United States. IMF Working Papers,2013(6):1—44.

金融集聚对新型城镇化支持作用的空间网络分解研究[*]

王周伟[①]　柳闫[②]

摘　要：要素流动与规模经济促成了空间经济网络。在这个关联网络中，经济现象之间的溢出与反馈形成的空间相关性是普遍存在的。本文首先从影响因素与自身发展方面分析了金融集聚和新型城镇化的序列相关性与空间相关性，从网络关联视角解构了金融集聚支持新型城镇化发展的直接效应与间接效应及总效应；然后，利用空间相关分析与空间面板杜宾模型证实了相关命题的合理性。研究结论表明，金融集聚和新型城镇化发展都具有空间相关性，金融集聚对新型城镇化发展具有正向支持作用，该正总效应可以分解为正直接效应和负间接效应。

关键词：金融集聚；新型城镇化；空间面板杜宾模型；空间网络分解

一、引言

积极推进新型城镇化发展是中国未来经济发展的核心任务之一，《国家新型城镇化规划2014—2020》强调的新型城镇化是以人为本、全面健康发展的城镇化，其内容包含居民生活、经济效率、城镇服务、生态环保与协调持续五个方面(王周伟、柳闫，2015)，是对传统的仅注重单一人口城镇化的充分完善。新型

---

[*] 本文得到国家自然科学基金项目《住房保障家庭福利依赖及经济自助行为研究》(项目号：71473166)资助。
[①] 王周伟(1969.1—)，男，博士，副教授，上海师范大学房地产与城市发展研究中心，研究领域：城市经济与发展，金融管理。
[②] 柳闫(1990.6—)，女，硕士，特聘助理研究员，上海师范大学房地产与城市发展研究中心，研究领域：城市经济与发展、金融管理。

城镇化建设是个全方位的系统工程,其包含多个子系统,各子系统之间又是相互作用的。金融是现代经济的核心,金融集聚是金融产业发展与金融中心建设的必然趋势,金融集聚对新型城镇化发展的影响是复杂的,这不仅在于通过金融发展与深化,金融集聚直接或间接地影响着新型城镇化发展,而且在空间经济关联网络中,这些影响相互交织地叠加在一起,形成了多层次多方位的复杂作用网络。而现有相关文献多数集中在金融对传统城镇化影响的非网络分析方面,金融集聚对新型城镇化影响的复杂网络关联特征与规律还有待于具体探讨。顺应新型城镇化建设实践与金融经济理论发展的需要,本文拟从空间经济关联网络视角,分析金融集聚与新型城镇化发展的空间溢出效应与关联性,利用空间面板计量经济模型,研究金融集聚对新型城镇化发展影响的作用性质与能级及直接效应、间接效应与总效应。

二、文献综述

(一) 关于金融集聚空间相关性的文献综述

金融集聚相关性方面的研究主要集中在驱动因素、程度度量、层次分析方面,近期随着空间统计分析技术与空间经济学的发展,已有研究表明金融集聚具有空间相关性与溢出效应。基础设施与经济规模推动形成了长三角的金融集聚,而由政府行为、法律制度和人文地理等随机因素决定着该金融集聚的空间相关程度,并在空间面板计量分析框架中呈现出负外部溢出效应(黄永兴等,2011);用Moran's I指数及其散点图度量的不同区域金融集聚空间相关性也是显著的,由此引致了区域经济增长的空间溢出效应(方先明等,2010;李林等,2011);而且这种金融产业集聚具有正的空间自相关性,邻近区域具有正外部溢出经济效应;在新经济地理、区域创新产业政策和资源禀赋等因素作用下集聚程度在不断增强(任英华等,2010;陈俊等,2013);按照集聚水平,可以划分为五个层次的金融中心,城市规模对金融集聚具有较强的相关性;利用GIS空间统计分析技术,可以看出全国性金融中心对邻近区域和低级区域具有扩散传播式的溢出效应(茹乐峰等,2014)。

(二) 关于城镇化空间相关性的文献综述

早期城镇化主要关注人口的城镇化,相关研究也比较局限,多是其中一个领域的探讨,只是随着城市病的日益严重(王大伟等,2012;石忆邵,2014),促使学者们开始探讨城镇化的质量(魏后凯等,2013)与健康发展问题(张占斌等,2014)。探索性空间数据分析(ESDA)与空间计量分析结果表明,人口城镇化具有空间正自相关性,由此导致空间异质性问题日益突出(彭立等,2012;秦佳等,2013);中国省域城镇化的两极分化式空间集聚特征明显,空间溢出相关特征有限(胡彩梅等,2014);城市土地集约利用率具有显著的空间依赖性与溢出效应,有效辐射范围在0—600公里,具有明显的中心—边缘效应及城市规模等级递增效应(彭冲等,2014);而中国区域经济增长可以分为双向溢出板块、经纪人板块、主收益板块与净收益板块四个层次(李敬等,2014)。新型城镇化发展是以人口城镇化为核心,以城乡统筹、产城互动、节约集约、生态宜居与和谐发展为特征,注重全面提高城镇化质量的健康城镇化,它至少应当包括人口城镇化、经济城镇化、土地城镇化、城乡一体化与公共服务均等化等方面。现有文献多是围绕人口城镇化率或关于某个方面城镇化的空间相关性研究,还需要探讨其他领域及总体的空间相关性问题。

(三)关于金融集聚对城镇化影响的文献综述

综观金融经济领域关于金融对城镇化影响的文献,受到传统的城镇化认识的影响,现有文献多局限在金融对新型城镇化某个领域影响的研究。利用格兰杰因果关系检验、误差修正分析模型与交叉组合分析,可以发现金融与城镇化互为格兰杰因果(陈立泰等,2012),它们之间具有阶段性的长期均衡关联作用(王伟等,2014);基于面板向量自回归模型的实证表明,金融集聚对提升工业效率具有空间外溢效应(余泳泽等,2013);对产业结构合理化及高级化也具有长期稳定的正向均衡相互作用(杨义武等,2013);从时间与空间维度上看,金融发展、教育水平与经济发展等因素联合对城镇化发展具有明显作用(曾昭法等,2013);金融集聚程度较高的地区能够提升邻近地区的产业结构,从结构看,对第三产业的作用大于对第二产业的作用(刘沛等,2014)。从上述文献看出,现有的该领域研究文献,主要探讨了金融集聚对人口城镇化或新型城镇化某个方面的影响及空间作用分析,但还有很多领域没有涉及,也没有综合分析,更没有清晰而深入地探讨空间效应分解问题。

三、理论分析与假设提出

（一）金融集聚的空间相关性分析与假设提出

在范围经济与规模经济作用下，区域内产业不断集聚，使得机会成本降低，规模经济效应提高，金融服务产品比重趋大。从而，金融相关的信息量越大，越是促进了金融服务企业不断集聚（车欣薇等，2012）；而区域创新、人力资本等资源禀赋因素与沿海区位、产业外部性、经济基础等新经济地理因素正向地推动着金融集聚现象不断强化；金融集聚会导致金融服务产业的专业化与多元化发展，在规模、结构与效率及创新等方面会推动金融发展，形成不同等级的金融中心，这些金融中心对邻近区域及次级金融中心都具有正外部经济性的辐射作用；另外，这些地理性距离与经济性距离类的金融集聚驱动因素变化一般都是具有空间溢出效应与空间序列相关性，如区域创新的知识溢出效应、如伴随着生产要素流动的产业集聚具有空间相关性，等等。这些决定了地理邻近或经济邻近的不同区域的金融集聚之间也具有空间溢出效应与空间序列相关性，对于整个经济体来讲，各区域金融集聚的空间相关性形成了纵横交织的立体化的金融集聚空间关联网络。

根据以上分析，我们提出假设一：金融集聚不仅具有序列自相关性，即本期金融集聚水平和质量与上一期是相关的，而且在地理距离与经济距离上均具有空间相关性，即不同地理区域或经济区域之间的金融集聚是相互作用的，这个相互作用是与空间经济距离相关的。

（二）新型城镇化发展的空间相关性分析与假设提出

经济发展、金融发展、产业结构、公共服务与城乡收入差距是驱动城镇化发展的核心因素。区域经济发展与人均收入水平提高将增加城镇的吸引力，吸引其他区域的生产要素流入；金融发展会为人口、经济、土地与空间城镇化提供持续安全的资金保障；农村产业技术的提高与产业结构升级将提高劳动生产率，解放出大量劳动力。同时，在规模经济与专业化作用下，城镇中的技术进步与产业集聚会不断增加有效劳动力需求，以人为本的城镇化建设也会不断提升城镇公共服务水平与覆盖率，由此将推动城镇化发展。商品市场的统一与生产要素市场的市场化开放使规模经济效应与集聚效应显现，要素资源配置趋向集约高效项目地区，区域关联增强；区域间的绩效竞争与城市群和城市区域的发展，也促进了区域之间的经济合作与协同发展。在地理邻近、认知邻近、经济邻近、技术邻近、社会邻近等多维邻近的空间一体化与交互作用下，这些核心驱动因素会便利协同创新与城镇发展关联，使不同区域的新型城镇化之间具有了空间相关性，对于整个经济体来讲，各区域新型城镇化发展的关联形成了新型城镇化发展的空间关联网络。

由此我们提出假设二：新型城镇化发展不仅具有序列自相关性，而且在地理距离与经济距离上均具有空间相关性。

（三）金融集聚支持新型城镇化发展的假设提出

中国新型城镇化是全面发展的城镇化，突出特征在于以人为本、集约高效、多元推动、产城融合、城乡统筹、生态宜居与协调持续。金融集聚将推动金融发展，从提供资金支持、提高资源配置效率、优化产业结构与推动技术创新等方面直接或间接地支持新型城镇化的发展。

1. 金融集聚通过提供适当的可贷建设资金与多元化融资渠道，完善可持续的资金供给组合保障机制，推动新型城镇化的快速发展。按照国家新型城镇化发展规划，新型城镇化发展包括农民工市民化、基本公共服务的均等化与全覆盖、城镇基础设施建设等方面。相关部门预测，到2020年，全面城镇化的公共投资需求约为42亿。财政资金主要来自税收，源自稳定的经济发展，土地出让金依赖于房地产市场的发展态势，地方债务受制于地方政府持续融资能力，这些地方政府内部融资渠道难以满足快速城镇化急需的巨额投资，而金融集聚会带来金融规模的不断提高与金融机构的持续汇集，可以为本地的城镇化水平与质量的全面提升提供建设资金。

2. 金融集聚通过提高资源配置效率，推动城镇化集约高效发展。金融集聚会带来金融发展与深化，汇集社会闲置资金转换为投资，高效配置资金，分散风险提高投资效率，充分发挥金融体系功能，保障实体经济发展。

3. 金融集聚通过优化产业结构与推动技术创新，推动城镇化高质量地健康发展。在支持扩大产业资本与人力资本投入的同时，也会支持产业集聚，推动产业内专业化与多元化发展；风险投资引导战略性新兴产业培育孵化与壮大；支持研发投入，促进技术进步与创新驱动，实现内涵式经济增长。

4. 金融集聚带动生产性服务业的专业化和多元化集聚，通过市场外部性作用于城镇化；也会通过强化由此带来的技术溢出效应，推进城镇化发展；金融发展规模和效率的与城乡居民收入差距呈现倒"U"形关系，较高的金融发展水平有助于提高城镇化发展速度，改善城镇化失衡低效劣质局面（李宝礼、胡雪萍，

2014)。

为此我们提出假设三:金融集聚对新型城镇化发展具有支持与推动作用。

(四) 金融集聚支持新型城镇化发展的空间效应多重性及其分解假设提出

金融集聚与新型城镇化的发展具有地理与经济邻近及其交互的空间相关性。综合考虑金融经济作用与空间效应,金融集聚对新型城镇化发展具有多重影响,该影响包含两个部分:一个是本区域金融集聚通过第三个假设中涉及到的路径对本区域新型城镇化发展有直接影响,这种直接传导产生的影响是金融集聚对新型城镇化发展的直接效应;第二个是通过空间的溢出作用与反馈作用,影响本区域新型城镇化发展的部分。即本区域的金融集聚与城镇化通过空间相关性影响邻近区域的金融集聚与城镇化发展,而这邻近区域的金融集聚与城镇化发展又会通过空间溢出效应反馈作用于本区域的金融集聚与城镇化的进一步发展。这种由溢出与反馈作用产生的影响就是金融集聚对新型城镇化发展的间接效应。直接效应与间接效应的总和构成了总效应。该空间关联网络视角下的总效应分解逻辑如图1所示。

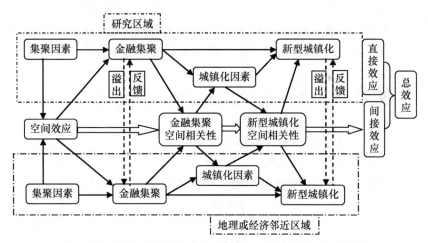

图1 金融集聚对新型城镇化作用的多重空间效应分解逻辑

为此我们提出假设四:金融集聚对新型城镇化发展的推动作用可以分解为直接效应与间接效应。

四、实证研究设计

(一)空间相关性的度量与检验

利用全域 Moran's I 指数及其 Z 检验,确定金融集聚与新型城镇化是否显著存在空间相关效应。如存在,计算度量空间相关性程度的全局 Moran's I 指数,判断空间相关性的性质与程度,并绘制 Moran's I 指数的散点图,识别新型城镇化指数和金融集聚的空间关联形式。

(二)空间权重矩阵的设定

空间权重矩阵是描述空间区域之间的相关关联程度的。本文的理论分析中提出,新型城镇化与金融集聚在地理(邻近)距离与经济距离上都是具有溢出效应与空间相关性。针对这一设想,本文选用了以下两种不同的空间权重矩阵来展开相关实证分析:

1. 地理距离空间权重矩阵

地理距离空间权重矩阵($W1$)是以地理距离倒数为矩阵元素的权重矩阵,地理距离用各省、直辖市的地理中心之间的直线距离表示。即第 i 行第 j 列元素 w_{ij} 取值为:

$$w_{ij} = \begin{cases} 1/d_{ij} & i \neq j \\ 0 & i = j \end{cases} \quad (1)$$

其中,d_{ij} 为两地区地理中心之间的直线距离。

2. 经济距离空间权重矩阵

为了确保本课题模型的统计推断的可靠性和稳健性,也为了综合测度中国区域经济关联,按照空间经济学与新经济地理学的观点,溢出效应主导的区域经济关联不仅要有空间依赖性,地理位置邻近的区域容易溢出,更重要的是要组织相近,接受溢出的区域要有转化吸收能力,这需要具有类似相应的经济特征。

对于经济空间权重矩阵(用 W_2 表示),借鉴林光平等(2005)的方法,选择相邻地区间人均实际地区生产总值的差额作为测度地区间的"经济距离",即 $W_2 = W_3 \times E$。其中,W_3 是邻接标准权重矩阵,即省市间如果地理上相邻对应权重取 1,否则取 0。E 是描述地区间差异性的一个矩阵,其矩阵元素用样本考察内各省人均地区生产总值均值之差的绝对值的倒数表示。即:

$$E_{ij} = \begin{cases} 1/(\bar{Y}_i - \bar{Y}_j) & i \neq j \\ 0 & i = j \end{cases} \quad (2)$$

其中，$\bar{Y} = \dfrac{1}{t_1 - t_0 + 1} \sum\limits_{t=t_0}^{t_1} Y_{it}$；$Y_{it}$ 为经济变量，代表第 i 个地区第 t 年的实际人均 GDP。

（三）空间计量模型的构建

本文实证研究中的空间计量模型识别涉及到从空间相关性与空间异质性两个方面识别选用模型。为充分考察空间异质性与个体截面效应，本文选用空间面板数据计量技术。

从空间相关性来看，空间面板数据计量分析中比较成熟的常用模型主要是空间面板滞后模型（SPAR）、空间面板误差模型（SPEM）与空间面板杜宾模型（SPDM）。它们的表达式分别为：

$$\text{SPAR}: y_{it} = \alpha_{it} + \rho \sum_{j=1}^{N} w_{ij} y_{jt} + \sum_{k=1}^{K} x_{it}^{k} \beta_{k} + \sum_{m=1}^{M} a_m z_{it}^{m} + \varepsilon_{it} \quad (3)$$

$$\text{SPEM}: y_{it} = \alpha_{it} + \sum_{k=1}^{K} x_{itk} \beta_{k} + \sum_{m=1}^{M} a_m z_{itm} + \rho \sum_{j=1}^{N} w_{ij} u_{it} + \varepsilon_{it} \quad (4)$$

$$\text{SPDM}: y_{it} = \alpha_{it} + \rho_1 \sum_{j=1}^{N} w_{ij} y_{jt} + \sum_{k=1}^{K} x_{itk} \beta_{k} + \sum_{k=1}^{K} \sum_{j=1}^{N} w_{ij} x_{jtk} \gamma_{k}$$
$$+ \sum_{m=1}^{M} a_m z_{itm} + u_{it} \quad (5)$$

其中，y_{it} 是被解释变量；x_{it}^{k} 是解释变量；z_{it}^{m} 是控制变量；w_{ij} 是空间权重矩阵的元素；ε_{it} 为均值为 0、方差为 σ^2 的随机误差向量；α 是常数；β、α 分别是解释变量的参数和控制变量的参数；ρ、γ 是空间滞后参数，可以通过 ρ、γ 是否显著为 0 来判断是否应该建立空间计量模型或是普通面板数据模型。

由式（3）、(4)、(5)可以看出，当 $\gamma = 0$ 且 $\rho \neq 0$ 时，SPDM 模型就变为 SPAR 模型；当 $\gamma + \rho\beta = 0$ 时，SPDM 模型就变为 SPEM 模型，因此，SPDM 模型更具有一般性。从经济意义上讲，空间面板数据模型考虑了时间维度和横截面维度的数据所蕴含的信息。空间面板滞后模型主要关注的是被解释变量的空间自相关性，空间面板误差模型则重点考察忽略了的未能观察到的变量之间的空间相互依赖性，空间面板杜宾模型则综合了两个模型中的空间相关性信息。

如果存在空间效应，则用 LM-lag 检验与稳健 LM-lag 检验判断被解释变量（即新型城镇化）之间是不是存在空间滞后相关，用 LM-Error 检验与稳健

LM-Error 检验判断是不是存在空间误差相关,由此选用适用的模型。判别准则为:如果在空间效应的检验中发现 LM-Lag 较之 LM-Err 在统计上更加显著,且稳健 LM-lag 检验显著而稳健 LM-Error 不显著,则可以判定空间自相关效应比较突出,适合的模型是空间滞后模型;相反,如果 LM-Err 比 LM-Lag 在统计上更加显著,且稳健 LM-Error 显著而稳健 LM-lag 检验不显著,则可以断定空间残差相关性(区域关联性)比较强,空间误差模型是恰当的模型。如果两个效应的两对检验统计量的 P 值基本接近,证明区域经济既存在空间自相关性,又同时存在空间经济相互关联性,适合选用空间杜宾模型。

从空间异质性来看,对于常用的三个空间面板数据模型,每个模型都可以构建空间混合模型、空间个体效应模型、动态空间面板模型与空间似不相关模型。本文更为关注个体截面差异与空间差异,因此选用空间个体效应的 SPAR 模型或 SPEM 模型或 SPDM 模型;根据个体影响的形式不同,空间个体效应模型分别设定为固定效应模型与随机效应模型;而固定效应的空间个体效应模型又可以分别设定为空间固定空间个体效应模型、时间固定空间个体效应模型、时空固定空间个体效应模型。对于个体效应的方式,本文利用空间 Hausman 检验,确定空间个体效应模型中个体影响方式是选用固定方式还是随机方式。

(四) 空间经济网络效应分解

在空间计量经济分析,自变量对因变量的总体影响并不能仅由模型回归系数反映,而要通过分解出的直接效应、间接效应和总效应来反映。直接效应就是本地区的解释变量一个单位变化引起本地区被解释变量的变动大小;间接效应是本地区的解释变量一个单位变化引发其他地区的解释变量与被解释变量发生变化,进而在空间相关作用下引发本地区被解释变量的变化部分;总效应等于直接效应和间接效应之和,它反映了本地区的解释变量一个单位变化直接或间接引发本地区和其他地区的被解释变量的变动大小。

空间经济网络效应的分解需要先把 SPDM 模型矩阵表达式移项整理为一般矩阵形式(王周伟等,2014):

$$Y = (I - \rho W)^{-1} n\iota_n + (I - \rho W)^{-1} (X\beta + WX\gamma) + AZ + (I - \rho W)^{-1} \varepsilon \quad (6)$$

再求被解释变量向量关于第 k 个解释变量的偏微分方程,可得:

$$\left(\frac{\partial Y}{\partial X_{1k}} \quad \frac{\partial Y}{\partial X_{2k}} \quad \cdots \quad \frac{\partial Y}{\partial X_{nk}} \right) = \begin{pmatrix} \frac{\partial Y_1}{\partial X_{1k}} & \frac{\partial Y_1}{\partial X_{2k}} & \cdots & \frac{\partial Y_1}{\partial X_{nk}} \\ \frac{\partial Y_2}{\partial X_{1k}} & \frac{\partial Y_2}{\partial X_{2k}} & \cdots & \frac{\partial Y_2}{\partial X_{nk}} \\ \vdots & \vdots & \ddots & \vdots \\ \frac{\partial Y_n}{\partial X_{1k}} & \frac{\partial Y_n}{\partial X_{2k}} & \cdots & \frac{\partial Y_n}{\partial X_{nk}} \end{pmatrix}$$

$$= (I - \rho W)^{-1} \begin{pmatrix} \beta_k & w_{12}\gamma_k & \cdots & w_{1n}\gamma_k \\ w_{21}\gamma_k & \beta_k & \cdots & w_{2n}\gamma_k \\ \vdots & \vdots & \ddots & \vdots \\ w_{n1}\gamma_k & w_{n2}\gamma_k & \cdots & \beta_k \end{pmatrix} \quad (7)$$

在式(7)中,第 k 个解释变量的直接效应就是等式右端矩阵中主对角线上的元素的平均值;第 k 个解释变量的间接效应就是等式右端矩阵中主对角线元素之外的所有元素值的平均值 $\frac{1}{n^2}\sum_{i=1}^{n}\sum_{j=1}^{n}w_{ij}\gamma_k$,第 k 个解释变量的总效应等于第 k 个解释变量的直接效应与间接效应之和。

(五)样本数据与指标选择

1. 样本选择与数据来源

本文采用的空间样本数据是除了我国西藏自治区、台湾和香港、澳门特别行政区外的大陆 30 个省、自治区和直辖市,样本区间为 2004—2012 年共 9 年 30 个省的面板数据。数据来源于《中国统计年鉴》《万德数据库》《中国金融统计年鉴》以及中国统计局网站的相关统计数据。

2. 指标选取

根据理论分析结论,我们分别选择了被解释变量、解释变量与控制变量指标。为明晰金融集聚对新型城镇化发展的空间效应,本文选取了一个新的新型城镇化指标来代表不同地区新型城镇化的发展水平,选取了金融集聚规模、金融产出密度、区位熵三个指标从不同层面上研究金融集聚。

(1)被解释变量

被解释变量为新型城镇化综合指数(NURB)。本文利用了王周伟与柳闫(2014)论文中的新型城镇化发展数据。从反映的理念与内容看,其系统评价理念比较贴合《国家新型城镇化规划 2014—2020》所强调的新型城镇化含义,内容比较综合系统。该文收集了全国 30 个省 1994—2012 年的数据,按照中央城镇化工作会议精神与国家新型城镇化规划（2014—2020年）理念,从居民生活、经济效率、城镇服务、生态环保与协调持续五个维度,选取反映新型城镇化发展特征的指标,用五个一级指标、十九个二级指标、五十八个三级指标构建了指标体系。从研究方法上看,综合利用了因子扩展的面板向量自回归模型（FAPVAR）与BL结构脉冲响应分析,综合考虑了多方面的因素及各大类指标之间的相互作用关系,系统地确定各级指标的权重,构造了新型城镇化发展指数。

（2）解释变量

本文研究的解释变量为金融集聚。在选取有关金融集聚的指标时,本文主要选取了金融集聚规模、金融产出密度、区位熵三个指标代表金融集聚。

a. 金融集聚规模（SI）

金融集聚规模是从金融增加值角度来度量一个城市的金融集聚水平,金融业增加值是金融市场一个很有代表性的变量,它从总量上度量了一个城市的金融集聚形态。

金融集聚规模 SI = 城市 i 金融增加值/全国金融增加值

b. 金融产出密度（GI）

金融产出密度也是以金融增加值这一具有代表性的指标来研究金融集聚的程度,与金融规模指标相比,金融产出密度指标不仅考虑了一个城市的金融业增加值,还考虑到了一个城市的总产出和城市的总面积,更加细化了一个城市的金融集聚程度。

金融产出密度 GI =（城市 i 金融增加值 / 城市 i 总产出）/城市总面积

C. 区位熵（DI）

区位熵指数能够测度一个地区的产业集聚水平与全国平均水平之间的差异。该指数的值越接近于1,说明该地区的产业集聚化水平越接近全国平均水平;越大于1,则说明该地区的产业集聚化程度越高。

$$d_i = \frac{l_i/q_i}{L/Q} \tag{8}$$

其中,l_i 表示第 i 地区金融业的从业人员数,q_i 表示第 i 地区从业人员总数,L 表示第全国金融业从业人员数,Q 代表全国从业人员总数。

（3）控制变量

根据相关文献研究,控制变量选择下面几个指标：

a. 财政支出（CZ）

财政支出是最为重要的一个因素,它显示出政府这一在城镇化发展过程中起着举足轻重作用的机构对于城镇化发展的影响,本文将选取各个省（区）的财政支出占名义 GDP 的比重代表政府公共投资对城镇化的贡献作用。

b. 人力资本(EDU)

人力资本是劳动者素质高低的重要体现。一个地区的人力资本状况的高低往往能够反映一个地区的经济结构的优劣和产业结构的高低。本文将用普通高校的在校生人数占各省总人口的比重来反应人力资本因素对于城镇化发展的作用。

c. 固定资产投资(TZ)

固定资产投资形成的固定资产规模是产业产能大小的具体表现,直接推动产能的提高,并且使得经济的集聚效应进一步加强,从而直接推动城镇化的发展。本文将用固定资产投资占名义 GDP 的比重来表示。

d. 产业结构(INS)

一个地区工业化程度越高则城镇化水平越高,经济水平也越发达,随着工业化进程的推进产业结构也会相应地做出调整,第一产业的比例逐渐下降,第二、第三产业的比例逐渐上升,产业结构的调整是经济转型升级的重要表现,也是推动城镇化的重要动力之一。本文使用第三产业占名义 GDP 的比重反映城市经济支柱产业(服务业等第三产业)对城市化进程的贡献度。

五、实证研究结果与分析

(一)空间相关性的统计计算与假设检验结果分析

新型城镇化指数与金融集聚的全域 Moran's I 指数值及其 Z 检验结果如表 1 所示:

表 1 全域 Moran's I 指数值及其 Z 检验结果

年份	新型城镇化指数		金融集聚规模		金融产出密度		区位熵	
	地理权重	经济权重	地理权重	经济权重	地理权重	经济权重	地理权重	经济权重
2004	0.098 (1.351)	0.037 (0.236)	0.042 (1.446)	0.735 (2.070)	-0.019 (0.323)	0.258 (0.885)	-0.016 (0.345)	0.132 (0.450)
2005	0.006 (0.810)	0.077 (0.325)	0.044 (1.481)	0.617 (1.758)	-0.023 (0.219)	0.281 (0.916)	0.004 (0.723)	0.040 (0.204)
2006	0.019 (1.048)	0.085 (0.346)	0.038 (1.366)	0.537 (1.549)	-0.020 (0.289)	0.265 (0.906)	-0.061 (-0.552)	0.188 (0.715)

（续表）

年份	新型城镇化指数		金融集聚规模		金融产出密度		区位熵	
	地理权重	经济权重	地理权重	经济权重	地理权重	经济权重	地理权重	经济权重
2007	0.020 (1.069)	0.080 (0.332)	0.035 (1.324)	0.365 (1.087)	-0.013 (0.437)	0.284 (0.968)	-0.066 (-0.639)	0.159 (0.599)
2008	0.022 (1.115)	0.081 (0.337)	0.023 (1.094)	0.330 (0.991)	-0.018 (0.326)	0.311 (1.027)	-0.064 (-0.614)	0.151 (0.579)
2009	0.040 (1.455)	0.092 (0.362)	0.015 (0.932)	0.304 (0.925)	-0.017 (0.349)	0.317 (1.037)	-0.059 (-0.517)	0.118 (0.480)
2010	0.052 (1.687)	0.111 (0.409)	0.026 (1.144)	0.332 (0.991)	-0.007 (0.565)	0.285 (0.998)	-0.051 (-0.347)	0.114 (0.469)
2011	0.048 (1.596)	0.104 (0.393)	0.017 (0.976)	0.349 (1.040)	-0.003 (0.659)	0.267 (0.933)	-0.038 (-0.061)	0.023 (0.174)
2012	0.024 (1.193)	0.076 (0.338)	0.024 (1.101)	0.310 (0.933)	-0.002 (0.677)	0.258 (0.913)	-0.011 (0.460)	-0.023 (0.032)

注：括号里的数值是全域 Moran's I 指数值的显著性检验统计量值。

由表1可知，无论是基于空间地理加权矩阵还是基于空间经济加权矩阵的空间相关性分析，新型城镇化发展水平的新型城镇化综合指数和金融集聚规模、金融产出密度的 Moran's I 的值均为正值，且置信水平比较高，说明中国各个省域的新型城镇化发展水平和代表金融集聚水平的金融集聚规模、金融产出密度均存在空间正相关性。代表金融集聚水平的金融集聚规模指标的 Moran's I 值全部为正值，说明从金融集聚规模这个角度看金融集聚存在空间正相关；而代表金融集聚水平的金融产出密度和区位熵的地理权重 Moran's I 的值都为负数，而经济权重 Moran's I 基本上都为负数，正值说明省域间的集聚效应具有空间相关性，值越大相关性越强，而负值说明省域间的集聚效应具有空间差异，且值越小空间差异越大。总而言之，中国的金融集聚是具有空间相关性的。由 Moran's I 指数的散点图，我们也可以看到大部分省份的新型城镇化指数和金融集聚指数都分布在第一和第三象限，这说明相邻省份的新型城镇化水平和金融集聚水平存在着正相关。

另外，本文也做了新型城镇化指数与金融集聚的局部空间相关性分析的 LISA 四分位数图和六分位数图。通过分位图可以看出，无论是代表新型城镇化发展水平的新型城镇化指数和还是代表金融集聚的金融集聚规模、金融产出密度以及区位熵，无论是基于空间地理加权矩阵还是基于空间经济加权矩阵的空间相关性分析，它们都具有空间正相关性，水平高的省域邻近区域一般也是水平高的省域,水平低的省域邻近区域一般也是水平低的省域;金融集聚水平高的地区新型城镇化发展水平也较高,这说明两者及其之间都存在着正相关关系。从图中还可以看到,中部的新型城镇化水平和金融集聚水平都较低,而东部沿海地区的新型城镇化水平和金融集聚水平都比较高,说明这三种空间相关性均呈现出"由东往西梯度递减"的多层次现象。这些表明假设一与假设二是成立的。

(二)数据平稳性与变量协整关系的检验结果分析

1. 面板数据单位根检验结果分析

为考察数据平稳性,本文采用了面板单位根检验,以弥补传统单位根检验普遍存在的检验效力过低的缺陷。为了保证面板单位根检验结论的稳健性,本文分别采用 LLC 检验、IPS 检验、Fisher-ADF 检验和 Fisher-PP 检验方法,检验结果见表2:

表2 滞后一阶的面板数据单位根检验结果

变量	LLC 检验	IPS 检验	Fisher-ADF 检验	Fisher-PP 检验
URBB	-27.4632***	-9.40004***	220.684***	38.7319
SI	-9.87376***	-4.15781***	124.773***	135.727***
GI	-8.92493***	-3.22930***	114.867***	146.889***
DI	-16.8086***	-6.20981***	161.269***	165.500***
CZ	-16.6405***	-6.20171***	158.886***	217.592***
EDU	-10.7631***	-2.38664***	103.412***	165.477***
TZ	-14.0082***	-4.76173***	136.909***	160.043***
INS	-14.5435***	-6.48748***	165.399***	209.301***

注:*、**、*** 分别代表10%、5%、1% 的显著性水平。

由表2可知,在5%的显著性水平下,在对所有变量的一阶差分值进行面板单位根检验,其在5%的显著性水平下均拒绝原假设,即这两个变量的一阶差分值是平稳的。

2. 变量协整关系的检验结果分析

由面板单位根检验可知,所有变量的一阶差分值都是平稳的,因此,可以对新型城镇化综合指数分别于金融集聚规模、金融产出密度、区位熵、财政支出、人力资本、固定资产投资以及产业结构进行面板协整检验,以分析新型城镇化综合指数与各个解释变量以及控制变量是否存在长期均衡关系。本文采用

KAO 检验方法进行面板协整检验,检验结果见表 3:

表 3 面板协整检验结果

变量	KAO 统计量	P 值
URB 和 SI	-16.019	0.000***
URB 和 GI	-14.517	0.000***
URB 和 DI	-14.783	0.000***
URB 和 CZ	-15.725	0.000***
URB 和 EDU	-20.986	0.000***
URB 和 TZ	-11.093	0.000***
URB 和 INS	-15.327	0.000***

注:*、**、***分别代表10%、5%、1%的显著性水平。

从表3中可以看出,7组检验都通过了5%的显著性水平检验,新型城镇化综合指数与金融集聚规模、金融产出密度、区位熵、财政支出、人力资本、固定资产投资以及产业结构都存在长期稳定的协整关系。

(三)空间面板计量模型的识别检验结果分析

为识别空间面板模型的基本形式,我们做了似然比检验和 Wald 检验。结果表明,在不同的空间权重矩阵下,Wald_spatial_lag 值和 LR_spatial_lag 值都在 5% 水平上显著,拒绝了不存在空间滞后相关的原假设;同时,Wald_spatial_error 值和 LR_spatial_error 值分别在 5% 水平上显著,也拒绝了不存在空间误差相关的原假设,这些说明需要选用空间面板杜宾模型。

为进一步确定个体影响方式为固定效应还是随机效应,对于不同的权重矩阵,我们分别进行了空间 Hausman 检验,检验结果如表 4 所示:

表 4 个体效应的空间 Hausman 检验结果

	Chi-Sq. Statistic	Prob.	检验结果
普通面板检验	10.294	0.173	随机效应
空间地理权重矩阵检验	8.286	0.912	随机效应
空间经济权重矩阵检验	96.769	0.000***	固定效应

注:*、**、***分别代表10%、5%、1%的显著性水平

检验结果表明,普通面板回归模型的 p 值大于5%,应该接受个体影响与解释变量不相关的原假设,需要选择随机效应的空间面板杜宾模型;而对于空间地理权重矩阵,我们的检验结果显示 p 值同样大于5%,应该接受个体影

响与解释变量不相关的原假设,也应该选择随机效应的空间面板杜宾模型进行估计;对于空间经济权重矩阵,检验结果显示的 p 值是小于 5% 的,应该拒绝个体影响与解释变量不相关的原假设,而选择固定效应的空间面板杜宾模型。

(四) 金融集聚对新型城镇化发展影响的模型估计结果与分析

1. 模型设定与估计方法

普通面板数据模型的个体随机效应模型表达式为:

$$y_{it} = c + \sum_{k=1}^{3} x_{it}^k \beta_k + \sum_{m=1}^{4} z_{it}^m a_m + u_i + v_i + \varepsilon_{it} \tag{9}$$

式中,c 是常数截距项;u_i、v_i、ε_{it} 分别是空间随机误差分量、时间随机误差分量、混合随机误差分量,三者之间互不相关,各自分别不存在截面自相关、时间自相关与混合自相关;个体随机效应模型使用广义最小二乘法(GLS)进行估计。

基于空间地理权重矩阵的空间个体杜宾随机影响模型:

$$y_{it} = c + \rho_1 \sum_{j=1}^{30} w_{ij} y_{jt} + \sum_{k=1}^{3} x_{it}^k \beta_k + \sum_{m=1}^{4} a_m z_{it}^m + \rho_2 \sum_{j=1}^{30} w_{ij} u_{jt} + \tau_i + \theta_t + \varepsilon_{it} \tag{10}$$

式中,ρ_1 是被解释变量空间自相关项的参数;ρ_2 是误差项空间自相关项的参数。

常用的空间随机效应模型估计方法主要有极大似然估计法、FGLS 估计法与工具变量估计法,本文选用比较成熟可靠的极大似然估计法进行估计。

按照个体影响方式的不同,分别设定如下三种基于空间经济权重矩阵的空间个体杜宾固定影响模型:

(1) 基于空间经济权重矩阵的空间固定影响的空间个体杜宾模型表达式为:

$$y_{it} = c_N + \rho_1 \sum_{j=1}^{30} w_{ij} y_{jt} + \sum_{k=1}^{3} x_{it}^k \beta_k + \sum_{m=1}^{4} a_m z_{it}^m + \rho_2 \sum_{j=1}^{30} w_{ij} u_{jt} + \varepsilon_{it} \tag{11}$$

式中 c_N 是个体空间固定影响常数项。

(2) 基于空间经济权重矩阵的时间固定影响的空间个体杜宾模型表达式为:

$$y_{it} = c_T + \rho_1 \sum_{j=1}^{30} w_{ij} y_{jt} + \sum_{k=1}^{3} x_{it}^k \beta_k + \sum_{m=1}^{4} a_m z_{it}^m + \rho_2 \sum_{j=1}^{30} w_{ij} u_{jt} + \varepsilon_{it} \tag{12}$$

式中 c_T 是个体空间固定影响常数项。

(3) 基于空间经济权重矩阵的时空固定影响的空间个体杜宾模型表达式为:

$$y_{it} = c_N + c_T + \rho_1 \sum_{j=1}^{30} w_{ij} y_{jt} + \sum_{k=1}^{3} x_{it}^k \beta_k + \sum_{m=1}^{4} a_m z_{it}^m + \rho_2 \sum_{j=1}^{30} w_{ij} u_{jt} + \varepsilon_{it} \quad (13)$$

早期的空间固定影响模型估计方法主要是利用去均值法或正交转换法消除固定效应后使用极大似然估计法(MLE)或拟极大似然估计法(QMLE),近期新提出了 FGLS 估计法和工具变量法。正交转换法消除固定效应解决了去均值法的局限性,转换后空间固定效应模型转换为空间混合模型,可以使用相应的极大似然估计法(MLE)、FGLS 估计法和工具变量法,得到了广泛应用。本文采用正交转换法消除固定效应后使用拟极大似然估计法(QMLE)。

2. 模型实证结果与分析

本文选用的式 9 至式 13 五种面板数据分析模型的参数估计与检验结果如表 5 所示:

表 5 五种实证模型的估计与检验结果

效应模型 指标	普通面板数据模型	基于空间地理权重矩阵的空间个体杜宾模型	基于空间经济权重矩阵的空间个体杜宾模型		
	随机效应	随机效应	空间固定	时间固定	时空固定
C	0.454***				
SI	-5.834	-26.868*	3.342*	-3.010	3.125**
GI	1.110***	1.016*	0.295**	-0.116	0.308**
DI	-0.931**	-0.886	0.334	0.215	0.309
CZ	-3.375**	-3.728	1.540	-1.228	1.707
EDU	-101.816***	-75.013*	31.406**	-27.470	38.262
TZ	-1.511***	-0.275	0.359	0.001	0.443
INS	4.732***	0.926	1.750	1.485	2.020**
rho1		0.768***	0.806***	0.046	0.007*
rho2		0.053***	0.035***	0.110	0.112*
R-squared	0.231	0.705	0.494	0.154	0.361
F-statistic	9.950***				
Log-likehood		66.7234	59.933	84.905	115.097

注:*、**、***分别代表 10%、5%、1%的显著性水平。

由表5我们可以发现：

第一，需要使用空间面板计量模型。普通面板回归模型的参数估计值都比较显著，其结果也可以接受，但是它没有考虑到空间效应，所以拟合优度与似然值较低。而根据前面的理论与实证研究，我们可以看到无论是金融集聚还是新型城镇化发展水平都具有空间相关性与溢出效应，所以，尽管普通面板回归模型的结果不差，我们还是应该考虑反映空间效应的模型。

第二，无论是中国新型城镇化发展水平还是金融集聚都具有空间相关性。从模型参数估计值及其检验结果，我们可以看到随机效应模型、空间固定效应模型与时空固定效应模型的新型城镇化指数与金融集聚规模及金融产出密度的参数估计值及空间相关系数都是比较显著为正的，这表明了在空间个体影响为随机效应、空间效应或时空效应时，金融集聚不仅能够直接支持新型城镇化发展，而且新型城镇化指数和金融集聚是具有空间正相关性的，空间均质的个体影响部分是显著的。这说明假设三是合理的。

第三，对比基于空间地理权重矩阵的空间个体杜宾随机效应模型与基于空间经济权重矩阵的空间个体杜宾固定效应模型，金融集聚规模与金融区位熵的参数估计值是正负相反的，这说明随着地理距离增大，金融集聚程度较高的金融中心对外的正溢出效应是递减的；而随着经济距离增大，金融集聚程度较高的金融中心对外的正溢出效应是递增的，这可能是产业转移与资本追逐效益大于运输费用与交易成本的作用效果。时间固定效应模型似然值很高，但参数估计值是不显著的，说明在考虑时间效应的情况下，金融集聚有空间相关作用但不显著，个体影响随时间变化的幅度较大频率较高的，在模型变量之外可能还有其他作用变量。

第四，似然值最大的是基于空间经济权重矩阵的时空固定效应的空间个体杜宾模型。从该模型结果看，金融集聚规模和金融产出密度两个对新型城镇化发展具有显著正向的促进作用，而区位熵对于新型城镇化的正向作用是不显著的，这说明以增加从业人口带来的金融集聚对新型城镇化发展的推动作用是不明显的，唯有提高劳动效率带来的金融集聚对新型城镇化发展的推动作用是高效持续的。

第五，人力资本与产业结构调整都对新型城镇化发展具有正向的促进作用，尤其是人力资本因素，对新型城镇化的正向作用力度最大；财政支出和固定资产投资对于新型城镇化发展存在负向作用，但是作用的系数都相对较小，其实这也在某种程度上提醒我们新型城镇化发展之所以被称为新型城镇化就是因为它不应该再依赖过去那种粗放的仅仅依靠政府公共投资所带来的发展,而应该转变模式协调健康发展,增加人力资本投入与产业结构调整,寻找一种新型的发展路径。

（五）金融集聚对新型城镇化的空间效应分解结果与分析

表6 基于空间地理权重的空间随机效应模型的空间效应分解

指标	直接效应	间接效应	总效应
SI	3.328	-67.417	-64.090
GI	0.345**	7.423*	7.768*
DI	-0.915**	-6.639	-7.554
CZ	-0.515	-0.863	-1.378
EDU	-3.367	-227.446	-230.813
TZ	-0.231	-0.313	-0.545
INS	1.765	-11.413	-9.648

表7 基于空间经济权重的固定效应模型的空间效应分解

指标	空间固定影响			时间固定影响			时空固定影响		
	直接效应	间接效应	总效应	直接效应	间接效应	总效应	直接效应	间接效应	总效应
SI	1.627	-18.150	-16.523	5.874**	-3.029	2.845	5.438**	-2.493	2.945
GI	0.792***	4.483***	5.275***	0.096	-0.151	-0.055	0.144	-0.094	0.050
DI	-1.180***	-3.807*	-4.988**	-0.619***	0.178	-0.441	-0.701***	0.028	-0.673*
CZ	-0.555	-4.820	-5.375	-0.224	-1.250	-1.474	0.504	1.403	1.907
EDU	-2.427	-326.949**	-329.375**	8.473	-34.814	-26.341	35.211*	-33.431	1.780
TZ	-0.362	-1.726	-2.087	-0.303	-0.040	-0.343	0.145	0.591	0.736
INS	1.774	-1.039	0.735	2.050**	1.259	3.309*	0.429	-5.284**	-4.854**

从表 6、表 7 效应分解的结果可以看到,金融集聚对新型城镇化发展的推动作用具有多重空间效应。金融集聚规模与金融产出密度的直接效应为正,间接效应为负,但由于正向直接效果大于负向间接效果,总效应均为正,这说明金融集聚正向地直接与总体上是支持了本区域的新型城镇化发展,但是稀缺性资源流动配置的影响,其通过空间溢出与反馈效应对本区域新型城镇化发展的影响是负效果,而区位熵的直接效应、间接效应与总效应均为负,更是佐证了人力资本流动效应的此起彼伏的作用。尽管某些方面的区域发展对新型城镇化发展具有正外部性与规模经济效应,但是从全面系统的新型城镇化发展角度,我们的城市群与城市区域内部与外部的协同发展还很不够,更多的可能是受到绩效竞争与稀缺资源流动配置的影响。

六、结论与启示

本文的理论分析与实证研究表明,中国金融集聚与新型城镇化具有空间相关性;金融集聚支持新型城镇化发展具有直接、溢出与反馈等多重空间效应;金融集聚能够正向直接与总体上支持新型城镇化发展,但是其间接效应是负向的。由此可以得到以下四点启示:

1. 从金融集聚与新型城镇化的空间相关性的影响因素入手,创造条件提升金融集聚与新型城镇化的正向溢出效应与空间正相关性。区域技术创新与金融创新、经济基础可以显著地促进金融集聚;人力资本拥有量的增加能够长远地推动金融集聚;为发挥金融集聚的正溢出效应,就要制定差异化的金融产业发展促进政策,创设产业发展基金、风险投资基金等,扶持区域创新能力与技术的提高,实施内涵高效集约式发展,内在地推动产业优化升级;增加教育投资,这为金融集聚与新型城镇化发展提供了智力资本支持,同时也因地制宜地多元化发展新型城镇化。

2. 金融集聚对新型城镇化发展具有支持作用,未来新型城镇化发展是任重道远的,健康发展新型城镇化需要金融的高效支持,所以,要全面深化金融集聚,不能只局限于金融集聚规模的提高,要特别注重提升专业化与多元化的金融集聚水平,为新型城镇化发展提供多元化可持续的资金保障;新型城镇化建设涉及到长期巨额低收益的公共投资,要鼓励金融创新,发行地方政府债券,把地方政府债券交易与定价纳入统一债券市场中,构建完整的包含地方政府信用评级技术与限额管理在内的政府信用管理体系,拓展项目融资,以市场化方式创设城镇化发展基金,引领机构体系合理、功能发挥高效与资源配置优化的金融集聚质量提升,提高金融集聚支持新型城镇化发展的服务范围、水平与效率,构建多元、协调、持续、高效的新型城镇化发展金融集聚中心。

3. 多区域新型城镇化要协同发展。构建协调发展机制,组建科技金融区域协同创新中心,创造更多的空间正溢出与反馈通道;地理空间相邻、投资消费结构的相似性与产业结构的衔接性是区域经济关联与协同发展的重要因素,但各金融集聚中心与城镇在空间关联网络中的层次、地位及作用不尽相同,中央及当地政府要针对本区域的不同网络功能,实施特定的定向调控发展政策,提升各区域金融集聚推动新型城镇化发展的直接效应及间接耦合效应,既要大力支持双向溢出区域的金融产业快速集聚推动新型城镇化的健康发展,激发区域新型城镇化协调发展的源动力,又要关心提供管道作用的中介地区及受益地区的新型城镇化发展环境,塑造正溢出效应的良好转移接受平台。

参考文献

车欣薇,部慧,梁小珍,王栓红,汪寿阳. 一个金融集聚动因的理论模型[J]. 管理科学学报,2012,15(3):16—29.

陈俊,胡宗义,刘亦文. 金融集聚的区域差异及影响因素的空间计量分析[J]. 财经理论与实践,2013,34(6):21—24.

陈立泰,刘倩. 我国西部地区金融集聚与城镇化互动关系实证分析[J]. 城市问题,2012(9):17—22.

陈元. 开放性金融与中国城市化发展[J]. 经济研究,2010(7):4—14.

方先明,孙爱军,曹源芳. 基于空间模型的金融支持与经济增长研究——来自中国省域1998—2008年的证据[J]. 金融研究,2010(10):68—82.

胡斌. 政策性金融与我国城镇化发展战略[J]. 中国金融,2002(10):37—38.

胡彩梅,韦福雷,李秀春,李天苗. 中国城镇化发展水平测度与空间差异研究[J]. 资源开发与市场,2014,30(7):806—809,893.

黄解宇,杨再斌. 金融集聚论:金融中心形成的理论和实践解析[M]. 北京:中国社会科学出版社,2006年版.

黄永兴,徐鹏,孙彦骊.金融集聚影响因素及其溢出效应——基于长三角的实证分析[J].投资研究,2011(8):111—119.

李宝礼、胡雪萍,金融发展会造成人口城镇化滞后于土地城镇化吗——基于安徽省16个地级市面板数据的研究[J].华东经济管理,2014,28(12):18—23.

李红,王彦晓.金融集聚、空间溢出与城市经济增长——基于中国286个城市空间面板杜宾模型的经验研究[J].国际金融研究,2014(2):89—96.

李敬,陈澎,万广华,付陈梅.中国区域经济增长的空间关联及其解释——基于网络分析方法[J].经济研究,2014(11):4—16.

李敬,冉光和,万广华.中国区域金融发展差异的解释——基于劳动分工理论与Shapley值分解方法[J].经济研究,2007(5):42—54.

李林,丁艺,刘志华.金融集聚对区域经济增长溢出作用的空间计量分析[J].金融研究,2011(5):113—123.

李伟军,孙彦骊.城市群内金融集聚及其空间演进:以长三角为例[J].经济经纬,2011(6):42—46.

梁彭勇,梁平,任思慧.中国金融发展与城市化关系的区域差异[J].上海金融,2008(2):14—17.

林光平,龙志和,吴梅.我国地区经济收敛的空间计量实证分析:1978—2002年[J].经济学(季刊)2005,(10):67—82.

刘沛,黎齐.金融集聚对产业结构提升的空间外溢效应研究——以广东省为例[J].科技管理研究,2014(10):187—192,201.

陆磊.城镇化进程中的金融需求结构演变与金融创新[N].金融时报,2007:10—22.

彭宝玉,李小建.金融与区域发展国际研究进展及启示[J].经济地理,2010(1):75—92.

彭冲,肖皓,韩峰.2003—2012年中国城市土地集约利用的空间集聚演化及分异特征研究[J].中国土地科学,2014,28(12):24—31.

彭立,刘邵权.川滇黔接壤地区城镇化空间特征及驱动力分析[J].地域研究与开发,2012,31(4):75—95.

秦佳,李建民.中国人口城镇化的空间差异与影响因素[J].人口研究,2013,37(2):25—40.

任英华,徐玲,游万海.金融集聚影响因素空间计量模型及其应用[J].数量经济技术经济研究,2010(5):104—115.

茹乐峰,苗长虹,王海江.我国中心城市金融集聚水平与空间格局研究[J].经济地理,2014(2):58—65.

石忆邵.中国"城市病"的测度指标体系及其实证分析[J].经济地理,2014(10):1—6.

王大伟,王宇成,苏杨.我国的城市病到底多严重——城市病的度量及部分城市的城市病状况定量对比[J].中国发展观察,2012(10):33—35.

王伟,徐世黔,赵璐.适配城镇化视角下中国城市金融发展格局——基于287个地级及以上城市实证[J].城市发展研究,2014(9):92—102.

王周伟,伏开宝,汪传江,胡德红.中国省域金融顺周期效应异质性的影响因素研究——基于技术进步与产业调整的空间经济分析视角[J].中国软科学,2014(11):27—41.

王周伟,柳日.中国新型城镇化发展的系统评价与趋势分析[A].王周伟(主编),金融管理研究[C].北京:生活·读书·新知 三联书店.2014,2(3):1—33.

杨义武,方大春.金融集聚与产业结构变迁——来自长三角16个城市的经验研究[J].金融经济学研究,2013,28(6):55—65.

姚东.中国区域城镇化发展差异的解释——基于空间面板数据与夏普里值分解方法[J].中南财经政法大学学报,2013(2):40—47.

余泳泽,宣烨,沈扬扬.金融集聚对工业效率提升的空间外溢效应[J].世界经济,2013(2):93—116.

曾昭法,左杰.中国省域城镇化的空间集聚与驱动机制研究——基于空间面板数据模型[J].中国管理科学,2013(S2):580—586.

张占斌,黄锟.我国新型城镇化健康状况的测度与评价——以35个直辖市、副省级城市和省会城市为例.经济社会体制比较,2014,176(6):32—42.

中国社会科学院《城镇化质量评估与提升路径研究》创新项目组.中国城镇化质量综合评价报告[J].经济研究参考,2013(31).

Audress D.,Feldman M. Spillovers and the geography of innovation and production[J]. American Economic Review,2006(3):630—640.

Baldwin R.,P. Martin. Global income divergence, trade and industrialization: the geography of growth take off[J].Journal of economic Growth,2001(6):5—37

Chang Miao. Urban water investment and financing in China[J]. Water 21, 2004(10):14—18.

Cho Wu and Boggess. Measuring interactions among urbanization, land use regulations, and public finance[J]. American Agricultural Economics Association,2003:988—999.

Dematt eis, G. Towards a metropolitan urban system in Europe: core cent rality versus network distributed cent rality. In: Pumain, D. Saint-Julien, Th. (eds.): Urban networks in Europe. Paris (John Libbey),1996:19—28.

Goldsmith R W. Financial Structure and Development [M]. New Haven: Yale University Press. 1969.

Kindle Berger, Charles P. The Formation of Financial Centers: A Study of Comparative Economic History[M]. Princeton: Princeton University Press,1974.

Levine R. Financial development and economic growth: views and agenda[J]. Journal of Economic Literature. 1997:688—726.

Naresh R. Pandit, Gary A. S. Cook, G. M. Peter Swann, The dynamics of industrial clustering british financial services[J], The Service Industries Journal, 2001(4):31—61.

Richard B. Andrews. The mechanics of the urban economic base [J]. Land Econo.

我国省际创新转型推动城镇化发展的效率及其影响因素研究
——基于四阶段 DEA 模型*

周水松[①]　王周伟[②]

摘　要：本文从技术效率评价的角度对 2013 年我国各省市创新转型推动城镇化发展的效率进行评价，并建立线性回归模型分析创新转型因素对城镇化发展的推动作用的方向和大小。文中采用四阶段 DEA 模型进行分析，结果显示，剔除固定资产投资额、实际利用外商投资额和全社会消费品零售总额后，我国西部地区创新转型投入推动城镇化发展的效率显著高于东中部地区，表明目前我国西部地区城镇化进程中需要加大对创新转型资源的投入；在转型投入方面，政府一般公共服务支出对于城镇化发展呈现负向作用；在创新投入方面，企业增加研发投入推动城镇化发展的作用强于政府在科技方面的投入。

关键词：城镇化；创新驱动；转型发展；四阶段 DEA

一、引言

2014 年 3 月 25 日，国务院发展研究中心与世界银行合作共同发布报告《中国：推进高效、包容、可持续的城镇化》，报告中强调城镇化与经济社会全面转型的互动关系，报告认为城镇化推进过程中要同时完成"三大转型"（即经济、社

---

*　本文得到国家自然科学基金项目《住房保障家庭福利依赖及经济自助行为研究》（项目号：71473166）与上海师范大学"城市经济学"（第七期）重点学科、"投资学"（第六期）重点学科的资助。

① 周水松（1990—），男，数量经济学硕士，上海师范大学商学院，研究方向为计量经济、城市发展。
② 王周伟（1969.1—），男，博士，副教授，上海师范大学房地产与城市发展研究中心，研究领域：城市经济与发展，金融管理。

会、环境转型）。文章论述了中国未来城镇化进程的关键动力和经济社会环境的转型要求。文章强调，城镇化的增长动力，既体现在增强城市集聚能力、全要素生产率增长上，也包括拉动消费需求和投资需求等内需增长。但要完全释放上述增长动力，我国还需要破解诸多体制和机制障碍，总的来说就是要完成三大转型，即经济更有效率、社会更具包容性、环境生态更具可持续性。

《国家新型城镇化规划（2014—2020年）》中强调，城镇化是伴随工业化发展，非农产业在城镇集聚、农村人口向城镇集中的自然历史过程，是人类社会发展的客观趋势，是国家现代化的重要标志。现在的城镇化模式是不可持续的，经济增长模式总体上仍未完全摆脱"投资拉动、高污染高耗能"的传统路径，增长效率不高；社会发展模式仍存在明显的城乡二元割裂特征，在基本公共服务、社会保障体系等方面城乡差距仍然不小，发展的"包容性"不够；增长的环境生态代价过高，大面积的国土污染、全国范围内的空气质量变差等，都意味着我国发展的生态承载能力已达到极限，原来的发展模式已没有任何可持续性可言。

吴敬琏分析了新型城镇化与旧型城镇化之间的区别，他引述了美国哈佛大学经济学教授 E. 格莱泽、科斯以及新增长经济学代表人物罗默（P. M. Romer）等国外学者的观点，认为新型城镇化应突出城市作为思想市场的作用；谈到旧型城镇化造成了两个效率问题：第一，城市建设过程中占地面积过大，投资效率低下，各级政府债台高筑，威胁金融体系的稳定；第二，建成的城市运作效率很低。结合对新旧城镇化的分析，他指出我国应走发挥城市创新功能的城镇化道路。那么，从创新转型的角度看，创新和转型投入推动新型城镇化发展的效率如何，新型城镇化过程中城市的管理者应采取何种措施以建立有效的"思想市场"，发挥城市创新功能以推动城镇化发展，本文将就这一问题，从技术评价的角度具体分析我国各省市城镇化效率现状，并建立回归模型具体分析相应的影响因素。

二、理论阐述和文献综述

（一）创新驱动和转型发展的理论

1. 创新驱动

创新驱动可分为广义创新驱动和狭义创新驱动，广义创新驱动包括制度创新、科技创新、产业创新和模式创新等，狭义创新驱动主要是指科技创新。本文主要讨论狭义创新驱动。创新驱动经济增长的机制可归结为三方面：第一，产品的多样性,从而产生更多消费体验和市场;第二,出现新的产业部门,通过提供创新的产品或服务,带动新的中间产品的部门的发展,以互补性产品或服务扩大市场空间,强化创新价值的获取能力;第三,提升投入要素的质量,促进要素积累,进一步提高生产率。

2. 转型发展

广义的转型是涵盖经济、社会、政治等多方面的转变,目前这一概念多应用于社会学,以研究社会形态和社会结构等的转变为主。而本文仅分析经济方面的转型。胡鞍钢(2011)认为中国社会转型与经济转型是关联性转型,实际上是以调整社会结构为主线,旨在促进城乡一体化,实现居民公共服务水平均等化,提高人民的发展潜力,分享改革开放发展的成果。刘志彪(2011)提出战略转型的策略有两种,第一:先发制人,集中资源重点投入,形成局部绝对强势,第二:运用新的非均衡方法,由过去的农业剩余支持工业化发展,改为工业剩余支持战略性新兴产业的发展。在实施创新驱动战略时,应注重:推动战略转型带动体制机制转型,确立创新驱动发展方式;通过财富效应驱动创新效应,激励发展方式转型;保护知识产权,以创新打破垄断建立新的垄断氛围;实施服务业全球战略,建设高端创新人才集聚的新型特区;提高开放型经济发展水平,提高我国对创新资源的全球配置、利用和整合能力;建设创新文化。

(二)创新转型推动城镇化发展机制

按照《国家新型城镇化规划(2014—2020年)》中提出的城镇化发展的目标,本文将对创新转型推动城镇化的机制从以下三方面进行阐述:

1. 创新转型促进农业转移人口市民化

技术创新通过提升各生产部门的生产率,增强产业中对劳动力,尤其是农村剩余劳动力的需求,将农村劳动力转移至城市。对于传统农业部门,通过农业现代化,加强对农村劳动力的教育培训,推广农业新技术,鼓励农村发展现代化农业;制度创新通过改革目前涉及农民切身利益的土地制度,明确农民土地产权,逐步实现农村土地与城市土地同权同价。

2. 创新转型优化城镇化布局和形态

对于传统制造业等第二产业,技术创新将实现目前技术结构的升级,新技术将产生外溢效应,实现某一产业为主导的产业集聚区;技术创新同样将促进产业结构的调整,有利于产业链的延伸,促进各产业联动机制的建立;技术创新还将对产业分工和细化产生正向作用,通过对特大城市传统制造业的承接转移,将形成一批专业化城镇,扩大目前城市群的辐射力。

经济转型伴随着经济发展方式的转变,目前我国依托现有的重点城市集群,通过城市发展方式的转变,鼓励特大型城市重点发展第三产业,将传统低端生产制造行业转移至周边中小型城市,对于具有自然和人文特色的小城镇,大力发展以旅游业为主的相关产业,为实现以上城镇化布局和形态,需要建立城市之间的协调机制,需要各地区相关部门在制度上解放思想,突破原有的制度障碍,通过对话协商建立良好的沟通机制,实现邻近城市的协同发展。对于目前形成的重点城市群,除了经济转型升级外,需要在制度层面实现转型,尤其是政府职能的转变。

3. 创新转型提升城市可持续发展能力

随着城镇化进程的深入,城市发展同样将面临转型的问题。创新转型可通过以下途径推动新型城市的建设:第一,通过绿色节能技术的应用推广,将构建绿色的生产方式、生活方式和消费方式,节约集约使用资源,促进资源循环利用;第二,技术创新基础上产生的新一代信息技术创新应用,强化信息基础设施的建设,信息资源实现社会化开发利用,增强城市信息的安全保障能力;第三,自然资源有限的城市面临的转型问题,需要城市发掘其他资源,比如文化资源作为一种新的要素,成为城市转型的新选择。

(三)国内外文献综述

1. 关于创新转型

创新转型的内涵包括两个方面,即创新驱动和转型发展。下文对两方面进行分别阐述:

首先,关于创新的必要性,熊彼特认为创新是经济增长和发展的动力,通过建立一种新的生产函数,将从来没有的关于生产要素和生产条件的新组合引入生产体系中;Charles I. Jones采用创意路线图直观阐述经济增长动力的问题,指出科技创新和进步带来新思想,知识利用存在非竞争性,新科技被迅速推广和复制,在生产和消费领域广泛应用,实现规模报酬递增;而创新驱动是指通过依靠引进、消化、吸收国外的先进技术和经验向独立设计、研发和应用、生产并创造知识来转变,从而驱动一国或地区的经济发展;美国哈佛大学经济学教授迈克尔·波特将国家竞争优势的发展分为生产要素驱动、投资驱动、创新驱动、财富驱动四个阶段。由此可见创新驱动成为国家实现崛起必不可少的条件。对于我国而言,辜胜阻(2012)认为我国目前廉价的要素驱动、过度依赖土地红利的城镇化模式不可持续,过度依赖廉价劳动力的人口红利的城镇化难以为继,他提出城镇化要改变路径依赖,从"要素驱动"转向"创新驱动",从数量扩张到质量提升;对于实现创新驱动的具体形式,刘志彪(2011)提出创新驱动是经济增长的动力和引擎,这一动力不仅有助于经济增长从主要依靠技术的学习和模仿,转向主要依靠自主设计、研发和发明,以及知识的生产和创造,而且有助于国家从后发优势转向先发优势,同时它也是发展中国家跨越中等收入陷阱的关键;对于我国创新驱动机制效果的评价,龚六堂,严成樑(2014)在标准的经济增长框架下引入物质资本投资和R&D投资,并将后者分为基础研究和应用研究,运用我国31个省份1998—2010年的数据,考察三者对我国人均实际收入的影响,建议减少物质资本投资,增加R&D投资,尤其是基础研究的投入,加快我国经济向创新驱动转型;在对创新驱动机制检验之后,陈波(2014)认为市场经济在促进创新驱动方面存在着强点和弱点,指出创新驱动可能存在市场失灵,因而需要在教育和研发、学术自由方面建立一定条件促进科技进步,建立健全的创新利益保护制度,加强对知识产权的保护为创新提供良好的制度基础,并就政府在创新驱动中的角色提出建议。本文将同样对我国省级创新驱动机制进行效率评价,并提出对应的政策建议。

转型发展同样成为国内经济发展的主要方向,即倡导从粗放型的发展方式向集约型的发展方式转变,经济发展更应该提高效率,实现低投入、高产出。特别是在十八大提出生态文明建设的背景下,我们应进一步要求,经济发展过程中应注重产业结构的优化,降低能耗,注重资源和生态环境的改善,实现经济社会协调发展。对于转型的认识,最早由厉以宁(1997)在《转型发展理论》一书中明确一国转型发展的含义,即一个国家既要实现体制的转变,又要实现经济的发展。但进入21世纪,我国转型发展的概念主要侧重于经济方面。在宏观层面,李迅,刘琰(2011)从全球应对气候变化、倡导节能减排和国内快速城镇化、资源环境约束两方面,阐述转型发展的必要性。文章中提出低碳、生态、绿色是转型发展的三大方向。在微观层面,厉以宁(2013)从企业的角度阐述创新和转型的重要性,他认为随着十八届三中全会提出市场在资源配置中起决定性作用,企业应承担创新转型的使命,他认为转型需要从四个方面着手,第一是观念的变化,第二是发展方式转型,第三是企业管理制度创新,第四是营销方式的转型和创新。考虑到目前企业级的转型活动难以测度,本文将从宏观的省份视角,分析转型活动的作用机理。

2. 关于城镇化效率及评价

截至2012年底,国家统计局公布的城镇人口突破7.12亿,人口城镇化率提高至52.57%,而中国社会科学院公布的城市蓝皮书认为,我国真实的完全城镇化率仅42.2%,两者巨大的差异在于前者是常住人口的城镇化率,而后者是完全能够享受市民待遇人口的城镇化率。十八大报告中明确提出"城镇化质量明显提高"的要求,因而对于城镇化率这一指标我们需要再细心解读分析。

对于城镇化的问题,吴敬琏(2013)指出,同中国的整个经济发展一样,城镇化主要存在效率低下的问题,具体体现在:第一,城市建设浪费的资源太多;第二,建成的城市结构不合理,运营效率低下,降低城市工商业的竞争力和城市居民的生活质量;主要原因有土地产权制度的缺陷,政府职能的错位,层级制城市结构以及认识的偏差。

而对于城镇化效率这一概念的界定,存在不同的看法。杨建军(1995)认为人口非农化转移对城镇化的推动即为城镇化效率问题;而靳相木(2005)指出城镇化研究领域,对于城镇化效率的概念是缺失的;他认为城镇化效率是指在宏观经济管理层面,一个国家或地区在一定时期内城镇化的"产出"与"投入"之间的权衡与比较。本文作者较为认同城镇化的投入产出观。

对城镇化效率的研究,目前存在两种方式:第一,对城市化建设过程中的全要素生产率进行测定;第二,对经济增长与城市化效率关系进行研究。以后种方式为例,中国社会科学院《城镇化质量评估与提升路径研究》创新项目组对2010年我国286个地级及以上城市的城镇化质量进行评价,该报告在城镇化质量的内涵上,分别从城市发展质量、城镇化效率和城乡协调程度构建评价体系,得出各城市的质量状况;王晓鹏,张宗益(2014)利用DEA数据包络分析(DEA)和灰色系统理论分析研究了2002—2012年我国279个城市城镇化效率的时空特征以及城镇化推进模式;而目前对我国各省通过创新转型推动城镇化发展的效率研究和评价的文献则较少。本文将对此领域进行建模分析研究,并在此基础上,分析影响城镇化发展的创新转型因素。

(四)现有文献的不足以及本文的创新

现有文献主要集中研究创新驱动、转型发展的某一方面,或者将二者综合成创新能力。本文将综合两者的概念,分别建立相应的指标体现创新和转型在推动城镇化发展过程中的投入水平;对于城镇化的研究,现有文献大多从自身构建的指标体系出发,并通过计量经济学模型分析影响城镇化的具体因素,很少有文章对城镇化发展的效率进行技术评价,本文将从国家新型城镇化建设的具体要求出发,分析创新转型推动城镇化发展的路径机制,并利用数据包络分析模型,从投入产出的角度分析我国城镇化的投入产出效率;对于数据包络分析模型,现有文章对于四阶段DEA模型的运用比较完善,而且相比传统DEA模型,该模型能够剔除环境变量的影响,因而其评价结果更好。在效率评价的基础上,本文还将建立线性回归模型分析创新和转型投入对于人口城镇化率、经济城镇率的影响。

三、理论假设和模型选择

(一)本文理论假设

基于上文对创新转型推动城镇化发展机制的探讨,本文将以下述三点作为切入口,待后文展开建模分析:

第一,从已有的对我国省际经济活动进行效率评价的文献中,得出的普遍结论是我国中西部地区的技术效率显著低于东部地区,但我国东中西部巨大的发展差距,尤其是目前东部地区整体的经济水平和城镇化率均较高,中西部地区是否能够产生后发优势,利用创新转型的契机,在城镇化发展过程中实现规模报酬递增;

第二,十八届三中全会通过的《中共中央关于全面深化改革若干重大问题的决定》中指出,市场将在资源配置中起决定性的作用。而在创新转型方面,政府与企业的角色如何定位?职能如何分工?鉴于市场在资源配置方面的效率较高,作为市场经济主体的企业,同时又作为第二产业主体的大中型工业企业,其增加创新投入推动城镇化发展的作用是否强于政府主导的创新投入?

第三,《决定》中提出"政府治理"等新概念,要求探索有效的政府治理方式,建设公共服务型政府,但在政府转型的过程中,面临着日益严峻的地方政府债务问题、收支的权衡问题以及支出的分配问题。在资金约束与预期目标的双重条件下,考虑到目前各地政府已基本建立健全的人事制度和预算制度,但运行效率存有改进余地。伴随政府职能转型,政府公共服务支出的规模和支出资金的用途是否也应同样进行分配调整?

基于以上,本文将主要做出以下假设:

1. 相比东部地区,中西部地区创新转型推动城镇化发展的效率较高;
2. 相比政府增加创新投入,企业增加投入对城镇化发展的促进作用较强;
3. 政府应减少公共服务的支出,增加对节能环保、社会保障的支出,以到达提升政府职能效率的目的。

(二)实证模型

效率测度的方法包括非参数方法和参数方法,参数方法以随机前沿分析为代表,非参数方法以数据包络分析为代表。Charnes(1978)等提出 DEA 模型,建立起基本的 CCR 模型,随后 Banker(1990)等建立起 BCC 模型,Fare 和 Grosskopf(1996)建立基于网络生产过程的 DEA 模型,包括两阶段生产过程的 DEA 模型。Fried(1999)等提出四阶段 DEA 模型,排除环境变量对效率值的影响,但无法调整随机误差对效率的影响。Fried 等(2002)提出的三阶段 DEA 模型在第二阶段的随机前沿分析过程中,未考虑被解释变量的截断问题,导致参数估计不一致。综合考虑,本文将选择四阶段 DEA 模型进行分析,下文分阶段阐述该模型。

第一阶段:DEA 模型分为投入导向和产出导向型两种,二者解决问题的方向虽不同,但得出一致的结论。本文采用投入导向型规模报酬可变的 BCC 模型进行分析,模型表达式和限制条件如下:

$$\begin{cases} \hat{\theta}_i = \underset{\theta,\lambda}{\text{Min}}[\theta - \varepsilon(s^- + s^+)] \\ s.t. \sum_{j=1}^{m} \lambda_j x_{ji} + s^- = \theta x_{0i} \\ \sum_{j=1}^{m} \lambda_j y_{jr} - s^+ = y_{0r} \\ \sum_{j=1}^{n} \lambda_j = 1, \lambda_j \geq 0 \\ s^+ \geq 0, s^- \geq 0 \end{cases}$$

式中 x_{ji} 为投入要素,y_{jr} 为产出要素,$(j=1,2,\cdots,n;i=1,2,\cdots,m;r=1,2,\cdots s.)$ θ 为决策单元的效率值,λ 为权重,s^- 和 s^+ 分别为产出松弛量和投入松弛量,ε 为非阿基米德无穷小量。

由 BCC 模型可分别计算得出每个决策单元的技术效率 TE、纯技术效率 PTE 和规模效率 SE。技术效率是指实现投入既定下产出最大或产出既定下投入最小的能力;规模效率是指与规模有效点相比规模经济性的发挥程度;纯技术效率是指剔除规模因素的效率。三者的关系可表示为:TE = SE * PTE。

第二阶段:BCC 模型不仅能得出决策单元的效率值,还能获得每个决策单元的投入松弛量,即实际投入与最优效率下的投入之差。由于投入松弛量最小为零,存在数据截断问题,因而可利用纳入的环境变量与作为被解释变量的投入松弛量建立 m 个 Tobit 截断回归模型:

$$S_{ik}^* = f^i(z_k, \beta^i) + u_{ik}$$

$$S_{ik} = \begin{cases} S_{ik}^*, & S_{ik}^* > 0 \\ 0, & S_{ik}^* \leq 0 \end{cases}$$

其中 i 为投入要素个数；k 为各地区；S_{ik} 为第 k 个决策单元第 i 项投入松弛变量；z_k 为 q 个可观测的环境变量，β^i 为环境变量的待估参数，$f(z_k,\beta^i)$ 表示环境变量 S_{ik} 的影响，u_{ik} 为随机误差项。

第三阶段：利用 Tobit 回归模型的结果对原投入变量进行调整，调整公式如下：

$$x_{ik}^{\text{adj}} = x_{ik} + [\max_k \{z_k \beta^i\} - z_k \beta^i]$$

该表达式的基本思想是：最大的拟合松弛量相当于最差的外部环境集。当某个决策单元处于最差的外部环境集时，$\max_k\{z_k\beta^i\} - z_k\beta^i = 0$，则调整后的投入仍为调整前的投入；当某个决策单元处于较好的外部环境集时，调整后的投入 $\max_k\{z_k\beta^i\} - z_k\beta^i > 0$，相当于提高初始投入水平。

第四阶段：利用调整后的投入数据 x_{ik}^{adj} 和原产出数据再次利用 DEA 模型分析，得出剔除环境因素影响后的效率值。

四、实证结果与分析

（一）变量选取

本文数据来源于 Wind 数据库，研究对象为 2013 年我国 30 个省份（西藏数据缺失，因而未纳入评价范围），采用 deap2.1 和 Eviews7.0 软件进行数据处理和分析。

1. 投入和产出变量

创新活动需要人力和资本两种要素，因而选择高等学校预计毕业生数、地方公共财政中科学技术支出、地方公共财政中教育支出、大中型工业企业 R&D 经费作为创新投入变量；

经济转型主要是经济发展方式的转型和政府职能的转型。前者包括生态和社会方面的投入，因而选择地方公共财政中节能环保支出和社会保障支出两项指标；后者选取地方公共财政中一般公共服务支出作为政府提供公共服务的支出。以上三项指标代表转型发展的投入指标；其中社会保障支出为地方公共财政中社会保障和就业支出与住房保障支出之和。

前人文献中将城镇化分为人口、经济、空间、社会四个层面，本文将参考这一做法,主要考虑人口和经济层面的城镇化,因而选取的产出变量包括目前应用广泛的人口城镇化率,即非农人口占总人口比重的城镇化率,以及经济城镇化率,即非农总产值占地区总产值的比率。

因而本文 DEA 模型中投入变量有 7 个,产出变量有 2 个。

2. 环境变量

开放经济下的宏观经济模型将一国产出分为消费、投资和净出口三方面。本文从投入产出角度考虑创新驱动推动城镇化发展的效率,将剔除此三方面因素的影响。因而本文选取的环境因素有:

固定资产投资额:改革开放以来,我国经济发展一直主要依靠政府投资推动,直至十八大提出市场将在资源配置中起决定性作用,以前我国城镇化的实现主要依托政府提出的相关政策,配合地方政府投入相关配套资金,因此本文分析创新转型这一新的发展方式时,将全社会固定资产投资额作为环境变量;

全社会消费品零售总额:作为经济活动中的重要方面,消费对一国产出有着重要的影响,自 2008 年金融危机以来,我国提出了扩大内需的政策,尤其是农村地区的需求,随着基础设施和科技的发展,我国城乡居民的消费需求得到极大的释放,城乡居民消费水平差距缩小,全社会消费极大刺激了相关产业的发展,因而选取社会消费品零售总额作为环境变量;

实际利用外商投资额:我国改革开放 30 年依托外商直接投资建立起东部沿海城市群,外商投资额对于我国城镇化进程有着重要影响,以上海自贸区建立为标志的自由贸易区的建立,反映了我国将在外商投资领域进行深入改革,营造优良的投资环境,提高投资便利化程度,进一步加大与其他国家的经贸往来,因此选取实际利用外商投资额作为环境变量。

(二)第一阶段 DEA 模型分析结果

本文采用投入导向型规模报酬可变的 BCC 模型进行分析。结果如表 1 所示。

表 1　第一阶段 BCC 模型计算结果

	技术效率	纯技术效率	规模效率	规模报酬
东部地区	**0.485**	**0.583**	**0.867**	
北京	0.495	1.000	0.495	drs
天津	0.956	1.000	0.956	drs
河北	0.229	0.236	0.969	irs

（续表）

	技术效率	纯技术效率	规模效率	规模报酬
辽宁	0.299	0.443	0.676	drs
山东	0.201	0.203	0.990	drs
江苏	0.232	0.246	0.943	drs
上海	0.725	1.000	0.725	drs
浙江	0.389	0.437	0.890	drs
福建	0.606	0.633	0.957	drs
广东	0.205	0.219	0.936	drs
海南	1.000	1.000	1.000	—
中部地区	**0.289**	**0.437**	**0.757**	
吉林	0.325	0.478	0.679	drs
黑龙江	0.309	0.668	0.464	drs
山西	0.330	0.855	0.386	drs
河南	0.238	0.272	0.876	drs
安徽	0.255	0.283	0.903	drs
湖北	0.255	0.284	0.898	drs
湖南	0.229	0.237	0.966	drs
江西	0.373	0.421	0.885	drs
西部地区	**0.474**	**0.571**	**0.870**	
陕西	0.293	0.295	0.992	drs
新疆	0.429	0.451	0.953	irs
内蒙古	0.366	0.917	0.399	drs
宁夏	1.000	1.000	1.000	—
青海	1.000	1.000	1.000	—
甘肃	0.498	0.528	0.943	irs
四川	0.183	0.189	0.968	drs
重庆	0.343	0.725	0.473	drs
广西	0.397	0.437	0.909	drs
贵州	0.425	0.455	0.934	drs
云南	0.283	0.284	0.998	irs
全国	**0.416**	**0.531**	**0.831**	

从表1中可以得出，2013年我国各省市创新转型推动城镇化发展的总体技术效率为0.416,总体纯技术效率为0.531,总体规模效率为0.831;其中东部地

区和西部地区的技术效率值、纯技术效率值、规模效率值较为接近,而中部地区的三项效率值均低于东西部地区。从各省市的具体情况来看,处于技术创新前沿的有海南、宁夏和青海三省区,排名靠前的还有天津、上海和福建,其余省市均低于 0.5;纯技术效率高于规模效率的有北京、天津、上海、重庆、黑龙江和山西四省市,其余省市城镇化过程中技术效率均较低。

（三）Tobit 模型分析结果

利用第一阶段 DEA 模型得出的投入变量的松弛变量值,该值受到环境变量的影响,应该加以剔除,下表为利用 Tobit 模型计算得出的外生环境变量的影响。

表 2　Tobit 模型估计参数及结果

	预计毕业生数松弛变量	科学技术支出松弛变量	教育支出松弛变量	R&D 经费松弛变量	节能环保支出松弛变量	社会保障支出松弛变量	一般公共服务支出松弛变量
常数项	-0.401	-13.532***	15.464	-68.079***	-33.527	-28.339	10.883
	(0.710)	(0.006)	(0.546)	(0.000)	(0.116)	(0.684)	(0.635)
实际利用外商直接投资额	-0.024***	-0.017	-0.673***	-0.251**	-0.076	-0.328	-0.264
	(0.013)	(0.662)	(0.004)	(0.043)	(0.610)	(0.566)	(0.195)
全社会固定资产投资完成额	0.051***	0.059	0.832***	0.437***	0.097	3.199**	0.586**
	(0.000)	(0.185)	(0.003)	(0.003)	(0.594)	(0.017)	(0.018)
社会消费品零售总额	-0.019	0.091	-0.034	0.589***	0.163	-5.407***	-0.112
	(0.260)	(0.163)	(0.935)	(0.005)	(0.543)	(0.011)	(0.765)

注:1. 保障支出为地方公共财政支出中社会保障和就业支出与地方公共财政支出中住房保障支出之和。

2. *,**,*** 分别表示在 10%、5% 和 1% 的置信区间内显著。

从表 2 可以看出,实际利用外商直接投资额对所有投入要素松弛变量的影响均为负值,表明增加实际利用外商投资有利于减少投入松弛量,即实际利用外商直接投资增加 1 亿美元,将减少 0.024 万毕业生的投入,减少 0.017 亿元的科技投入,减少 0.673 亿元的教育支出,减少 0.251 亿元大中型工业企业 R&D 费用,减少 0.076 亿元的节能环保支出,减少 0.328 亿元的社会保障支出,减少 0.264 亿元的一般公共服务支出。

而全社会固定资产投资完成额与所有投入松弛变量的系数均为正,表示增加全社会固定资产投资完成额将导致投入变量出现浪费,难以实现资源的有效利用,本模型中对各松弛变量的影响为,增加 100 亿元固定资产投资,将导致 0.051 万毕业生投入过多,0.059 亿元科技支出、0.832 亿元教育支出、0.437 亿元大中型工业企业 R&D 费用、0.097 亿元节能环保支出、3.199 亿元社会保障支出和 0.586 亿元一般公共服务支出的浪费。

与以上两项环境变量不同的是,社会消费品零售总额对投入要素的松弛变量的影响系数有正有负,考虑到现有 GDP 对于各地区增加投入要素有着比较重要的影响,其中社会消费品零售总额增加 100 亿元,将造成 0.019 万毕业生的浪费、0.034 亿元教育支出、5.407 亿元社会保障支出和 0.112 亿元一般公共服务支出的浪费,同时将减少 0.091 亿元科技支出、0.589 亿元大中型工业企业 R&D 费用、0.163 亿元节能环保支出。

(四) 剔除环境变量影响的 DEA 分析结果

根据前述理论中调整的表达式,计算调整后的投入值,与原产出值一同再次进行 DEA 分析,得出各省份的效率值和规模报酬状况,结果见下表。

表 3　第四阶段 BCC 模型计算结果

	技术效率	纯技术效率	规模效率	规模报酬
东部地区	**0.752**	**0.761**	**0.985**	
北京	1.000	1.000	1.000	—
天津	1.000	1.000	1.000	—
河北	0.719	0.733	0.980	irs
辽宁	0.674	0.741	0.909	drs
山东	0.430	0.431	0.999	irs
江苏	0.390	0.390	0.999	—
上海	1.000	1.000	1.000	—
浙江	0.776	0.784	0.991	drs
福建	0.960	0.967	0.994	irs
广东	0.318	0.330	0.966	drs
海南	1.000	1.000	1.000	—
中部地区	**0.768**	**0.794**	**0.969**	
吉林	1.000	1.000	1.000	—
黑龙江	0.992	0.993	0.999	drs
山西	0.858	1.000	0.858	drs
河南	0.632	0.646	0.979	irs
安徽	0.604	0.622	0.970	irs
湖北	0.638	0.639	0.999	irs

（续表）

	技术效率	纯技术效率	规模效率	规模报酬
湖南	0.591	0.614	0.962	irs
江西	0.825	0.837	0.986	irs
西部地区	**0.931**	**0.955**	**0.975**	
陕西	0.822	0.822	1.000	—
新疆	0.950	1.000	0.950	irs
内蒙古	1.000	1.000	1.000	—
宁夏	1.000	1.000	1.000	—
青海	1.000	1.000	1.000	—
甘肃	0.944	0.980	0.963	irs
四川	0.810	0.822	0.985	irs
重庆	0.842	0.908	0.928	drs
广西	0.915	0.969	0.944	irs
贵州	0.983	1.000	0.983	irs
云南	0.972	1.000	0.972	irs
全国	**0.817**	**0.837**	**0.976**	

利用第一阶段和第四阶段的 DEA 效率得分,进行 Wilcoxon 符号秩检验,测度效率值是否存在显著差异,检验结果表明,第一阶段与第四阶段的技术效率、纯技术效率和规模效率均存在显著的差异,环境变量的影响显著。因此利用四阶段 DEA 模型分析我国各省市创新转型投入推动城镇化的效率效果更好。

表4 第一阶段和第四阶段效率值的 Wilcoxon 符号秩检验结果

	技术效率	纯技术效率	规模效率
Z 值	-4.541^{***}	-4.286^{***}	-4.277^{***}
渐近显著性(双侧)	0.000	0.000	0.000

注:*,**,*** 分别表示在10%,5%和1%的置信区间内显著。

从表3中可以看出,剔除环境变量后,全国创新转型推动城镇化的总体技术效率从0.416上升至0.817,总体纯技术效率从0.531上升至0.837,总体规模效率从0.831上升至0.976。从各地区来看,中西部地区的三项效率值的增幅高于东部地区,剔除环境因素后,东中部地区三项效率值较为接近,显著低于西部地区。从各省市来看,处于技术效率前沿的省市增加了北京、天津、上海、吉林、内蒙古,增至8个省市。技术效率值低于0.5的有山东、江苏和广东,这反映出目前我国三大经济省份,创新转型推动城镇化发展的效率较低,侧面反映出三省份经过改革开放30年的进程,城镇化率已达到较高的水平。相反,西部地区的技术效率值较高,创新转型的发展策略对这些省市的城市化进程能产生良好的推动作用。

从表3的规模报酬情况来看,目前经济发展水平较高的省市呈现出规模报酬递减的现象,2013年呈现规模报酬递减的有辽宁、浙江、广东、黑龙江、山西和重庆,这些省市的投入产出未实现最优的规模,需要相应调整创新转型投入量。而中部四省(安徽、湖南、湖北、江西)和大部分西部地区省份呈现规模报酬递增的现象,表明以上地区创新转型投入能够有效推动城镇化进程。

五、省际创新转型推动城镇化的影响因素分析

为进一步考察创新驱动和转型发展的投入推动城镇化的实际效果,文末采用简单线性回归模型,阐述创新和转型方面的实际效果。

下文建立的模型表达式为:

$$\text{lnurban} = c + a_1 \text{lngrad} + a_2 \text{lnsci} + a_3 \text{lnedu} + a_4 \text{lnindu} + a_5 \text{lnener} + a_6 \text{lnsoci} + a_7 \text{lnpub}$$

本文中考虑人口和经济两方面的城镇化率,将所有变量均取对数,系数表示变量之间的弹性。因此被解释变量(lnurban)包括人口城镇化率和非农产值占总产值比例的经济城镇化率;解释变量包括每年预计毕业生数(lngrad),地方公共财政科学技术支出(lnsci),地方公共财政教育支出(lnedu),大中型工业企业R&D费用(lnindu),地方公共财政节能环保支出(lnener),地方公共财政社会保障支出(lnsoci),地方公共财政一般公共服务支出(lnpub)。

表5 模型所选解释变量含义

解释变量	具体指标
创新资本政府投入(科技)	科学技术(亿元)
创新资本政府投入(教育)	教育(亿元)
创新资本企业投入	大中型工业企业:R&D经费(亿元)
创新人力投入	高等学校预计毕业生数(万人)
转型资本政府投入(节能环保)	节能环保(亿元)
转型资本政府投入(社会保障)	保障支出(亿元)
转型资本政府投入(一般公共服务)	一般公共服务(亿元)

本文将延续创新转型概念的分解,分为创新投入和转型投入,将创新投入又分为创新资本投入和创新人力投入,其中创新资本投入进一步按照创新主体分为创新资本政府投入和创新资本企业投入;政府在创新方面的投入细分为科技和教育两方面,在转型方面的投入细分为生态、社会、公共服务三方面。

本文利用 Eviews7.0 软件操作,首先进行 OLS 回归,检查存在递减异方差,随即采用残差项倒数作为权重,进行 WLS 估计,得出的结果如下:

表6 回归模型估计参数及结果

	人口城镇化率模型	经济城镇化率模型
LNGRAD	-0.011 (0.712)	-0.065*** (0.000)
LNSCI	0.231*** (0.001)	-0.001 (0.894)
LNEDU	-0.219*** (0.000)	0.047*** (0.000)
LNINDU	0.099*** (0.000)	0.062*** (0.000)
LNENER	0.062*** (0.01)	0.017** (0.02)
LNSOCI	0.037 (0.314)	0.024*** (0.000)
LNPUB	-0.272*** (0.000)	-0.086*** (0.000)
R-squared	0.998	0.995
Adjusted R-squared	0.999	0.996
Durbin-Watson stat	1.989	2.366
F-statistic	2686.448	807.09

注:*,**,*** 分别表示在10%,5%和1%的置信区间内显著。

从回归结果可以看出,考虑人口的城镇化率时,科学技术、教育、节能环保和一般公共服务的投入、大中型工业企业 R&D 费用的投入对城镇化率的影响显著,其中科学技术的投入 R&D 费用投入和节能环保的投入能促进城镇化率的提高,而教育支出和一般公共服务的支出对城镇化率的负向作用明显;其他因素对城镇化率的作用在10%的置信区间内并不显著。

考虑经济城镇化率的模型中,高校预计毕业生数、大中型工业企业R&D费用、教育、节能环保、社会保障和一般公共服务的投入均在10%的置信水平下对城镇化率有显著影响,与人口城镇化模型相同的是一般公共服务投入仍对城镇化产生负向作用,高校预计毕业生同样对城镇化率的提高产生负向作用,R&D费用能够有助于城镇化率的提高。两模型的修正拟合优度值分别为0.999和0.996,两模型拟合程度均较高。

从两模型结果中可知,对于一般公共服务支出的投入应加以管理,反映出我国地方财政用于一般公共服务的支出并未有效地服务于城镇化的建设,十八大以来提出,市场在资源配置中起决定性的作用,要求政府简政放权,将一部分公共服务由市场提供,从而能够更有效率地促进城镇化进程;大中型工业企业R&D费用支出能够有效促进人口转移至城镇,同时对第二、三产业的发展有着巨大的推动作用,政府应反思其针对市场创新研究主体的支持力度;同时也应加大对科学技术的财政支出,鼓励更多的科学研究主体参与科技的创新活动;高校毕业生对于城镇化的微弱负向作用值得相关部门反思目前的教育发展政策,由于能力与学历不匹配、职位与学历不匹配等问题,教育方面存在着资源浪费的倾向,政府部门需要重新审慎目前的教育结构与规模,调整教育政策以适应今后城镇化进程中对人才的需求。

六、结论和政策建议

本文从创新转型角度对我国城镇化过程中的投入产出效率进行研究,运用四阶段DEA模型,剔除全社会固定资产投资额、实际利用外商直接投资额和社会消费品零售总额三个环境变量,对我国省际创新转型推动城镇化发展的效率差异进行比较;并在此基础上,建立线性回归模型,分析比较创新和转型投入对城镇化的推动作用。主要得出以下结论:

第一,DEA模型分别得出技术效率值、纯技术效率值、规模效率值,第一阶段和第四阶段的计算结果存在显著性差异,四阶段DEA模型能较好地对我国省际创新转型推动城镇化发展过程的效率进行评价。评价结果显示,创新转型推动城镇化发展的效率方面,我国整体处于技术有效状态,且西部地区整体高于东中部地区;大部分东部地区省份呈现规模报酬递减,而中西部省份呈现出规模报酬递增的情形。

第二,从线性回归模型中可以得出,政府在创新投入方面对城镇化的推动作用低于企业自身投入研发费用的促进作用,这反映出企业作为市场经济主体在创新方面的主要作用;进一步分析政府在不同方面创新投入的影响可以得出,政府增加教育支出产生的推动作用高于增加科技支出产生的作用。

第三,回归分析得出2013年地方财政一般公共服务支出对当前城镇化产生负向作用,反映出政府在转型方面应更注重生态和社会保障方面的投入,进一步简化职能,降低公共服务支出。

基于以上结论,本文给出相应的政策建议:

第一,西部地区整体的技术效率高于东中部地区,中部地区稍高于东部地区,表明创新转型推动中西部城镇化发展的潜力巨大,中西部地区应加大创新转型投入,实现规模报酬递增;东部地区目前整体城镇化水平较高,出现规模报酬递减趋势,应注重各省市创新转型投入的分配。

第二,政府和企业应加强配合,应做到积极发挥企业在创新转型方面较强的推动作用,同时政府应通过加大对教育的投入,培养具有良好素质的高校毕业生,为企业开展创新活动提供人才支撑,还应营造良好的生态和社会环境,做好城市的"软件",积极推进政府在公共服务方面的改革,通过制度创新为企业发展提供便利条件。

第三,我国各省市应重视外商直接投资在推动城镇化发展中的重要作用,营造良好的投资环境,进一步扩大开放程度;同时应合理规划固定资产投资规模,更多地由企业这一市场主体自主增加对创新转型的投入;在城镇化发展的过程中,应进一步鼓励城乡居民的消费需求,实现消费促进经济发展中的乘数效应。

参考文献

陈波.论创新驱动的内涵特征与实现条件——以"中国梦"的实现为视角[J].复旦学报(社会科学版),2014(4):124—133.

范丹,王维国.中国省际工业全要素能源效率——基于四阶段DEA和Bootstrapped DEA[J].系统工程,2013(8):72—80.

龚六堂,严成樑.我国经济增长从投资驱动向创新驱动转型的政策选择[J].中国高校社会科学,2014(2):102—113.

辜胜阳,刘江日.城镇化要从"要素驱动"走向"创新驱动"[J].人口研究,2012(6):3—12.

洪银兴.论创新驱动经济发展战略[J].经济学家,2013(1):5—11.

胡鞍钢.中国社会转型与经济转型是关联性转型[J].求是,2011(4).

简新华,黄锟.中国城镇化水平和速度的实证分析与前景预测[J].经济研究,2010(3):28—39.

靳相木.土地集体制度与中国城镇化效率[J].山东农业大学学报,2005(1):78—81.

李三奎.上海金融竞争力对经济转型发展的作用研究[D].上海师范大学硕士学位论文,2013年.

李迅,刘琰.低碳、生态、绿色——中国城市转型发展的战略选择[J].城市规划学刊,2011(2):1—7.

厉以宁.创新驱动经济转型[J].中国流通经济,2014(1):4—8.

厉以宁.转型发展理论[J].经济学动态,1997(4):3—11.

刘志彪.从后发到先发:关于实施创新驱动战略的理论思考[J].产业经济研究,2011(4):1—7.

吕鑫.基于三阶段DEA的我国电信业效率研究[D].南京大学硕士学位论文,2013年.

任保平.经济发展方式转变的创新驱动机制[J].学术研究,2013(2):69—75.

上海财经大学课题组.上海"创新驱动,转型发展"评价指标体系研究[J].科学发展,2014(5):5—16.

王国刚.城镇化:中国经济发展方式转变的重心所在[J].经济研究,2010(2).

王晓鹏,张宗益.城镇化效率区域差异与推进模式[J].财经科学,2014(9):49—58.

王志平,陶长琪,习勤.基于四阶段DEA的区域技术效率分析[J].数学的实践与认识,2013(17):1—8.

魏后凯.全面推进中国城镇化绿色转型的思路和举措[J].经济纵横,2011(9):15—19.

吴敬琏.城镇化效率问题探因[J].聚焦,2013(6):10—12.

杨建军.城镇化形式与城镇化效率——浙江省农村人口转移的跟踪研究[J].杭州大学学报,1995(9):41—47.

张江雪,朱磊.基于绿色增长的我国各地区工业企业技术创新效率研究[J].数量经济技术经济研究,2012(2):113—125.

中国社会科学院《城镇化质量评估与提升路径研究》创新项目组.中国城镇化质量综合评价报告[J].经济研究参考,2013(31).

朱元秀.现代化视角下长三角地区转型发展研究[D].华东师范大学博士学位论文,2013年.

Banker,R.D.,A.Charnes and W.W.Cooper,Some models for estimating technical and scale inefficiencies in data envelopment analysis[J],Management Science,1984,30(9):1078—1092.

Charnes A, Cooper W W, Rhodes E. Measuring the efficiency of decision making units[J], EuropeanJournal of Operational Research, 1978, 2(6).

Fare R, and Grosskopf S,"Network DEA," Socio-Economic Planning Science[J], 2000, 34(1): 35—49.

Fried, H. O., C. A. K. Lovell, S. S. Schmidt, and S. Yaisawarng,"Accounting for environmental effects and statistical noise in data envelopment analysis,"[J], Journal of Productivity Analysis, 2002, 17: 157—174.

Fried. Incorporating the operating environment into a non parametric measure of technical efficiency [J], Journal of Productivity Analysis, 1999, 12(3): 249—267.

自由贸易区的税收竞争策略及其效应研究
——以北美自由贸易区为例[*]

王周伟[①]

摘 要：自由贸易区建设是全球城市建设中非常核心的内容之一，它需要一系列的制度创新，而税收制度是其中比较基础的一种创新。本文借鉴 Baldwin 和 Krugrnan(2004)的税收竞争模型，分析了自由贸易区中不同参与方之间税收竞争均衡水平的决定与效应，认为自贸区参与主体保持向上税收竞争能够实现帕累托最优，但需要税收协调，然后提出了税收协调的基本原则。并以北美自由贸易区运作案例，分析了在该地区实践中相关主体的税收竞争策略行为及其税收协调效应。

关键词：税收竞争理论模型；北美自由贸易区；向上税收竞争；帕累托最优

在世界城市网络中，全球城市具有世界性的资源配置能力、较强的国际竞争力和影响力。多年来的国际实践表明，创建自由贸易区能够拓展城市经济贸易发展空间，提升城市资源配置能力，很好地推动当地城市经济竞争力的快速发展。因此自由贸易区战略成为我国新一轮的城市发展战略。2013 年 9 月 29 日成立中国(上海)自由贸易试验区，目前正在建设基础设施，不断完善管理框架。另据人民网报道，2014 年 23 个省份在其 2014 年政府工作报告中提出，2014 年重点工作之一是加大开放力度，申报、对接或建设自由贸易区。可以预见，齐头并进的建设热潮即将展开。而在自由贸易区建设中，制度创新成为其

---

[*] 本文获得国家自然科学基金项目《住房保障家庭福利依赖及经济自助行为研究》(项目号：71473166)资助；亦属于上海市人民政府发展研究中心 2014 年度专项课题研究的阶段性成果(2014-GZ-07)。

[①] 王周伟(1969.1—)，男，博士，副教授，上海师范大学房地产与城市发展研究中心，研究领域：城市经济与发展，金融管理。

成功的首要保障。其中,税收制度地区竞争力的决定和影响意义重大。这些急需我们研究国际发达自由贸易区的税收制度建设经验与发展规律,为中国城市进一步推动自由贸易区的顶层设计与建设提供服务。

北美自由贸易区(North American Free Trade Agreement,简称为NAFTA)是最具代表性、世界最大的自由贸易区。自运行以来,美国、加拿大、墨西哥的经济成倍增加,同时贸易竞争也开始变得频繁和尖锐,而税制竞争及其影响最为突出。本文将结合理论对其税收竞争的决定因素、影响及对策进行理论分析,以期有所借鉴。

一、税收竞争概述

税收竞争是指由于税制的差异使得其他地区的经济资源流入某地区的政府自利行为,其之所以发生源于生产要素的可流动性。在自由贸易区内,货物流动和资本流动相对容易,税收竞争问题因此尤其突出,如北美自由贸易区成员之间、欧盟成员之间等。尽管一国之内税制相对统一,但对于国内自由贸易区,由于资源的区域可流动性以及周边国家的经济开放,也会对相对统一的国内自由贸易区带来影响。因而,无论对于国内自由贸易区还是国家间自由贸易区,税收竞争问题均不容小觑。

二、税收竞争决定的理论分析

税收竞争的研究始于Tiebout(1956)的分析,其研究通过大量假设和简单推导,分析了地方政府间的横向税收竞争效率,发现居民可以用迁居的方式选择地方政府对公共品的提供,因而,地方政府的税收竞争是有效率的。但该研究没有考虑外部经济资源的影响,因此对自贸区的建设缺乏现实指导意义(罗增庆等,2013)。Wilson(1999)考虑了要素的流动性后认为,政府税收竞争会导致国家/地区对流动性资本的竞争,从而导致资本税率的低水平和无效率,出现资本税率的"底部竞争"现象(张忠任,2012)。这一理论得到自贸区问题研究学者的普遍赞同。然而近期理论与实证研究表明,在一个聚集经济体内,其成员国对于税收竞争的反应可能很微妙而不是简单地冲向底部。因为其中发达国家像是拥有定价权的垄断者,即便付出资本流出的代价,他们对欠发达国家的税率降低反应并不需要降低税率,而可能继续保持高税率和国民的较高公共福利。这种情形下,由于聚集经济体内国家规模存在差异,税收竞争将选择向"顶部竞争",而非"底部竞争",并实现帕累托最优选择(Baldwin 和 Krugrnan,2004)。

Baldwin 和 Krugrnan(2004)的税收竞争分析模型在欧盟成员国的税率波动实证中得到了验证,因此,通过拓展该模型,可以分析自贸区不同成员国之间税收竞争的决定,以及帕累托最优时的政策选择。

(一) 税收竞争的有效性分析

假定在该自贸区中有两个税收竞争的经济体:N 国和 S 国,两国使用资本和劳动力两个生产要素,生产单一私人品,无交易成本[①];两个经济体内市场是完美竞争的,技术水平相同,即全要素生产率相等;劳动力不能跨国流动;两国投入生产的资本总额 K^w 是固定的,在同一个自贸区内,资本可以跨国流动,也可以不流动,是否流动取决于其边际收益。此时它们的生产函数可以表示为:

$$Y = F(K,L) \tag{1}$$

$$Y^* = F(K^*,L^*) \tag{2}$$

其中 K、L 分别是 N 国投入生产的资本与劳动力的数量。另外设 F_K,F_L,F_{KK} 分别是其一阶导数和二阶导数,且有 F_L、F_k > 0,F_{KK} < 0。

上标"*"表示是 S 国的变量(以下相同);自贸区内 N 国"使用的"与其"所拥有的"[②]资本量并不相同。用 n 表示其"使用的"资本量,用 K 表示其"所拥有的"资本量。为不失一般性,假设该自贸区两个经济体内的全部资本之和为 K^W,并正规化为 1 单位,则有:$n + n^* = K^W = 1$,其中,n^* 是 S 国使用的资本量。在资本可以完全自由流动时,由于套利机制,资本在 N、S 两国之间的空间配置数量取决于其税后回报均衡;而在资本不可流动情况下,资本的配置取决于其自然禀赋。单位要素按照其边际产出获取投入报酬,因此,当资本可以完全自由流动时,国际资本市场均衡条件为:

$$F_K(n,L)(1-t) = F_K(1-n, L^*)(1-t^*) \tag{3}$$

当资本不可流动时有

$$\begin{aligned} n &= K, \\ n^* &= K^* \end{aligned} \tag{4}$$

其中,t^*,L^*,K^* 是 S 国的税率、劳动力和资本投入量。

对国际资本市场均衡条件式(3)求税率 t 的全微分,可得单位税率变化百

[①] 原文尚有诸多前提描述,因不影响结论的有用性,故此简略带过。
[②] "使用",指通过自己投入资金以及借贷等方式投入生产运营的资本数量;"所拥有"指法律上拥有所有权的资本量,其数量小于前者。

分比对于资本流动变化百分比的影响,即税率—资本流动弹性为:

$$\frac{\mathrm{d}n/n}{\mathrm{d}t} = \frac{F_K/n}{(1-t)F_{KK} + (1-t^*)F_{KK}^*} \quad (5)$$

式中,F_{KK} 和 F_{KK}^* 指在 N、S 国均衡时生产函数对于 K 的二阶偏导,$\mathrm{d}n/\mathrm{d}t$ 是 N 国资本对税率变化的反应系数。在式(5)中,税率小于1,且有

$$F_k > 0, \quad F_{KK} < 0, \quad F_{KK}^* < 0$$

所以,在资本可流动时,税率—资本流动弹性是负值。而由式(4)可知,在资本不可流动时,税率—资本流动弹性为零。同理,S 国的情形与此类似。

在自贸区内,资本相对可以自由流动。对于相同规模的成员国而言,如果不考虑税率或者相对税率不变,在市场机制作用下,自贸区建设会使生产要素配置得到优化,也使产业分工、规模经济与范围经济效应得以很好发挥,进而提高生产效率与国民收入。但是在相对税率变化的情况下,当资本可自由流动时,$\mathrm{d}n/\mathrm{d}t$ 为负值,税率变化对资本的影响负相关,即税率增加时,该国生产者为避税会使该国的资本减少,出现"资本金弱化"现象,扭曲经济,随之导致资本流动出现"逆市场化"的混乱。同时,为避税会出现不合理的定价导致商品贸易"非供应链"流向。这些将增加金融摩擦与经济负作用,从而导致税率增加国的国民收入降低而减小了税基,这种情形下的税收竞争是低效率的,为避免这种情形,政府应当对税率进行积极干预,而不是简单迎合资本流动的需求。因此有:

结论1:自由贸易区参加国政府对于税收竞争应当予以积极干预,而不是简单地选择降低税率。

(二) 税收竞争的纳什均衡分析

假设代表性消费者同时也是一位拥有全部生产要素及其收入的劳动者,其凸形消费效用函数为:

$$U = U(G,C) \quad (6)$$

其中,G 是政府提供的公共物品,C 是私人物品。

假定来源于 N 国国内各种所得的税率相同。按照源泉扣缴原则,消费 G 与消费 C 的税率一致,因此,G 的供给等于税收收入,有 $G = t \cdot Y$,或者,$G = t \cdot F(K,L)$,S 国亦然。其中,t 是 N 国的税率。

两国政府都最大化其本国的消费者效用,可以得到各自的税率竞争决策优化模型。以 N 国为例,其效用最大化的规划模型为:

$$\max_t U(G,C)$$
$$\text{s.t.} \begin{cases} C = (1-t)I \\ G = t \times Y \\ Y = F(n,L) \\ I = Y - F_K n + F_K K \end{cases} \quad (7)$$

式中,Y 是 N 国的 GDP;I 是 N 国的 GNP,因为要素均已按照其边际产出支付报酬;$L \cdot F_L = F - n \cdot F_K$ 因此是固定回报。为实现自己效用最大化,利用模型(7),两国政府均可以确定其最优税率,并通过税率竞争,实现两国的纳什均衡。

上述规划模型(7)中,N 国的一阶最优化均衡条件是:

$$\frac{U_G}{U_C} = \frac{-dC/dt}{dG/dt} = \frac{I}{Y\left(1 + \frac{dn/n}{dt}\eta t\right)} \quad (8)$$

在式(8)中,左边是税收收入带来的边际净社会收益。可以看出,给定关于偏好的标准凸函数后,左边的取值随税率上升而下降;右边的 $\eta = \frac{n\partial F}{Y\partial K}$ 为资本产出弹性,且 $\eta > 0$。

在资本自由流动情况下,税率—资本流动弹性 dn/dt 是负值。所以,式(8)右边大于1,这意味着税率较低时,其边际社会收益超过它的边际社会成本。相反,在资本不可流动情况时,dn/dt 值为零,此时实现了一阶最优化均衡条件。所以,对于相同规模的成员国而言,向上的资本税率协调能够带来本国帕累托改善。因此有结论2:向上调整的税收竞争是自由贸易区成员国的最优选择。

(三)税收竞争与国家规模

现实中,自贸区内的国家规模往往都呈现不对称特征,这里的国家规模是以固定的、不易流动的劳动力供给数量来衡量的。不妨假设 N 国是大国,两国有相同的相对要素禀赋,即有 $L > L^*$,但是 $K/L = K^*/L^*$。在收益递减情况下,按照式(3)可知,如果税率相等,因为边际产出只依赖于 K/L,资本不会流动。再观察式(5),如果两国税率相等,因为 N 国的劳动力要素规模较大,资本规模也较大,所以,N 国的税率—资本流动弹性 dn/dt 更低。

进一步,从两国之间的税收博弈均衡结果式(4)看,如果 N 国的税率—资本流动弹性 dn/dt 较低,那么两国的税率就存在差异,大国政府发现允许资本自由流出时,可以使其税率保持较高水平,从而保持社会福利接近最优水平。所以有结论 3：税收竞争博弈均衡时，大国的税率会高于小国；大国应输出资本到小国。

上述分析可以发现，税收竞争的结果取决于不可流动生产要素的空间分布①。某些国家在某些要素上具有先天的优势，如良好的基础设施等，这些不可流动的要素的聚集形成"聚集租金"②（Agglomeration Rent），并形成大国优势。在自由贸易区内，具有"聚集租金"优势的国家，如果保持其较高税率，即使付出资本流出的代价，仍然可以得到整个社会的帕累托改善；反之，如果不存在税率向"顶部竞争"的情形，当税收竞争出现低效运行时需要贸易区内参加国的相互协调。

三、北美自由贸易区税收竞争分析

（一）贸易区税收原则

1994 年 1 月，美国、加拿大、墨西哥三国签署成立的北美自由贸易区（NAFTA）正式运行。三国签署的"北美自由贸易协定"约定的税收原则主要内容为：(1) 三国之间关税在 15 年内逐步免除；(2) 对其他地区的产品设限以防止通过墨西哥进入美国市场③，从而逃避美国关税；(3) 特别制定了倾销和补贴案件中专家小组条款和争端解决方案④。

（二）NAFTA 区内各国的税制差异

NAFTA 内，美国和加拿大属于发达国家，墨西哥是发展中国家，各方经济水平不同，同时又各自强调主权，税制因此存在巨大差异，由此带来明显的税收竞争。

美国、加拿大税制较为相似，为联邦税、州税（加拿大称为省或属地税）、地方税三级课税制度。而墨西哥实行一级课税制度。因此美加的课税制度相对繁杂，联邦税、州税、地方税造成复杂的扣除、减免、抵免等税收规定。相对而言，墨西哥的税制较为简单易行。

具体到税种，美国联邦政府的税种主要有个人所得税、社会保障税、公司所

---

① 要素的空间分布是新经济地理学重要的研究领域。限于篇幅和主题，本文不做进一步阐述。
② 聚集租金指基础设施、投资环境等的优势生产要素聚集带来的投资收益。
③ 例如汽车必须有 62.5% 的零部件是在北美地区制造的才能免除关税。
④ 叶兴国．北美自由贸易协定[M]．北京：法律出版社，2011．

得税、遗产与赠与税、消费税和关税等①；州政府开征的税种主要有销售税、个人所得税、公司所得税、消费税、财产税、遗产与赠与税、资源税、社会保障税等②；地方政府开征的税种主要有财产税、销售税、消费税、个人所得税、公司所得税、社会保障税③。加拿大的税制体系与美国类似。而墨西哥税种相对来说要少很多，主要征收公司所得税、固定资产税、增值税、专利权所得税和利息所得税。

税制差异的另一个表现是总体税负不同。据经济合作与发展组织统计的数据④，2011年美国的宏观税负⑤达到25.1%，加拿大为31.0%，据可得数据，2010年墨西哥的宏观税负只有18.8%。显然，墨西哥的整体税负较低，使自己在贸易区内处于有利的税收竞争地位。

（三）NAFTA的税收竞争结果

自贸区内各国的课税行为不断相互影响，一国可以通过降低税率来吸引资本和技术等要素流入、引导外国资本在国内的产业流向和地区流向，促进本国经济增长和就业增加。当一国所得税率远低于世界平均水平时，欧盟即称之为"有害的税收竞争"⑥。NAFTA区内的税收竞争就曾经历过有限的"有害税收竞争"。上世纪80年代中期，美国、加拿大曾相继通过开展大规模减税运动，在国际资本与公司税法的竞争中获得优势。墨西哥紧随其后。但其后则一直保持相对稳定。

本世纪以来，美国意识到自己超级大国的优势所在：便捷的金融服务、高效的政府管理、雄厚的基础建设基础，都应该带来"聚集租金"的顶部优势。美国因此保持较高的公司所得税率将近十年，无意降低税率吸引投资，如表1所示。

---

① 其中个人所得税和社会保障税两个税种收入占联邦税收总收入80%左右。
② 其中销售税和个人所得税是大多数州政府的主要税收来源。
③ 其中财产税是地方政府税收的主要来源，占地方政府税收收入的70%—80%。
④ 资料来源：http://www.oecd.org/statistics/.
⑤ 宏观税负是指一个国家的税负总水平，通常以一定时期（一般为一年）的税收总量占国民生产总值（GNP）或国内生产总值（GDP）、或国民收入（NI）的比例来表示，文中数据均为税收总量占GDP的比重。
⑥ 靳东升．国际税收领域若干发展趋势[J]，国际税收，2013，(1)：26—27.

表1 NAFTA最近十年各国公司所得税平均税率变动表

国家	公司所得税平均税率%（2000年）	公司所得税平均税率%（2011年）
美国	39.3	39.2
加拿大	42.4	27.6
墨西哥	35.0	30.0

资料来源：OECD, Table ll.4. Overall statutory tax rates on dividend income and computations by Ernst & Young LLP.

即使在更大范围考察全部投资回报的税负水平,即综合利得①税率,如表2,美国也并未出现冲向"底部"的现象,在NAFTA区内一直保持垄断市场的定价者姿态。反而加拿大、墨西哥的税负改革和调整幅度最大。

表2 NAFTA最近十年各国公司所得税平均税率变动表

国家	2000年综合资本利得税率	2012年综合资本利得税率
加拿大	63.5	42.8
墨西哥	35.0	30.0
美国	54.5	50.7

资料来源：Corporate Dividend and Capital Gains Taxation: A comparison of the United States to other developed nations, Ernst & Young LLP, February, 2012.

因此,在NATFA内,税制影响并未出现"底部竞争",大国由于"聚集租金"的存在,确实保持了定价者的地位,小国则更多表现为跟随策略,随大国税率的变化而不断调整；同时,小国注意在总体宏观税负与主体税种税率之间的平衡,以大国为标杆进行平衡,这样的选择,大国实现了自己国民福利的"帕累托最优",小国也在不断提高自己的国民福利水平,实现了二者的双赢。

四、NAFTA区税收竞争的经济后果及税收协调

（一）经济后果分析

当要素在有税率差异的经济体内流动时,会导致贸易流向变化：如一国会

---

① 资本利得一般是指资本性商品,如股票、债券、特许权使用费、房产等,处置时实现的价值大于购买成本而取得的收益。

选择较低的税率和公共支出,吸引资本集中生产资本密集型产品;另一国选择较高的税率和公共支出生产劳动密集型产品;企业的投资行为也会发生扭曲,如 Davies(2007)认为跨国公司很容易通过选择出口或 FDI 来供给海外市场,进而影响两国间的贸易方式。NAFTA 区税收竞争的经济后果主要表现在如下方面:

1. 对贸易水平的影响

NAFTA 的成立,不同程度上使三个成员国实现了规模经济与范围效益、优势互补、环境改善等宏观效果,而且对各成员国经济都产生了积极影响,其中贸易创造效果显著,三国之间的贸易量均迅速增长。如图 1 所示,三方的出口额增长快速;据美国贸易代表办公室统计数据①显示,截至 2012 年,加拿大已经是美国最大的商品出口市场,美国商品出口到加拿大商品总额达到 2918 亿美元,占美国同年总体出口额的 18.9%,较 1993 年上升了 191.2%。同期美国出口到墨西哥的商品价格总额达 2163 亿美元,占美国同年出口总额的 14.0%,较 1993 年增长了 420%,增长速度更快。

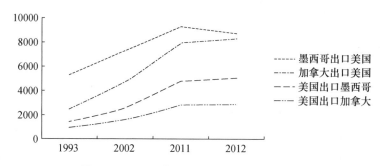

图 1　NAFTA 成员国间商品出口增长图示

资料来源:http://www.ustr.gov/和 www.bea.gov 经整理。

同样,对于加拿大而言,1993 年至 2012 年加拿大出口美国的商品总体上升了 191.5%,服务贸易上升 208%;作为 NAFTA 内唯一的发展中国家,墨西哥可以说是发展最为迅速的一方。据 2012 年数据统计,墨西哥已是美国的第三大供应商,从墨西哥出口到美国的商品总计 2777 亿美元,占美国同年进口商品总额的 12.2%,自 1993 年以来增长了 596%,服务贸易增长了 85%,成为 NAFTA 内出口增长幅度最大的国家,正如 Vamvakidis(1998)关于 NAFTA 经济增长

---

① 美国贸易代表办公室网站 http://www.ustr.gov/.和经济分析局网站 www.bea.gov。

的研究预言一样,国家之间结成的贸易协定可能会推动发展中国家的经济增长。

在服务贸易方面,2011 年美国对加拿大出口的私人商业服务①出口额达到 561 亿美元,其中旅游服务,如专业和技术服务、金融服务和保险服务等类别占美国服务出口到加拿大的大多数。美国出口到墨西哥的私人商业服务的贸易额和增长率次之。

外国直接投资方面,2011 年美国对加拿大的外国直接投资(FDI 和股票)达到 3190 亿美元,较 2010 年增长了 12%;然而美国在墨西哥的投资较少,在 2011 年仅达到 914 亿美元。这主要是由于加拿大的公司所得税税率相对最低所致。正如本文第二结论所示,美国为了维持本国对资本征收的高税率,不惜付出自己资本流出的代价,以实现自己国民的帕累托最优。

2. 对企业微观经济行为的影响

(1) 不合理的转让定价

正如 Mitteanaier(2008) 的理论指出,税收竞争会使企业利用 FDI 在国际间转移利润,转让定价已经成为跨国公司的普遍行为。转让定价是指跨国公司内部关联方之间销售产品,提供商务、转让技术和资金借贷等活动所确定的企业集团内部价格。NATFA 内各方不同的税制体系为跨国公司的这种税收套利提供了条件。2013 年,美国国会发布的调查报告指出,这一领域确实已经成为跨国公司转让利润的重要途径,并呼吁政府加强对这一领域问题的研究监管。一般来说,转让定价主要通过以下 4 种方式进行:① 通过关联企业之间的购销业务转让定价;② 通过关联企业之间的劳务提供转让定价;③ 通过关联企业之间的资金往来转让定价;④ 通过关联企业设备的提供转让定价。

在 NAFTA 区内,墨西哥的公司所得税率较高,许多外资企业纷纷通过转让定价的方式将其设在墨西哥的企业所获得利润转让到他们在加拿大或其他低税率国家的关联企业名下,使墨西哥政府在 1992 年—1997 年间墨西哥政府的税收收入不升反降。

1997 年墨西哥联邦议会首次颁布并实施了专门的转让定价立法。使得滥用转让定价避税的现象大大减少,从而在保证了企业公平竞争的市场

---

① 按照美国商务委员会的统计口径,私人商业服务不包括军方和政府服务的服务贸易额。

环境之下,为墨西哥政府获取应得的税收提供了保障。目前有 70 多个国家针对这种不合理的转让定价纷纷制定相应的税收制度,其中最具典范性的首推 OECD 的《跨国企业与税务部门的转让定价准则》(简称"OECD 准则")和美国《国内收入法典》第 482 节及其实施规则(简称"美国规则"),二者已成为国际上处理转让定价税收问题的重要参考标准[①]。但是这种为转让定价专门制定的税法,随着更多的国家开始实施,又加剧了双重税收的不利影响,并最终将阻碍跨国贸易和投资,违背了自由贸易协定最终通往自由贸易的宗旨。

(2) 资本金弱化

税收竞争对企业行为的另一个影响是,企业会加大借贷资金,减少自有资本,从而产生"资本金弱化"现象。资本金弱化是由于不同的国家对债务利息和红利的征税政策不同,外资企业可能会减少自有资本的数量而增加贷款,从而增加利息扣除数,同时造成关联企业间的利润转移和减少纳税。资本金弱化是跨国集团关联方之间一种特殊形式的转让定价行为,资本金比例过低将造成企业无法正常经营。针对资本金弱化的问题,1987 年 OECD 推出《资本金弱化政策》加以应对,1992 年在重新修订的 OECD 范本中又对"资本金弱化"做了详尽的补充,为缔约国在其国内法规中规定负债权益比提供了依据。同时,NAFTA 国相继在转移定价调整法规中加进了关于资本金弱化问题的规定[②]。

(3) 个别税种竞争带来的暂时性经济行为扭曲以及贸易流向紊乱

NAFTA 的实践证明,税制差异尤其是消费税的差异,在短期内仍然有可能造成经济行为的扭曲,从而使经济决策和行为偏离经济性原则是从避税角度考虑。例如 NAFTA 三国的石油价格因征税不同而异,以 2005 年第一季度石油每加仑平均零售价计为例,美国为 2.01 元(含税款 0.46 元),墨西哥为 2.06 元(含税款 0.27 元),加拿大为 2.58 元(含税款 0.95 元)。于是许多加拿大汽车车主纷纷到美国或墨西哥购油,造成美墨两国石油供应紧张,促进油价进一步上升。另外各国因为授予不同的税收补偿,海关常常为了区别产品的原产地,

---

① 范坚,姜跃升. 国际反避税实务指引[M],南京:江苏人民出版社,2012 年 7 月第 1 版:204—205。
② Athanasios Vamvakidis, Regional Integration and Economic Growth, World Bank Economic Review Volume 12, Issue 2:251—270.

商品的自由流动也受到影响。因此,与最终消费行为直接相关的税种应尽可能保持一致以保持贸易的正常格局。

(二) NAFTA 成员国之间的国际税收协调经验

如前述的结论证明,税收竞争的低效率行为需要税收协调。NAFTA 在努力维持较高税率追求帕累托最优时,仍然面临上述对经济的种种不良影响,而税收协调是减少不良影响最好的方法。税收协调是指不同国家或地区间,在一个共同的框架内进行协商,采取措施消除税收差异对要素自由流动的障碍,抑制税收竞争带来的低效率,减轻税收对要素配置的扭曲,提高经济福利[1]。对一国政府而言,税收主权是至高无上的。但是,鉴于过度税收竞争可能导致的负面效应,对国际间的税收竞争不能采取听之任之、放任自流的态度。因为,如果不对其进行一定的制度协调,税收竞争将如"多米诺骨牌"一样永远不会停息,最终付出的代价将是各国税收主权的丧失。税收协调的进行正是为了保证和促进税收竞争积极作用的发挥,约束其负面影响。对税收竞争予以适当的协调,体现了经济全球化要求和维护各国利益的结合。因此,超越国界的适当的税收协调和干预是十分必要的。NAFTA 的税收协调主要在于:

1. 限制有害税收竞争。(1) 追随顶部竞争者:NAFTA 成员国中,加拿大和墨西哥追随美国的税收政策。这样即便两国仍存在税收竞争,竞争也是有限制的,并且不会造成税收触底。事实上,近年来加拿大和墨西哥正是采取这种做法的。值得指出的是,北美自贸区成员国同时是经合组织的成员,经合组织致力于降低税收竞争对自由贸易的危害,因此成员国都已经同意消除税收优惠制度中的一些不相容的条款。另外,OECD 对三国运用税收来刺激外国投资的权力也实施了限制[2]。(2) 促进内各成员国的投资税收优惠的程度相同。协调税收协定中有关高流动因素的规定,如投资流动,促使在 NAFTA 区内,所有参与国的贸易伙伴能得到相同的税收优惠,如废止对母子公司间支付的股息征收预提税。2004 年美国和墨西哥达成取消预提税的税收协定。对成员间跨国投资采取措施,包括对双方纳税人共同遵守的旨在反避税和逃税的一些繁重的国际税收规则(尤其是受控外国公司规则)的豁免,降低其遵

---

[1] 吴强. 税收竞争理论综述[J],经济评论,2009 年,(5):153—157.
[2] Arthur J. Cockfield, Tax integration under NAFTA: resolving the conflict between economic and sovereignty concerns[J], Stanford Journal of International Law, Vol. 34, No. 1, Winter 1998.

从成本。

2. 统一转让定价规制，国际争议实行有约束力的仲裁。目前 NAFTA 关于转移定价制度，只有美国与加拿大之间及美国与墨西哥之间签订有双边的转让定价税收规定，不存在对三国都具约束力的定价仲裁制度。促进对企业提供转让定价证件的要求统一，如与预约定价制（APA）的程序要求一致。

3. NAFTA 不断促进成员国税务机构间合作。如扩大联合和多边审计，包括采用同步检查程序，交换审计结果等。NAFTA 三个成员国都是税收事务行政互助公约的签署国，因此已经考虑在多边基础上的信息共享，并且 2004 年开始美国和加拿大税务当局参与了国际税收庇护信息中心的联合特遣部队，建立统一机构，负责逐案审批成员国间企业并购的免税或延迟纳税，以此不断促进 NAFTA 地区的继续稳定发展。

五、政策建议

上述研究发现，NAFTA 成员国为实现自由贸易取消了相关关税，但他们之间在税制、税负、结构、优惠方面的现存差异，导致了部分有害税收竞争、不合理的转让定价、资本金弱化、经济行为扭曲以及贸易流向紊乱等不良影响。但 NAFTA 成员国通过税收协调，大国主导、统一税收优惠、税务合作等协调措施，很好地弱化了这些负面后果。

我国国内不同地方之间的税收竞争对地方经济增长的影响最终是正的净效应，同时也有负效应（谢欣等，2011），同样，不同自贸区之间的税收竞争也会给区域经济与社会带来不良影响。税收应当促进社会公平正义，提高区域经济效率与资源配置优化。为减少负效应，充分发挥中国单边自由贸易区的正效应，规划好税收协调，我们应当充分认识到在产业集聚与区域经济溢出关联效应作用下，国内不同的自由贸易区之间乃至不同区域之间的税收优惠竞争应当是有序规范、协调统一的。消除有害竞争，构建积极反馈的税收协调机制，应当立足本区域的经济发展阶段，结合经济发展战略，目标明晰，导向激励，纠正扭曲，探索采用预约定价与推定股息等技术，均衡定价，以带动当地城市群建设与经济发展。

参考文献

范坚,姜跃升. 国际反避税实务指引[M]. 南京:江苏人民出版社,2012年版.

靳东升. 国际税收领域若干发展趋势[J]. 国际税收,2013,(1):26—27.

兰天. 北美自由贸易区经济效应研究[D]. 吉林大学硕士论文,2011年.

李香菊,祝玉坤. 区域经济协调发展与税收政策:一个新经济地理学的视角[J]. 税务研究,2011(7):24—28.

罗增庆,赵雪. 国际税收竞争问题的理论分析[J]. 税务研究,2013,(7):90—93.

沈坤荣,付文林. 税收竞争、地区博弈及其增长绩效[J]. 经济研究,2006,(6):16—26.

沈四宝,王秉乾. 北美自由贸易区的经验及对我国的启示[J]. 法学杂志,2005,(6):101—102.

谢欣,李建军. 地方税收竞争与经济增长关系实证研究[J]. 财政研究,2011,(1):65—67.

叶兴国. 北美自由贸易协定[M],法律出版社,2011年版.

张彬,张澍. 美国在 NAFTA 中的贸易创造与贸易转移:1994—2003[J]. 世界经济,2005,(8):11—21。

周文贵. 北美自由贸易区:特点、运行机制、借鉴与启示[J]. 国际经贸探索,2004,20(1):16—21。

张忠任. 关于我国税收竞争特征的理论分析[J]. 财政研究,2012,(1):28—31.

Andersson, F. &Forslid, R., Tax competition and economic geography[J]. Journal of Public Economic Theory, 2003,5(2):279—303.

Arthur J. Cockfield, NAFTA Tax Law and Policy: Resolving the Clash between Economic and Sovereignty Interests[M], Toronto: University of Toronto Press. 2005.

Athanasios Vamvakidis, Regional integration and economic growth[J]. World Bank Economic Review, 2008,12(2):251—270.

Bahl, Roy W. Bird, Richard M. Tax policy in developing countries looking back-and forward. Working paper, 2008, 61(2):1—37.

Baldwin, R. E,& Krugman, P., Agglomeration, interaction and tax harmonization[J], European Economic Review, 2004,48(1):1—23.

Bernd Huber. Tax competition and tax coordination in an optimum income tax model[J]. Journal of Public Economics,1999,71(2):441—458.

Eckhard Janeba, Steffen Osterloh. Tax and the city — A theory of local tax competition[J]. Journal of Public Economics, 2013,106(4):89—100.

John Burbidge, Katherine Cuff, John Leach. Tax competition with heterogeneous firms[J]. Journal of Public Economics, 2006,90(3):533—549.

Sebastian Hauptmeiera, Ferdinand Mittermaierb, Johannes Rincke Fiscal. Competition over taxes and public inputs[J]. Journal of Public Economics, 2012,105(3): 407 419.

Seungjin Han, John Leach. A bargaining model of tax competition[J]. Journal of Public Economics, 2008,92(5—6): 1122—1141.

基于李嘉图等价定理的政府融资方式选择研究

马安庆[①]

摘　要：李嘉图等价定理认为居民效用与政府融资手段选择无关,只受到政府支出路径的影响。本文说明了政府融资方法与支出路径之间的作用关系,用实证研究证明了李嘉图等价定理在中国是不成立的,原因在于国债融资导致未来支出压力增加,使得其对政府支出的影响不同于收税,进而改变了居民效用。这为利用财政融资手段调控宏观或区域经济提供了理论基础。

关键词：李嘉图等价定理；政府融资方法；居民效用；线性回归

一、引言

财政政策是政府调控经济的一种重要手段,它对经济是否产生有效影响以及如何发挥调控作用一直备受关注。李嘉图等价原理是由大卫·李嘉图在其著作《政治经济学及其赋税原理》中提出的,他认为满足一定的条件下,政府不论通过发行债券还是征税来筹集资金,都不会影响消费和投资。即只有政府公共支出路径影响着居民效用,而政府融资手段与居民效用无关。这意味着否定了财政收入与融资政策的有效性,现有文献一般通过说明其相关假定在现实中不满足来否定其理论,而本文认为该命题没有假设政府的支出路径与融资方式无关,而实际中这两者又是相关的,因此该命题不成立。本文以这个为切入点,否定了该等价定理。

[①] 马安庆,(1990—),上海师范大学商学院,金融学专业硕士研究生。

二、文献综述

李嘉图等价作为定理提出最早见于 Buchanan 的《Barro on the Ricardain Equivalence Theorem》一文中。对于李嘉图定理在我国是否成立,已有不少文献做过相关讨论,普遍认为是不成立的。如张爱龙(2000)从李嘉图等价定理在中国不成立,因此中国施行积极的财政政策有着较强的理论基础。类承曜(2003)从理论上论证该定理不成立,并通过计量经济分析证明该定理不适用于我国。郭庆旺等(2003)通过对1978年到2001年我国的相关经济数据进行分析,从财政赤字对民间消费的影响不显著,证明李嘉图等价定理在中国不成立。李中义(2008)认为公债可以成为各国政府进行宏观调控的重要手段。在就业不充分的条件下,通过发行公债替代征税能够刺激总需求,增加国民收入。杨东亮等(2009)认为在存在预期的情况下,李嘉图等价定理在中国是渐进成立的。因此,国债发行数量的确定应考虑当前财政风险状况、国债的逆经济周期变动特征和货币政策调控要求等实际因素,并要对国债的期限结构进行合理设计。许先普等(2010)认为短期内,李嘉图等价不成立,政府支出与居民消费呈互补关系,即政府支出增加将导致居民消费增加,积极的财政政策在短期内是有效的;长期内,政府支出将完全挤占居民消费支出,因而支出政策不宜用于实现政府的长期经济目标。孙焓炜等(2012)认为,李嘉图等价定理在中国不成立,因此中国具有施行积极财政政策的理论基础。齐红倩等(2012)认为,较高的税负水平对财政政策效果的影响是导致李嘉图等价效应成立的重要条件。

三、李嘉图等价定理的观点与评价

(一)李嘉图等价定理的基本观点

大卫·李嘉图提出了这样的观点(即定理):在政府支出既定前提下,不论用税收还是发行债券的方式来融资,对经济的影响都是相同的。我们先对该定理的逻辑推演进行比较详细的说明。

定理的假设如下:(1)政府提供的物品和私人需求的物品之间存在完全替代;(2)私人具有无限生命或者跨代效用函数;(3)不存在财政赤字的货币融通。

在 i 时刻,技术、人口分别为:

$$A(t) = A(0)e^{gt} \quad L(t) = L(0)e^{nt} \tag{1}$$

由于政府财政不是依靠无限的信用扩张来维持的,故支出受到如下的约束:

$$\int_{t=0}^{\infty} e^{-R(t)} G(t) e^{(n+g)t} A(0)L(0) dt$$
$$= -b(0)A(0)L(0) + \int_{t=0}^{\infty} e^{-R(t)} T(t) e^{(n+g)} A(0)L(0) dt \tag{2}$$

式中 $G(t), T(t)$ 分别是指 t 期每单位有效劳动的平均政府购买和平均税收;$e^{-R(t)}$ 是指 t 时期的折现因子 $A(0); L(0)$ 分别指 0 时期的技术和劳动,增长率分别为 $g, n; b(t)$ 为 t 时期每单位有效劳动的平均未清偿政府债务总量。

对式(2)化简得:

$$\int_{t=0}^{\infty} e^{-R(t)} G(t) e^{(n+g)t} dt = -b(0) + \int_{t=0}^{\infty} e^{-R(t)} T(t) e^{(n+g)t} dt \tag{3}$$

当政府仅以税收方式来融资时,家庭受到如下约束:

$$\int_{t=0}^{\infty} e^{-R(t)} c(t) e^{(n+g)t} dt \leq k(0) + \int_{t=0}^{\infty} e^{-R(t)} [w(t) - T(t)] e^{(n+g)t} dt \tag{4}$$

式中 $c(t)$ 是指 t 时刻每单位有效劳动的平均消费, $w(t)$ 是指 t 时刻平均每单位有效劳动的平均工资;$k(0)$ 是初始时刻每单位有效劳动的平均资本数量。此时我们还假定 $T(t) = G(t)$。因此由式(4)可得:

$$\int_{t=0}^{\infty} e^{-R(t)} c(t) e^{(n+g)t} dt \leq k(0) + \int_{t=0}^{\infty} e^{-R(t)} [w(t) - G(t)] e^{(n+g)t} dt \tag{5}$$

如果政府融资手段还包括发行债券,那么家庭预算约束如下:

$$\int_{t=0}^{\infty} e^{-R(t)} c(t) e^{(n+g)t} dt \leq k(0) + b(0) + \int_{t=0}^{\infty} e^{-R(t)} [w(t) - T(t)] e^{(n+g)t} dt \tag{6}$$

由

$$\int_{t=0}^{\infty} e^{-R(t)} G(t) e^{(n+g)t} dt = -b(0) + \int_{t=0}^{\infty} e^{-R(t)} T(t) e^{(n+g)t} dt \tag{7}$$

可得:

$$b(0) = \int_{t=0}^{\infty} e^{-R(t)} T(t) e^{(n+g)t} dt - \int_{t=0}^{\infty} e^{-R(t)} G(t) e^{(n+g)t} dt \tag{8}$$

$$b(0) = \int_{t=0}^{\infty} e^{-R(t)} [T(t) - G(t)] e^{(n+g)t} dt \tag{9}$$

由

$$\int_{t=0}^{\infty} e^{-R(t)} c(t) e^{(n+g)t} dt \leq k(0) + b(0) + \int_{t=0}^{\infty} e^{-R(t)} [w(t) - T(t)] e^{(n+g)t} dt \tag{10}$$

可得出：

$$\int_{t=0}^{\infty} e^{-R(t)} c(t) e^{(n+g)t} dt \leq k(0) + \int_{t=0}^{\infty} e^{-R(t)} [T(t) - G(t)] e^{(n+g)t} dt$$
$$+ \int_{t=0}^{\infty} e^{-R(t)} [w(t) - T(t)] e^{(n+g)t} dt \tag{11}$$

$$\int_{t=0}^{\infty} e^{-R(t)} c(t) e^{(n+g)t} dt \leq k(0) + \int_{t=0}^{\infty} e^{-R(t)} [w(t) - G(t)] e^{(n+g)t} dt \tag{12}$$

(5)式和(12)式完全相同,说明政府的融资方式不影响居民的长期效用折现值。以上是李嘉图等价定理主要内容的描述。李嘉图等价在现实中是否成立,也就意味着政府财政政策是否有效,故该定理的成立与否成为了一个长期受到关注的话题①。

(二)李嘉图等价定理的评价

目前对于李嘉图等价定理的观点多是否定的,常见的有以下几种：

1. 新家庭进入经济:在债券发行相对应的未来税收负担中,某些部分是由债券发行时尚未出生的人来承担,对于生活在债券发行时且在未来收税之前的人,债券是一种净财富。但巴罗认为人们不但会从自身的消费中获得效用,还会从后代的消费中获得效用,消费者同时关心着自己和后代的消费,为了利好后代的消费,消费者不会因政府以公债替代征税从而造成减税效果时,增加消费支出。

2. 流动性约束:家庭需要通过贷款来购买政府债券,如果家庭能够以与政府债券相同的利率来贷款,那么家庭的消费将不会受到影响,但是如果家庭的贷款利率高于政府债券利率,则家庭消费就会受到影响。

3. 非一次性税收:税收并不是一次性收完的,而是分布在各个时间段上的。税收是收入的函数:

---

① 定理的说明参阅了曾辉:《货币经济学》,中国金融出版社,2011年版;戴维·罗默:《高级宏观经济学》,商务印书馆,1999年版。

$$T(t) = f(w(t)) \tag{13}$$

债券的发行对于家庭一生的税后收入现值没有影响,但是通过债券的发行可以调节税收,使得收入高时税收高,收入低时税收低,债券的发行降低了家庭对其一生资源的不确定性。财政赤字改变收入税的时序,因而影响人们工作和生产的积极性(陈婷,2011)。

4. 拇指消费规则:李嘉图等价假定人们对长期生活进行了最优化,而现实是个人难以对长期进行完全最优化,而是给现期税后收入赋予很大的权数,这就是拇指规则。那么当面对用债券融资的减税时,他们的反应是增加其现期消费,即使其一生的预算约束未受影响,因此拇指规则消费行为为李嘉图等价失效提供了另一种可能的原因。

否定李嘉图等价定理的说法很多,同时还有很多观点认为争论李嘉图等价没有必要。极端的观点认为李嘉图等价是一种理论上的抽象,现实性弱使得它几乎没有实际意义。但也有观点认为李嘉图等价是一个很好的近似。比较中庸的观点认为李嘉图等价是理论基准,但不是有用的经验基准(戴维·罗默,1999)。

说明李嘉图等价定理不成立不仅仅是对一个理论问题的探讨,李嘉图等价定理不成立使我们可以认识到政府不同的融资方式有着不同的影响,如何使得这种影响有利于经济持续有效快速发展需要进一步讨论。

按照标准的凯恩斯主义理论,当总需求不足,出现大规模失业时,可以通过扩张性财政政策刺激总需求使得国民收入增加。由此引起的财政赤字则由政府发行公债筹措资金来弥补。李嘉图等价成立意味着财政政策无效。因为在李嘉图等价定理成立的条件下,当政府用增税或发行债券来增大总需求都会排挤私人消费和投资,由于整个社会的投资和储蓄在这种情况下并没有发生任何变化,所以财政政策特别是凯恩斯主义的赤字财政政策必然是无效的(何国华,1999)。而李嘉图等价不成立使得财政政策可能成为一种调节总需求的手段。

李嘉图等价认为影响家庭效用的不是政府的融资方式而是政府的支出路径,即政府支出与时间的关系,这一点可以从(12)式清楚地看到。但如果政府支出与其融资方式有关,那么就会使得李嘉图等价不成立。

四、李嘉图等价定理适用性的实证研究

政府的支出方式与其融资方式是有关的,税收给政府带来的是收入,而债券给政府带来了收入的同时还有未来的支出,由此可能引发政府债务风险,故

可以明显看出,融资方式的差别对政府支出有着影响。发行债务带来的政府赤字会不断增加财政压力,同时政府用国债融资会减少私人投资(鲁佳斐,2010)。政府的支出一部分来源于税收和发行债券,它们作用于政府支出,但又存在着不同,每单位税收带来的支出,可能不同于每单位债券融资带来的支出,而两者间又存在交互作用。同时国债余额,即待偿还的国债也为政府财政支出带来压力,这三者间的作用也是交互的。刘惠萍(1993),贾康等(2000),周四军(2006)在研究与国债相关的财政问题时都引入了国债余额这一变量。为了说明问题,我们建立如下模型:

$$aY_t = X_{1t}^b X_{2t}^c X_{3t}^d \tag{14}$$

式中 Y_t 指 t 年政府支出;X_{1t} 指 t 年政府税收;X_{2t} 指 t 年政府发行国债的数额;X_{3t} 指 t 年国债余额,是中央政府以后年度必须偿还的国债总额,能够客观反映国债负担情况(李伟,2012)。由于财政支出受到多种因素的影响,税收收入、国债发行额只是财政收入的一部分,同时财政支出只有一部分用于偿债,故这三者仅影响着财政支出的一部分。a 表示财政支出中受税收、国债发行额、待偿还国债数额影响的那部分占当年财政总支出的比例。这个模型框架下参数 b 表示了政府税收对支出的影响,参数 c 表示了发行国债的数额对支出的影响,参数 d 表示了国债余额对支出的影响。

对(14)式等式两边同时除以 a 可以表示为

$$Y_t = \frac{1}{a} X_{1t}^b X_{2t}^c X_{3t}^d \tag{15}$$

对(15)式做对数线性化处理,可得:

$$\ln Y_t = \ln \frac{1}{a} + b\ln X_{1t} + c\ln X_{2t} + d\ln X_{3t} \tag{16}$$

令 $A = \ln \frac{1}{a}$,则(16)式可以表示为:

$$\ln Y_t = A + b\ln X_{1t} + c\ln X_{2t} + d\ln X_{3t} \tag{17}$$

接下来我们进行实证研究。本文收集了1981年至2010年间我国每年的政府支出、税收、发行国债额、待偿还国债额。

将以上数据带入模型中。并对式(17)通过最小二乘法来求解参数结果如下:

$$\ln \hat{Y}_t = 1.5132 + 0.4049\ln \hat{X}_{1t} - 0.1496\ln \hat{X}_{2t} + 0.5942\ln \hat{X}_{3t}$$
$$Se = (0.2498) \quad (0.1017) \quad (0.0520) \quad (0.1172)$$
$$t = (6.0670) \quad (3.9823) \quad (-2.8765) \quad (5.0718)$$
$$R^2 = 0.9953 \quad F = 1852.822 \quad DW = 0.6644$$
(18)

以上数据精确到小数点后四位。由 DW 值可知残差项存在自相关。

对残差项 r_t 做一阶自回归得：

$$r_t = 0.5583 r_{t-1}$$
$$Se = (0.1492)$$
$$t = (3.7411)$$
(19)

但是如果照此处理对模型进行差分又会产生比较严重的多重共线现象。

笔者认为这是由于在1981—2010年间我国的经济、社会，发生了深刻的变化，从而使得财政政策、国债发行都有着深刻和频繁变化。进而导致这几个变量间的关系发生了较为激烈的演变。对此史峰赫，陈默，张屹山（2011）将国债的发行分为五个阶段。第一阶段，1981—1987年国债恢复和探索阶段。第二阶段 1988—1993 年国债筹集建设资金的功能正式确立运用。第三阶段 1994—1998 年国债政策宏观调控功能正式确立。第四阶段 1999—2006 年国债成为政府扩大需求，实现经济增长的主要政策工具。第五阶段 2007 年至今，国债在全球经济、债务危机新形势下的新探索，国债市场成为货币政策传导机制的主要依托，国债政策的财政功能和金融功能结合得更加紧密。

另一方面从数据上来看，$\log(Y)\log(X_1)\log(X_3)$ 与时间存在着较为接近的线性关系，而 $\log(X_2)$ 与时间之间明显不是线性关系，这说明每年国债发行量的变化对财政支出缺乏解释，但是未偿还国债的数额却明确地影响了财政支出的行为。这可能是因为多年来税收远超国债发行额使得国债发行对政府支出影响有限，另一方面，国债给政府未来的支出压力是由国债余额带来的，现在的国债发行额更多地反映的是融资收入，其数额相比于税收来讲较少，故影响有限。

通过上述讨论我们重新建立如下模型，符号含义同上。

$$\ln Y_t = A + b\ln X_{1t} + d\ln X_{3t} \qquad (20)$$

由于社会、经济等因素在1981—2010年间存在较为剧烈的变化，所以笔者对模型进行分段回归。在亚洲金融危机影响到我国之前为一个阶段，之后为另一个阶段，1998 年由于经济受到的冲击较大，为了不影响对整体上的规律总结不纳入回归中。鉴于数据有限，虽然 2008 年发生了金融危机，但不再分段。

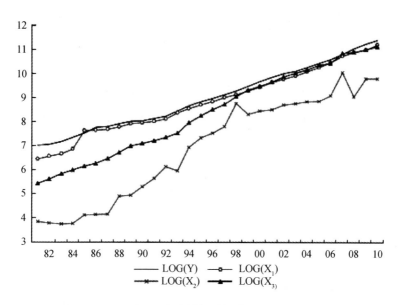

图 1　各变量与时间的关系

1981—1997 年的回归结果如下：

$$\ln\hat{Y}_t = 2.7913 + 0.2844\ln\hat{X}_{1t} + 0.4308\ln\hat{X}_{3t}$$
$$Se = (0.1681)\quad(0.0551)\quad(0.0415)$$
$$t = (16.6074)\quad(5.1597)\quad(10.3738)$$
$$R^2 = 0.9960 \quad F = 1871.001 \quad DW = 1.858824$$

(21)

1999—2010 年的回归结果如下：

$$\ln\hat{Y}_t = 0.6228 + 1.2988\ln\hat{X}_{1t} - 0.3340\ln\hat{X}_{3t}$$
$$Se = (0.2366)\quad(0.2246)\quad(0.2340)$$
$$t = (2.6317)\quad(5.7833)\quad(-1.4529)$$
$$R^2 = 0.9962 \quad F = 1166.385 \quad DW = 1.6380$$

(22)

从上述结果的 DW 值来看，不存在自回归现象，第一段参数显著性都很强，第二段的第三个参数不太显著，这可能是由于金融危机和其他一些因素冲击导致政府的支出偏离常规路径。

总体上来看，第一段时期，政府支出和国债余额同步增长，经济的稳步增长和当时扩张的财政政策导致了这一结果。第二段时期随国债余额的增加，政府支出是减少的，这可能是因为金融危机后政府预计未来收入会紧缩，国债余额的未来支付需求使得政府考虑减少支出。

五、结论

从理论上看,李嘉图等价定理在满足假定的条件下,仍然存在理论缺陷,该命题没有给出支出路径与政府融资方式无关的假定。结合理论从实证结果来看,李嘉图等价定理不成立。改进后模型的实证结果说明政府的支出路径与融资手段是相关的,所以李嘉图等价在我国不成立,用财政政策来调控经济在我国具有可行的理论基础,政府在选择融资手段时应当考虑其对支出路径的影响,以便扩大居民效用。

参考文献

陈婷.关于李嘉图等价争论的再分析[J].经营管理者,2011(6)。

大卫·李嘉图.政治经济学及赋税原理[M].华夏出版社,2005年版。

戴维·罗默.高级宏观经济学[M],商务印书馆,1999年版。

郭庆旺、吕冰洋、何乘材.李嘉图等价定理的实证分析:协整方法[J].财政研究,2003(9)。

何国华.李嘉图等价定理及其由此引起的经济学争论——兼论我国当前宏观财政政策的选择[J].经济评论.1999(4)。

贾康、赵全厚.国债适度规模与我国国债的现实规模[J].经济研究,2000(10)。

类承曜.李嘉图等价定理的理论回顾和实证研究[J].中央财经大学学报,2003(2)。

李伟.宏观经济风险传导路径研究[M].南开大学出版社,2012年版。

李中义.李嘉图等价定理的有效性分析及启示[J].当代经济研究,2008(6)。

刘惠萍.我国国债规模的实证分析[J].江苏社会科学,1993(6)。

鲁佳斐.政府支出与非税收融资对私人投资的效应研究——基于我国的实证检验(1981—2008年)[J].世界经济情况,2010(11)。

齐红倩、耿鹏.财政赤字、经常账户与政府债务研究——李嘉图等价视角的国际经验分析[J].世界经济研究,2012(12)。

孙焰炜、邱珊珊.李嘉图等价定理中国适用性的实证研究[J].武汉大学学报(哲学社会科学版),2012(6)。

许先普.政府支出对居民消费的影响——对李嘉图等价之谜的中国经验分析[J].南京审计学院学报,2010(1)。

杨东亮、陈守东.李嘉图等价定理的中国实证检验[J].学习与探索,2009(3)。

曾辉.货币经济学[M].中国金融出版社,2011年版。

张爱龙."李嘉图等价定理"质疑[J].山西财经大学学报,2000(1)。

周四军、谢腾云.我国国债发行规模的计量分析[J].经济数学,2006(2)。

Buchanan,J. , Barro on the Ricardian Equivalence Theorem[J]. Journal of Political Economy, 1976,84(2):337–342.

房地产市场投资者情绪对中国银行业系统性风险的影响研究*

王周伟① 杨小兵②

摘 要：本文首先在银行经济行为优化框架中分析了房地产市场投资者情绪对中国银行业系统性风险的影响，然后，用主成分分析法构建房地产市场投资者情绪指数，选取了 70 家房地产企业，通过 KMV 模型计算出其违约距离，采用 VaR 的风险衡量方法计算银行业的系统性风险，并用多元线性回归模型实证检验了房地产投资者情绪对中国银行业系统性风险的影响。研究结果表明：房地产市场投资者情绪对房地产行业违约距离与房地产市场信用风险具有较为显著的影响；房地产市场投资者情绪、房地产企业违约距离、房地产企业的资产价值、国民生产总值的增长、存款准备金率对银行业系统性风险都具有较强的影响；房地产市场和风险加权资产的共同变化也会对银行业系统性风险造成重大影响。

关键词：房地产市场投资者情绪；主成分分析法；KMV 模型；银行业系统性风险

---

* 本文获得国家自然科学基金面上项目《基于流动性视角的资产定价模型重构研究》(项目号：71471117)、教育部人文社科研究项目《中国宏观审慎货币政策的调控机制研究》(项目号：11YJA790107)、《通货膨胀惯性、金融市场摩擦与结构性冲击——债务危机下 DSGE 模型的扩展与应用研究》(项目号：12YJC790020)、上海市教委重点课题《综合风险网络传染的系统性风险评估与分析框架研究》(项目号：12ZS125)的资助。

① 王周伟(1969.1—)，男，博士，副教授，上海师范大学房地产与城市发展研究中心，研究领域：城市经济与发展，金融管理。

② 杨小兵，男，上海师范大学商学院，应用统计专业研究生。

一、引言

自从金融危机以来,我国的金融稳定一直在经受着考验,IMF 亦为中国境内信贷风险提出警示。"虽然中国银行业维持了较低的不良贷款率,但市场对其信贷质量,尤其是对小微贷款的担忧可能会严重影响非银行借贷机构。"GFSR 报告显示,目前,亚洲、中东及拉丁美洲一带国家的银行市净率均较 2012 年水平严重下滑,其中以中国银行业的下降幅度最高,市净率最低。IMF 官员表示,目前,中国的银行业因政府开始利率市场化,正面临可持续发展的压力。目前,我国面临着严峻的金融稳定的考验。

银行业系统性风险对我国金融稳定有着重大的影响,关于银行业系统性风险的文献,吴治民、高宇(2010)认为中国的资产价格从 2009 年初开始出现非常强劲的上扬,房地产市场表现明显,价格上涨速度超乎市场预期,中国的金融业乃至整体实体经济正面临着银行系统性风险的冲击。祁敬宇(2009)认为正是房地产领域金融创新强化与社会金融监管的弱化,两者的不平衡导致了由房地产市场领域的风险演变为金融危机,并从一个国家的金融危机再次演变为全球的金融危机。易志高等(2010),吴海燕等(2012),闫伟等(2011)在构建投资者情绪指标时认为应该用主观指标和客观指标相结合的方法来构建投资者情绪。花贵如等(2011)从公司财务的角度,分析了投资者情绪影响企业投资行为的管理者乐观主义中介效应渠道,得出了投资者情绪对管理者乐观主义有着显著的影响,同时投资者情绪与管理者乐观主义都对企业的投资有显著影响,从而说明了管理者乐观主义的中介效应。

本文通过理论分析和实证分析两个部分进行,采用主成分分析方法,构建房地产市场投资者情绪指标指数,并且通过 KMV 模型计算 70 家房地产企业的违约距离,在 KiHoon Jimmy Hong(2011)研究成果上进一步计算了银行业的系统风险,研究发现,房地产市场投资者情绪对银行业系统性风险有着正向的关系,房地产市场投资者情绪会导致银行业系统性风险的增加。

本文的结构安排如下:第二部分为文献综述,第三部分为理论分析,第四部分为方法与指数设计,第五部分为实证结果与分析,第六部分为结论与建议。

二、文献综述

关于投资者情绪方面的理论许多学者都做出了解释或者是定义,Kahneman和Tversky(1979)在期望理论中提出,非理性投资者的决策由于某些原因常常会朝着同一个方向发展,所以不能互相抵消。Bradford De long, Andrei Shleifer(1990)认为存在一类这样的投资者,他们没有内幕交易消息,但是他们的非理性交易却好像是根据信息进行的,他把这类信息称之为"假信息",这类投资者称为"噪音交易者"。Shiller(1984)认为当非理性投资者的行为社会化时,这个现象会更加地明显。

刘志远等(2012)在构建投资者情绪时,运用主成分分析方法,将权益市值账面比率、动量指标、托宾Q、年均日换手率、作为构建投资者情绪的源指标,再用营业收入增长率等反映公司基本面信息的指标,构建单一的投资者情绪指标。吕鹏博、雒庆举(2010)基于IPO首日收益的新角度,选取了散户市场日情绪指数、市场流动性、封闭式基金折价、换手率、新股换手率、新股中签率等指标进行主成分分析。

在衡量企业风险方面,KMV模型经过二十多年的发展,已经证明了其在该领域的权威性。刘迎春等(2011)在利用基于GARCH波动模型的KMV模型研究信用风险度量的基础上,选取了8家ST股票和8家非ST股票分析,表明不同行业上公司的信用状况存在一定的差异,上市公司信用质量的变化趋势与宏观经济走势表现出一致性。彭大衡等(2011)在市场分割条件下KMV模型中,将多市场的股权价值、股权价值波动的相关性、汇率等因素纳入考虑范围,选取了24家A+H上市公司对所建模型进行了实证分析,结果表明,模型对不同公司的违约距离有较好的区分能力。

在银行业系统性风险测度方面,KiHoon Jimmy Hong(2011)利用VaR方法测度了银行系统性风险,Adian和Brunnermeier(2008)在此背景下提出了条件在险价值的概念,在传统的VaR框架下纳入溢出效应。Shin(2008)利用单个金融市场和单个金融机构的历史数据、借助VaR方法分析了金融体系里连锁的资产负债表的风险溢出效应。

三、理论分析

房地产市场中存在羊群效应,假设房地产市场情绪为θ;未受房地产市场投资者情绪影响的房地产资产价值为 V;则考虑房地产市场情绪对房地产资产价值的影响后资产价值变为 θV。设受到房地产市场投资者情绪影响的房地产市场的资产价值为 V_θ,则 $V_\theta = (1+\theta)V$。

根据 KMV 模型,可知:

$$E = V_\theta N(d_1) - De^{-rT}N(d_2) \quad (1)$$

$$DD = \frac{V_\theta - DP}{V_\theta \cdot \delta_A} \quad (2)$$

将 $V_\theta = (1+\theta)V$ 代入到式(2)中,可以推导出违约距离为:

$$DD = \frac{1}{\delta_A} - \frac{DP}{(1+\theta) \cdot V \cdot \delta_A} \quad (3)$$

式(3)中,DP 表示企业的违约点;当投资者情绪高涨时(定义为 $\theta > 0$ 时), V_θ 随着 θ 的上升而上升,两者呈现正向关系。在式(3)中,把 DD 对 θ 求导可得:

$$\frac{\partial DD}{\partial \theta} = \frac{1}{\delta_A} \cdot \frac{DP}{(1+\theta)^2 \cdot V \cdot \delta_A}$$

$$= \frac{DP}{E \cdot \delta_{V_\theta} \cdot (1+\theta)^2} \quad (4)$$

在式(4)中,因为 DP、E、δ_{V_θ}、$(1+\theta)^2$ 均大于 0,可得:

$$\frac{\partial DD}{\partial \theta} > 0 \quad (5)$$

由(5)式可知,房地产市场的投资者情绪与房地产市场企业违约距离成正向关系,随着房地产市场投资者情绪的高涨,企业的违约距离将会上升。

在 KMV 模型中违约概率为:

$$PD = N(-DD) \quad (6)$$

企业的违约距离与其违约概率是反向关系的,违约距离的增大,违约概率将会减小;反之,则相反。所以随着房地产市场投资者情绪与违约概率呈现反向变动关系。

因此,本文依据上述推导结论,提出原假设一:

假设一:房地产市场的投资者情绪变化导致房地产市场企业违约距离的同方向变化。

本文评估银行系统性风险时,采用 KiHoon Jimmy Hong(2011)的测量方法:

$$VaR = -u_p + \gamma_q \cdot \sigma_P^2$$

房地产市场投资者情绪对房地产企业的违约距离具有正向的影响,也就是对违约概率有反向的影响;在研究房地产市场投资者情绪时,本文以违约概率作为中间变量,银行的利润函数为 π,为了分析简单方便,假设贷款与贷款利率为常数,即既定的收入,该收入减去房地产企业违约概率所导致的损失,简单假设银行的利润函数为 π:

$$\begin{aligned}\pi &= \lambda [\alpha \cdot L \cdot r_L \cdot (1-PD) + \alpha \cdot L \cdot r_L \cdot PD \cdot (1-LGD)] \\ &= \lambda \cdot \alpha \cdot L \cdot r_L (1 - PD \cdot LGD)\end{aligned} \quad (7)$$

在式(7)中,π 表示银行的收益,λ 表示银行的利润率,α 表示房贷占比,L 表示银行的贷款数额,假设 λ、L、α 是常数,r_L 表示银行的利息率,PD 表示房地产企业的违约概率,LGD 表示银行的违约损失率,将它看成一个银行的经验常数。

在式(5)、(6)中,PD 是 θ 的函数,并且两者的变动关系是反方向变动,即 $\frac{\partial PD}{\partial \theta}$。

银行利润为房地产市场投资者情绪 θ 的复合函数,则银行收益与房地产市场投资者情绪 θ 之间的关系为:

$$\begin{aligned}\pi &= \lambda \cdot \alpha \cdot L \cdot [r_L \cdot (1-PD) + r_L \cdot PD \cdot (1-LGD)] \\ &= \lambda \cdot \alpha \cdot L \cdot (r_L - r_L \cdot PD \cdot LGD)\end{aligned} \quad (8)$$

假设银行的资产主要是信贷资产,则其资产投资的收益率为:

$$u_p = \frac{\pi}{L} = \lambda \cdot \alpha \cdot (r_L - r_L \cdot PD \cdot LGD) \quad (9)$$

式(9)两边对 PD 求导可得:

$$\frac{\partial u_p}{\partial PD} = -\lambda \cdot \alpha \cdot r_L \cdot LGD \quad (10)$$

对式(9)取预期值后再对投资者情绪求导:

$$\frac{\partial E(u_p)}{\partial \theta} = \frac{\partial E(\pi/L)}{\partial \theta} = -\lambda \cdot \alpha \cdot r_L \cdot \frac{\partial PD}{\partial DD} \cdot \frac{\partial DD}{\partial \theta} \quad (11)$$

在式(11)中,由式(5)推导出 $\frac{\partial DD}{\partial \theta} > 0$,及 $PD = N(-DD)$,可知 $\frac{\partial PD}{\partial DD} < 0$,$\lambda$、$\alpha$、$r_L$

均大于0,由式(11)可知:

$$\frac{\partial E(u_p)}{\partial \theta} > 0 \qquad (12)$$

从式(12)可知,房地产市场投资者情绪与银行业的预期收益率是正向的关系,表明房地产投资者情绪的高涨会导致银行业预期收益的提高。

由式(9)可知,银行业收益率的方差为:

$$\begin{aligned}
\sigma_P^2 &= D(\pi/L) = (\lambda \cdot \alpha \cdot r_L \cdot \text{LGD})^2 \cdot D(\text{PD}) \\
&= (\lambda \cdot \alpha \cdot r_L \cdot \text{LGD})^2 \cdot \frac{1}{n} \cdot \sum_{i=1}^{n}(\text{PD}_i - \overline{\text{PD}})^2 \\
&= (\lambda \cdot \alpha \cdot r_L \cdot \text{LGD})^2 \cdot \frac{1}{n} \cdot \sum_{i=1}^{n}(\text{PD}_i^2 - 2 \cdot \text{PD}_i \cdot \overline{\text{PD}} + \overline{\text{PD}}^2) \\
&= (\lambda \cdot \alpha \cdot r_L \cdot \text{LGD})^2 \cdot \frac{1}{n} \cdot \left(\sum_{i=1}^{n}\text{PD}_i^2 - 2 \cdot \overline{\text{PD}} \cdot \sum_{i=1}^{n}\text{PD}_i + n \cdot \overline{\text{PD}}^2\right) \\
&= (\lambda \cdot \alpha \cdot r_L \cdot \text{LGD})^2 \cdot \left(\frac{1}{n} \cdot \sum_{i=1}^{n}\text{PD}_i^2 - \frac{1}{n} \cdot 2 \cdot \overline{\text{PD}} \cdot \sum_{i=1}^{n}\text{PD}_i + \overline{\text{PD}}^2\right) \\
&= (\lambda \cdot \alpha \cdot r_L \cdot \text{LGD})^2 \cdot \left(\frac{1}{n} \cdot \sum_{i=1}^{n}\text{PD}_i^2 - \overline{\text{PD}}^2\right) \qquad (13)
\end{aligned}$$

由于假设只有一家,所以本文将式(13)转化写成下式:

$$\sigma_P^2 = (\lambda \cdot \alpha \cdot r_L \cdot \text{LGD})^2 \cdot (\text{PD}^2 - \overline{\text{PD}}^2) \qquad (14)$$

式(14)两边对 PD 求导可得:

$$\frac{\partial \sigma_P^2}{\partial \text{PD}} = 2\text{PD}(\lambda \cdot \alpha \cdot r_L \cdot \text{LGD})^2 \qquad (15)$$

因为 $\overline{\text{PD}}$ 是银行的平均违约概率,因此可以理解为一个常数。再对式(14)两边对房地产市场投资者情绪求导,可得收益波动率对房地产市场投资者情绪的导数:

$$\frac{\partial \sigma_P^2}{\partial \theta} = \frac{\partial D(\pi/L)}{\partial \theta} = (\lambda \cdot \alpha \cdot r_L \cdot \text{LGD})^2 \cdot 2 \cdot \frac{\partial \text{PD}}{\partial \text{DD}} \cdot \frac{\partial \text{DD}}{\partial \theta} \qquad (16)$$

在式(16)中,因为 $\frac{\partial \text{PD}}{\partial \text{DD}} < 0$, $\frac{\partial \text{DD}}{\partial \theta} > 0$, $(\lambda \cdot \alpha \cdot r_L \cdot \text{LGD})^2 > 0$,可以推导出两者之间的变动关系:

$$\frac{\partial \sigma_P^2}{\partial \theta} < 0 \qquad (17)$$

从式(17)可知,房地产市场投资者情绪与银行业预期收益的波动率是反向的关系,即房地产市场投资者情绪高涨时,会导致银行业预期收益波动率的减小。

因为银行业系统性风险价值 $VaR = -u_p + \gamma_q \cdot \sigma_P^2$,本文将银行系统性风险对房地产市场投资者情绪求导,可得:

$$\begin{aligned}\frac{\partial VaR}{\partial \theta} &= -\frac{\partial u_p}{\partial \theta} + \gamma_q \cdot \frac{\partial \sigma_P^2}{\partial \theta} \\ &= -\frac{\partial u_p}{\partial PD} \cdot \frac{\partial PD}{\partial DD} \cdot \frac{\partial DD}{\partial \theta} + \gamma_q \cdot \frac{\partial \sigma_P^2}{\partial PD} \cdot \frac{\partial PD}{\partial DD} \cdot \frac{\partial DD}{\partial \theta} \\ &= \frac{\partial PD}{\partial DD} \cdot \frac{\partial DD}{\partial \theta} \cdot \left(-\frac{\partial u_p}{\partial PD} + \gamma_q \cdot \frac{\partial \sigma_p^2}{\partial PD}\right)\end{aligned}$$

将式(10)和式(15)代入上式中可得:

$$\frac{\partial VaR}{\partial \theta} = \frac{\partial PD}{\partial DD} \cdot \frac{\partial DD}{\partial \theta} \cdot \left(\gamma_q \cdot (2 \cdot \lambda \cdot \alpha \cdot r_L \cdot LGD)^2 - \lambda \cdot \alpha \cdot r_L \cdot LGD\right) \qquad (18)$$

在式(18)中,λ、α、r_L、LGD 均大于 0,在服从正态分布5%分位数水平下的分位数值 $\gamma_q < 0$,因此有 $(-\lambda \cdot \alpha \cdot r_L \cdot LGD + \gamma_q \cdot (2 \cdot \lambda \cdot \alpha \cdot r_L \cdot LGD)^2) < 0$,$\frac{\partial PD}{\partial DD} < 0$,$\frac{\partial DD}{\partial \theta} > 0$,由式(18)可知:

$$\frac{\partial VaR}{\partial \theta} > 0 \qquad (19)$$

从式(19)可知,房地产市场投资者情绪与银行业系统性风险是正向的关系,房地产市场投资者情绪高涨时,会导致银行业系统性风险的增加。

因此:本文针对上述推导结论,提出两个原假设:

假设二:房地产市场投资者情绪的变化会导致银行业系统性风险同方向的变化。

假设三:房地产企业违约距离的变化与银行业系统性风险同样发生反方向的变化。

四、模型设计与指数构建

(一) 变量选取与检验模型设计

本文主要分析房地产市场投资者情绪、房地产企业违约距离、房地产企业资产价值等因素对银行业系统性风险的影响。因此,本文实证模型以银行业系统性风险为被解释变量,实证模型的解释变量主要是房地产市场投资者情绪、房地产企业违约距离、房地产企业资产价值这三个变量。

本文计算的银行业系统性风险采取 KiHoon Jimmy Hong(2011)的研究方法来计算,其计算公式为:

$$\text{VaR} = -u_p + \gamma_q \cdot \delta_p \tag{20}$$

其中:VaR_q^π 表示 q 水平下银行的系统性风险水平,μ^π 表示银行业指数的收益率的均值;δ^π 表示银行业指数收益率的标准差;γ_q 表示在服从均值为 μ^π,标准差为 δ^π 的正态分布下 q 水平下的分位数。

本文以季度为一个时间周期,取 $q=5\%$ 水平下的银行业系统性风险,由于收益率不服从正态性分布,所以近似地采用 t 分布的分位数的值来近似地代替计算出以季度为周期的银行业系统性风险的均值和标准差,并通过 SAS 软件编程模拟计算出服从该均值和标准差在 $q=5\%$ 水平下的分位数值。

房地产企业违约距离利用 KMV 模型估计。KMV 模型中的两个未知变量 V 和 δ_v 可从以下联立方程组中求解:

$$\begin{aligned} E &= VN(d_1) - De^{-rT}N(d_2) \\ \delta_E &= \frac{VN(d_1)}{E}\delta_V \end{aligned} \tag{21}$$

根据迭代法,采用 matlab 软件可以求得房地产市场的违约距离。

控制变量:本文主要选取宏观经济、货币金融与行业特征三个方面经济变量作为控制变量。宏观控制变量主要选取国内生产总值的季度增长率作为宏观控制变量之一;另外,本文选取存款准备金率、货币供应量季度增长率作为宏观货币层面对银行系统性风险的控制变量。本文还选取了行业控制变量作为对银行系统性风险的分析,主要选取了上市银行的贷款规模、贷款损失准备、存款规模、贷款损失准备、资产净额、加权风险资产、银行利润率等七个银行业特征指标。

对以上各变量进行单位根检验,判断其是否具有平稳性,检验结果显示,各个指标变量均是二阶平稳。本文在做分析模型之前,通过逐步回归法分析多重共线性时,发现银行存款规模和银行资本净额不显著,于是予以剔除。

为了验证假设二、假设三是否成立,分析房地产市场投资者情绪、房地产企业违约距离、房地产企业资产价值等因素对银行系统性风险是否拥有显著作用,本文先构造多元线性回归模型(1):

$$\text{VaR} = \alpha_0 + \alpha_1 \text{prin} + \alpha_2 \text{DD} + \alpha_3 \text{VA} + \sum_{i=1}^{10} \beta_i z_i + \varepsilon \quad (22)$$

其中,VaR 表示银行业系统性风险,为被解释变量;Prin、DD、VA 分别为房地产市场投资者情绪、房地产企业违约距离、房地产企业资产价值,为解释变量;z 表示控制变量;α_1、α_2、α_3 用来衡量房地产市场投资者情绪、房地产企业违约距离、房地产企业资产价值对银行系统性风险的影响。

此外,为了分析作用路径交互是否存在,本文在模型(1)中加入房地产市场投资者情绪与房地产企业违约距离的交互项、房地产市场投资者情绪与房地产企业资产价值交互项、房地产市场投资者与加权风险资产 RAVA 的交互项,以此分析是否对银行系统性风险具有显著性影响,本文构造多元线性回归模型(2):

$$\text{VaR} = \alpha_0 + \alpha_1 \text{prin} + \alpha_2 \text{DD} + \alpha_3 \text{VA} + \alpha_4 \text{prin} \cdot \text{DD}$$
$$+ \alpha_5 \text{prin} \cdot \text{VA} + \alpha_6 \text{prin} \cdot \text{RAVA} + \sum_{i=1}^{10} \beta_i z_i + \varepsilon \quad (23)$$

其中,α_4、α_5、α_6 分别表示房地产市场投资者情绪与房地产企业违约距离的交互项、房地产市场投资者情绪与房地产企业资产价值交互项以及房地产市场投资者与加权风险资产的交互项对银行系统风险的影响系数。

(二)房地产市场投资者情绪指数的构建与计算

我们选取了四类 16 个得到比较认可的投资者情绪代理指标变量,其经济意义与指标属性见表 1,为了方便起见,将上述指标按照排列顺序依次简记为:$x_1, x_2, \cdots, x_{16}$。各指标权重用主成分分析方法确定,然后用加权综合平均方法综合 16 个方面的信息,形成房地产市场投资者情绪指数。

表1 房地产市场投资者情绪指标的选取

指标类别	指标变量定义	指标名称	经济意义	指标属性
宏观经济环境指标	x_1	房地产国民生产总值季度增长率	反映房地产企业创造的房地产国民生产总值	正向
	x_2	宏观经济景气指数	属于先行指数，可以对经济形势进行预测，是投资者情绪进行宏观预判的重要指标	正向
货币金融环境指标	x_3	基础货币余额同比增长率	反映货币金融政策松紧程度，是投资者研判货币金融政策走势调整的重要依据	正向
	x_4	一年期人民币贷款利率	反映房地产投资者与开发商的实际投资成本情况	正向
	x_5	房地产开发贷款余额同比增长率	反映房地产开发商实际投资风险承担增长情况	正向
	x_6	商业性房地产贷款余额同比增长率	反映商业房地产开发商实际投资风险承担增长情况	正向
主观情绪指标	x_7	房地产业企业家信心指数	根据房地产业企业家对房地产业企业外部市场经济环境与宏观政策的认识、看法、判断与预期（通常为对"乐观""一般""不乐观"的选择）而编制的指数，用以综合反映房地产业企业家对宏观经济环境的感受与信心	正向
	x_8	房地产业企业景气指数	根据房地产业企业家对本企业综合生产经营情况的判断与预期（通常为对"好""一般""不佳"的选择）而编制的景气指数，用以综合反映房地产业企业的生产经营状况。	正向
	x_9	居民购买住房意愿比例	该指标从购房者主观意愿的角度，说明了我国居民是否愿意购买住房	正向

(续表)

指标类别	指标变量定义	指标名称	经济意义	指标属性
房地产企业行为指标	x_{10}	房地产开发资金季度增长率	反映了房地产企业开发融资情况,也同时反映出社会对于房地产企业的信心程度	正向
	x_{11}	商品房销售面积季度增长率	该指标是房地产企业进行房地产再投资的一个重要参考指标,该指标增长速度快会加快房地产企业的再投资	正向
	x_{12}	商品房竣工面积季度增长率	反映了前期房地产企业对于房地产市场需求的预判,同时也反映出房地产市场供给的季度增长率	正向
	x_{13}	房屋施工面积季度增长率	反映了报告期内施工的房屋建筑面积季度增长率	正向
	x_{14}	房地产开发计划总投资季度增长率	反映了预期将要完成的房地产企业的建设规模,该指标值越大,说明房地产市场的未来总规模将会越大	正向
	x_{15}	房地产开发投资完成额季度增长率	反映了房地产行业的现有投资规模季度增长率	正向
	x_{16}	房地产开发新增固定资产季度增长率	反映了房地产行业的未来投资规模季度增长率	正向

五、实证结果与分析

（一）样本选择与数据收集

在构建房地产投资者情绪时,本文选用的是证监会行业分类的房地产公司指标,数据来源于 WIND 资讯终端。WIND 数据库中共有房地产 A 股企业共计 142 家,去除在 2004 年四季度之前上市的房地产公司,以及处于被 ST 公司和数据没有公布导致研究数据不全的公司,总计 70 家房地产公司;银行业系统性风险计算选取沪深 300 银行指数日度数据。选取 2004 年 4 季度到 2012 年 4 季度合计 33 期的季度数据。

（二）房地产市场投资者情绪指数的构建计算结果

房地产指标的描述性统计如表 2 所示。

表2 情绪指标描述性统计

指标	最小值	最大值	均值	标准差
x_1	6.60	15.00	10.50	2.28
x_2	97.60	105.53	101.94	1.71
x_3	7.40	40.00	20.76	9.50
x_4	2.25	6.57	3.98	1.49
x_5	6.30	37.80	19.99	7.83
x_6	81.50	146.60	119.37	19.17
x_7	100.90	141.10	125.65	11.54
x_8	10.10	44.30	22.13	8.79
x_9	12.70	22.10	18.15	2.73
x_{10}	-75.67	129.90	35.22	68.40
x_{11}	-86.49	201.61	55.42	90.66
x_{12}	-90.20	167.33	60.49	90.49
x_{13}	-40.51	39.15	8.09	24.07
x_{14}	-18.26	23.25	7.16	10.74
x_{15}	-84.36	199.45	54.16	94.68
x_{16}	-88.41	150.86	53.59	82.89

从以上数据可以看出,不同情绪指标之间的差异很大,最大值和最小值之间的差别最为明显,标准差的差异也很大;除了最大值和最小值,数据基本上在两倍标准差范围之类。情绪指标之间的相关系数普遍很大,说明各指标之间相关性很强,这样进行主成分分析的方法效果将更为显著。

对房地产市场投资者情绪指标进行ADF检验后发现,一阶差分后指标是平稳的,可以进行建模分析。

利用SAS软件对情绪指标进行主成分分析,得出相关矩阵的特征值、贡献比例和累计贡献比率。

表3 特征值矩阵

累积贡献率	主成分	特征值	差值	比例
1	5.79	1.68	0.36	0.36
2	4.11	2.62	0.26	0.62
3	1.50	0.22	0.09	0.71
4	1.27	0.13	0.08	0.79
5	1.14	0.48	0.07	0.86
6	0.66	0.21	0.04	0.91
7	0.45	0.10	0.03	0.93

（续表）

累积贡献率	主成分	特征值	差值	比例
8	0.36	0.11	0.02	0.96
9	0.24	0.07	0.02	0.97
10	0.18	0.04	0.01	0.98
11	0.14	0.04	0.01	0.99
12	0.10	0.07	0.01	1.00
13	0.03	0.02	0.00	1.00
14	0.02	0.01	0.00	1.00
15	0.00	0.00	0.00	1.00
16	0.00		0.00	1.00

从表3的特征值矩阵累计贡献比率得出，前四个主成分的累计贡献比率将近80%，对原始变量的解释较好，可以在绝大部分程度上替代原始变量来解释房地产市场上的投资者情绪，因此本文选取前四个主成分来替代原始的16个情绪变量指标，作为本文的投资者情绪成分。

表4 四个主成分的指标权重

情绪指标	指标变量	$Prin_1$ 综合经济形势情绪指标	$Prin_2$ 宏观经济运行成分	$Prin_3$ 货币政策成分	$Prin_4$ 购买意愿成分
房地产国民生产总值季度增长率	x_1	0.07	0.42	0.21	-0.21
宏观经济景气指数先行指数	x_2	0.02	0.40	-0.15	-0.02
基础货币余额同比增长	x_3	0.02	0.00	0.17	-0.31
一年期人民币贷款利率	x_4	0.05	0.11	0.63	-0.03
房地产开发贷款余额同比增长	x_5	-0.10	0.28	-0.40	0.20
商业性房地产贷款余额同比增长	x_6	0.03	0.33	-0.37	-0.41
房地产业企业家信心指数	x_7	-0.01	0.42	-0.03	0.16
房地产业企业景气指数	x_8	0.05	0.45	0.05	0.02
购买住房意愿比例	x_9	-0.04	0.03	-0.09	0.73
房地产开发资金来源季度增长	x_{10}	0.41	-0.01	-0.04	0.07
商品房销售面积季度增长率	x_{11}	0.02	0.27	0.44	0.28
商品房竣工面积季度增长率	x_{12}	0.40	-0.05	-0.06	0.02
房屋施工面积季度增长率	x_{13}	0.41	-0.02	-0.05	0.01
房地产开发计划总投资季度增长率	x_{14}	0.40	0.01	0.00	0.02
房地产开发投资完成额季度增长率	x_{15}	0.40	-0.01	-0.03	0.05
房地产开发新增固定资产季度增长率	x_{16}	0.40	-0.04	-0.05	0.03

本文将对四个主成分进行解释,从第一主成分的分向量值可以得出,除了三个非常小的值在 -0.1 之下,其他的分量值都是正的,并且从 12 到 14 的分量值都在 0.4 左右,数值较大,可以将第一主成分定义为综合经济形势情绪指标,其中房地产企业主的情绪指标最为突出;第二主成分在第一、二、七、八个分量值数值较大,都超过了 0.4,对应的原始的情绪指标为,房地产国民生产总值季度增长率、宏观经济景气指数先行指数、房地产业企业家信心指数、房地产业企业景气指数,因此可以将第二主成分成为宏观经济运行成分;第三主成分中原始变量第四个的分量值接近了 0.63,为一年期贷款利率,与之相关的贷款余额和贷款余额同比增长都超过了 -0.3,因此将第三主成分设为货币政策成分;第四主成分的分量值中,第九个原始指标的值达到了 0.73 以上,为购买意愿比例,可以将此成分设定为购买意愿成分。略去时间下标 t 之后各主成分评分的计算公式为:

$$\text{prin}_1 = 0.07x_1 + 0.02x_2 + 0.02x_3 + 0.05x_4 - 0.1x_5 - 0.01x_6 + 0.05x_7 \\ + 0.03x_8 - 0.04x_9 + 0.41x_{10} + 0.02x_{11} + 0.4x_{12} + 0.41x_{13} \\ + 0.4x_{14} + 0.4x_{15} + 0.4x_{16}$$

$$\text{prin}_2 = 0.42x_1 + 0.4x_2 + 0.001x_3 + 0.11x_4 + 0.28x_5 + 0.42x_6 + 0.45x_7 \\ + 0.33x_8 + 0.03x_9 - 0.01x_{10} + 0.27x_{11} - 0.05x_{12} - 0.02x_{13} \\ + 0.01x_{14} - 0.01x_{15} - 0.04x_{16}$$

$$\text{prin}_3 = 0.21x_1 - 0.15x_2 + 0.17x_3 + 0.63x_4 - 0.4x_5 - 0.03x_6 + 0.05x_7 \\ - 0.37x_8 - 0.09x_9 - 0.04x_{10} + 0.44x_{11} - 0.06x_{12} - 0.04x_{13} \\ + 0.001x_{14} - 0.03x_{15} - 0.05x_{16}$$

$$\text{prin}_4 = -0.21x_1 - 0.02x_2 - 0.31x_3 - 0.03x_4 + 0.2x_5 + 0.16x_6 + 0.02x_7 \\ - 0.41x_8 + 0.73x_9 + 0.07x_{10} + 0.28x_{11} + 0.02x_{12} + 0.01x_{13} \\ + 0.02x_{14} + 0.05x_{15} + 0.03x_{16}$$

由此得出不同时期投资者情绪各主成分的评价值如表 5 所示:

表 5 不同时期投资者情绪各主成分的评价值

日期	综合经济形势情绪指标	宏观经济运行成分	货币政策成分	购买意愿成分
2004-12-31	182.19	196.61	23.57	66.46
2005-3-31	-149.70	168.28	-75.31	-16.33
2005-6-30	267.41	192.30	59.16	85.31

（续表）

日期	综合经济形势情绪指标	宏观经济运行成分	货币政策成分	购买意愿成分
2005-9-30	136.47	205.83	65.71	83.10
2005-12-31	185.10	172.50	5.53	55.88
2006-3-31	-151.67	168.26	-80.38	-6.40
2006-6-30	253.77	205.09	63.56	87.75
2006-9-30	115.82	187.80	8.38	48.81
2006-12-31	175.20	185.89	8.37	54.52
2007-3-31	-146.86	172.31	-75.60	-17.06
2007-6-30	258.59	219.52	77.26	89.10
2007-9-30	120.88	204.38	20.82	47.84
2007-12-31	171.99	191.69	3.44	46.30
2008-3-31	-144.91	162.46	-75.71	-23.93
2008-6-30	239.23	196.77	71.11	77.85
2008-9-30	106.90	157.56	20.52	38.71
2008-12-31	158.87	135.22	12.62	44.23
2009-3-31	-149.52	123.16	-73.02	-18.26
2009-6-30	246.37	203.58	96.31	107.83
2009-9-30	121.12	187.06	17.61	54.84
2009-12-31	146.73	195.41	-1.92	50.63
2010-3-31	-136.02	176.13	-89.52	-21.16
2010-6-30	241.27	201.47	60.13	79.59
2010-9-30	104.80	186.32	8.53	46.73
2010-12-31	139.45	180.74	6.93	48.17
2011-3-31	-132.03	148.80	-74.03	-18.96
2011-6-30	238.44	185.63	76.04	84.34
2011-9-30	110.89	160.39	23.92	43.83
2011-12-31	130.53	140.52	8.91	41.89
2012-3-31	-130.75	121.18	-70.65	-16.93
2012-6-30	199.04	176.78	83.21	91.99
2012-9-30	105.96	155.91	27.85	54.75
2012-12-31	121.74	158.44	13.40	52.79

我们将四个主要成分按照将各自的贡献程度除以累计贡献度为权重,将各个主成分乘以其权重相加得到房地产市场投资者情绪综合评价值:

$$prin_t = 0.46 \cdot prin_{1t} + 0.32 \cdot prin_{2t} + 0.12 \cdot prin_{3t} + 0.1 \cdot prin_{4t}$$

房地产市场投资者情绪的描述统计结果如表6所示。

表6 房地产市场投资者情绪描述性统计

N	均值	标准差	最小值	最大值
33	106.00	81.41	-38.83	207.49

房地产市场投资者情绪具有明显的周期性,一年半左右为一个周期,因此本文对情绪指数做季节调整,采用X11季节调整方法加法模型进行调整,得到如图1所示。

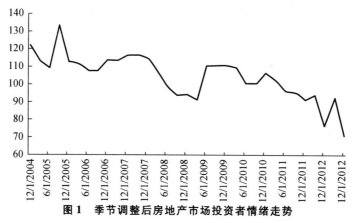

图1 季节调整后房地产市场投资者情绪走势

从图1可以看出,房地产市场投资者情绪,情绪指数在2005年6月左右达到了最高潮,随后房地产市场投资者情绪会有一定的波折,总体比较平缓,缓慢地呈现下降的趋势。

(二)房地产行业平均违约距离的描述统计

房地产企业违约距离描述统计如表7所示。

表7 房地产企业违约距离描述性统计

N	均值	标准差	最小值	最大值
33	4.77	1.26	2.62	6.40

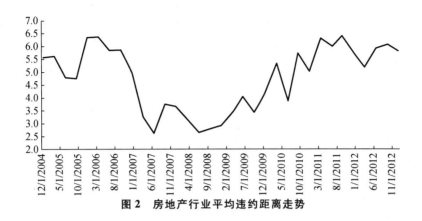

图 2 房地产行业平均违约距离走势

(三) 中国银行业系统性风险的描述统计

(1) 收益率的正态性检验

本文对在这期间的时间跨度内的收益率进行正态性检验,利用 SAS 软件进行检验的结果显示如表 8。

表 8 正态性检验

检验	统计量		p 值	
Kolmogorov-Smirnov	D	0.07	Pr > D	< 0.0100
Cramer-von Mises	W-Sq	4.28	Pr > W-Sq	< 0.0050
Anderson-Darling	A-Sq	24.71	Pr > A-Sq	< 0.0050

从表 8 分析的结果可以得出,三个统计量的结果均是拒绝原假设,所以该期间的收益率不服从正态性分布。

(2) 上市银行业系统性风险的计算

上市银行业系统性风险的计算结果如表 9 所示。

表 9 银行业系统性风险描述性统计

N	均值	标准差	最小值	最大值
33	-0.05	0.04	-0.17	-0.01

下图给出了中国上市各银行的溢出风险:

城镇化的健康发展与投融资管理

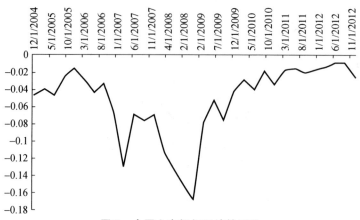

图 3　中国上市银行系统性风险

（3）变量描述性统计

表 10　描述性统计

变量	均值	标准差	最小值	最大值
银行系统性风险	−5.28E−02	4.24E−02	−1.67E−01	−8.56E−03
投资者情绪	1.02E+02	8.40E+01	−3.88E+01	2.07E+02
违约距离	4.77E+00	1.26E+00	2.62E+00	6.40E+00
资产价值	2.35E+10	1.41E+10	3.56E+09	4.49E+10
GDP 季度增长率	1.06E+01	2.16E+00	6.60E+00	1.45E+01
存款准备金率	1.43E+01	4.57E+00	8.00E+00	1.95E+01
货币供应量增长率	1.80E+01	4.26E+00	1.30E+01	2.93E+01
贷款损失准备	3.36E+11	3.09E+11	7.08E+09	1.08E+12
存款	2.91E+13	2.14E+13	1.49E+12	6.40E+13
贷款	1.95E+13	1.40E+13	1.15E+12	4.35E+13
资本净额	1.52E+12	1.85E+12	2.01E+10	6.41E+12
风险加权资产	1.29E+13	1.48E+13	2.39E+11	4.86E+13
银行利润率	3.50E−01	7.00E−02	1.30E−01	4.30E−01
投资者情绪_违约距离	4.74E+02	4.14E+02	−1.59E+02	1.16E+03
投资者情绪_资产价值	2.29E+12	2.59E+12	−1.02E+12	7.42E+12
投资者情绪_资本净额	1.85E+14	2.73E+14	−8.94E+13	9.10E+14
投资者情绪_风险加权资产	1.59E+15	2.27E+15	−6.78E+14	7.48E+15

对以上各变量进行单位根检验，判断其是否具有平稳性，检验结果（表 11）显示，各个指标变量均是二阶平稳。

表11 单位根检验

变量名称	P 值
一阶差分银行系统性风险	0.0000
一阶差分投资者情绪	0.0001
一阶差分违约距离	0.0000
一阶差分资产价值	0.0009
一阶季度GDP增长率	0.0008
一阶差分存款准备金率	0.0104
一阶差分货币供应量增长率	0.0420
一阶差分贷款损失准备	0.0001
一阶差分存款	0.0001
一阶差分贷款	0.0300
一阶差分资本净额	0.0001
一阶差分风险加权资产	0.0001
一阶差分银行利润率	0.0200
一阶差分投资者情绪_违约距离	0.0300
一阶差分投资者情绪_资产价值	0.0307
一阶差分投资者情绪_资本净额	0.0958
一阶差分投资者情绪_风险加权资产	0.0759

本文在做分析模型之前，通过逐步回归法分析多重共线性时，发现银行存款规模和银行资本净额不显著，于是予以剔除。

（四）房地产市场投资者情绪对房地产市场企业违约距离之间的相关性分析

通过房地产市场投资者情绪和房地产市场企业违约距离的比较，可以验证本文假设一是否成立。由于房地产市场投资者情绪指数的值较大，而房地产市场企业的违约距离较小，放在图上进行比较时，不易看出两者之间的变化趋势，所以将投资者情绪除以20，减少其绝对值，但不改变其变化趋势，来比较两者的变化走势。

从图4可以看出，房地产市场投资者情绪与房地产企业违约距离的走势基本一致，但是房地产市场投资者情绪比企业的违约距离稍微提前一点，房地产市场企业的违约距离也有明显的起伏变化，两者的起伏状态具有的一致性，但是违约距离的起伏状态比投资者情绪的变化大。

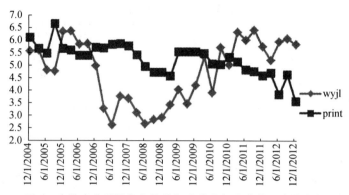

图 4　房地产市场投资者情绪与房地产行业违约距离的走势

本文为了检验两者之间具有较强的相关关系,将两者进行相关性检验,结果如表12所示。

表 12　相关性检验

	wyjl	print
wyjl	1	0.42304**
print	0.42304**	1

从对房地产投资者情绪和违约距离的相关性分析的结果来看,两者的相关系数约为0.42,具有较强的相关性,P值为0.03851,在5%的水平下是具有统计显著性的,这说明房地产市场投资者情绪对企业的违约距离具有不可忽视的影响。因此,假设一本文在此得到了充分的验证。

(五)房地产投资者情绪对银行系统性风险的影响分析

模型实证结果如表13所示。

表 13　模型实证结果

变量	模型1	模型2
prin	0.031**(0.02)	0.29*(0.08)
DD	-0.01*(0.01)	-0.018***(0.008)
VA	0.62***(0.02)	1.73**(0.03)
GDP	0.005**(0.05)	0.003**(0.05)
R	-0.087*(0.07)	-0.007*(0.09)
M2	0.0778*(0.064)	0.097*(0.085)

(续表13)

变量	模型1	模型2
Dkss	1.06***(0.009)	1.39***(0.006)
Dk	−0.12(0.96)	0.14(0.75)
Jqfxzc	0.0042*(0.07)	−2.74(0.39)
Lrl	−0.03*(0.06)	0.1**(0.02)
prin·wyjl		−1.17(0.61)
prin·VA		−1.92(0.5)
prin·Jqfxzc		3.89*(0.09)
ADJ-R-squared 0.61		ADJ-R-squared 0.7
F-Statistic 5.82**		F-Statistic 5.28**
Log-Likelihood 90.76		Log-Likelihood 96.34

注：***表示在1%的水平下显著，**表示在5%的水平下显著，*表示在10%的水平下显著。

依据表13可知，在模型（1）中，房地产市场投资者情绪对银行系统性风险在10%的水平下是显著的，并且是正向影响的，说明投资者情绪正向变动1个水平单位，会造成银行系统性风险上升0.031个水平单位的风险。房地产企业的违约距离对银行系统性风险影响是负向的，违约距离减少一个水平单位，银行业系统性风险就会降低1.8个单位，这与我们通常所理解的违约距离增大，银行系统性风险应该降低的认识趋同，这可能是由于企业的违约距离增大，造成房地产企业的信贷风险较低，从而降低违约风险、降低银行系统性风险。房地产企业的资产价值对银行系统性风险具有较强的显著性，说明在企业资产价值上升1个单位时，会增加银行系统性风险0.62个单位，这由于资产价值的上升导致企业的可担保价值上升，可以获得银行更多的信贷，从而提升银行的系统性风险。

在宏观控制变量中，国内生产总值季度增长率对银行系统性风险的影响是正向的，当国内经济形势大好时，会让银行降低风险控制，增加银行的系统性风险，在模型（1）中，当国内生产总值上升1个单位时，会增加银行系统性风险0.005个单位。中国的货币政策调整也会造成银行系统性的变化，当央行的货币存款准备金率下降1个单位时，会让银行的系统性风险降低0.087个单位；货币增长供应量上升1个单位时，银行系统性风险上升0.0778个单位。这说明紧缩的货币政策有助于降低银行的系统性风险。在行业控制变量中，银行的贷款损失准备对银行系统性风险影响是显著的，并且是正向的，这说明当银行的贷款损失准备增多时,银行面临的不可收回的贷款就有可能越多,银行面临的风险就会越大,从而增加银行的系统性风险。银行的风险加权资产对银行的风险影响是显著的,风险加权资产的增加会加大银行的系统性风险。银行利润率对银行业系统性的风险有着负向的影响,当银行利润率提高一个单位时,银行系统性风险就会降低0.03个单位;反之,则相反。

在模型(2)中,与模型(1)相比,房地产市场投资者情绪、房地产企业违约距离、房地产市场企业资产价值三个因素对银行系统性风险仍然存在影响,但是影响的程度大小发生了变化,风险加权资产和显著性降低,对银行系统性风险不再具有显著的影响。

房地产市场投资者情绪与银行风险加权资产交互项对银行系统性风险的影响也是显著的,这说明在投资者情绪和风险资产的双重作用下,如投资者情绪提高和风险加权资产扩大,银行的系统性风险会提高。从上面模型的分析来看,假设二、假设三是成立的。

六、结论与建议

本文运用了行为金融学的相关理论和研究方法,运用主成分分析方法构建了房地产市场投资者情绪的指标,运用 KMV 模型计算了房地产企业的违约距离和资产价值,并且比较了房地产市场投资者情绪对房地产企业违约距离之间的关系,并且最终分析了房地产市场投资者情绪对银行系统性风险的影响,本文得出了如下结论:

第一,本文选取的房地产国民生产总值季度增长率、国民经济先行指数等16 个指标,运用的主成分分析方法构建的房地产市场投资者情绪指数与运用 KMV 模型计算出来的房地产市场违约距离之间具有较强的相关关系,证明了房地产市场投资者情绪对房地产企业的信用风险是具有影响的。

第二,本文在构造的模型(1)中,阐述了房地产市场投资者情绪、房地产企业的违约距离、房地产企业的资产价值对银行的系统性风险具有较大的影响,房地产市场投资者情绪高涨,房地产企业违约距离下降,房地产企业资产价值上升时会增大银行的系统性风险;反之,则会降低银行的系统性风险。

第三,本文在构造的模型(2)中,阐述了房地产市场投资者情绪和银行风险加权资产交互项对银行系统性风险是显著的,在房地产市场投资者情绪和风险加权资产作用下,会提高银行的系统性风险。

房地产市场投资者情绪对我国银行业的系统性风险是正向显著的,房地产市场投资者情绪的高涨会加大我国银行业的系统性风险,依据本文的结论,提出以下三点建议,用以防范我国的银行业系统性风险。

第一,加强调控我国的房地产市场,抑制过高的房价,防止房地产市场泡沫化。房价的过度上涨会导致房地产市场的泡沫化,一旦泡沫被刺破,房地产市场崩盘,这对于大量对房地产市场贷款的银行来说无疑是沉重的打击,必然会带来银行业系统性风险的上升。

第二,加强对房地产企业的信用风险的监管。房地产企业的违约风险直接影响到银行业的系统性风险,因此,对房地产企业的生产经营状况,财务风险进行监控,可以防止房地产企业发生违约风险,提升我国的银行业系统性风险。

第三,加强我国货币政策调控运用,贷款利率和基础货币余额的增长对银行业的系统性风险的影响都是显著的,贷款利率的上升会提高房地产企业的成本,降低房地产企业的投资热度,可以有效地降低我国银行业的系统性风险。

参考文献

曹廷求,张光利. 市场约束、政府干预与城市商业银行风险承担[J]. 金融研究,2011(2):3—14.

陈瑨. 在 BSV 模型下矫正投资者对信息的认知偏差[J]. 山西财经大学学报,2005,27(2):119—125.

陈玉婵,钱利珍. 货币政策与银行风险承担[J]. 金融论坛,2012,(4):14—20.

花贵如,刘志远,许骞. 投资者情绪,管理者乐观主义与企业投资行为[J]. 金融研究,2011,(9):178—191.

蒋海,王丽琴. 金融危机对资本充足率监管与银行风险承担激励的影响:基于我国上市银行的实证比较[J]. 产经评论,2011,(4):67—76.

孔兴国,卢嘉圆. 市场约束、商业银行治理与风险的实证研究[J]. 金融研究,2010,(5):102—105.

李宝仁,胡蓓,陈相因. 投资者情绪与股票收益的实证分析——基于上证投资者情绪综合指数[J]. 北京工商大学学报(社会科学版),2012,27(4):91—97.

刘志远,花贵如. 投资者情绪与企业投资行为研究述评及展望[J]. 外国经济与管理,2009,31(6):45—51.

刘志远,靳光辉,黄宏斌. 投资者情绪与控股股东迎合——基于公司投资决策的实证研究[J]. 系统工程,2012,30(10):1—9.

吕鹏博,雒庆举. 投资者情绪指标构建——一个研究 IPO 首日收益的新角度[J]. 山西财经大学学报,2010,32(3):55—61.

祁敬宇.关于房地金融创新及其监管问题的思考[J].商业时代,2009(30):87—88.

王秀国,谢幽篁.基于 CVaR 和 GARCH(1,1)的扩展 KMV 模型[J].系统工程,2012,30(12):26—33.

吴海燕,杨朝军.金融市场投资者情绪研究述评[J].现代管理科学,2012(2):12—15.

吴治民,高宇.后危机时代中国金融监管理念变革与政策调整[J].财经科学,2010(11):1—8.

熊虎,孟卫东,周孝华.基于 BSV 模型及其扩展的 IPO 价格形成机制[J].管理工程学报,2006,21(4):46—51.

徐明东,陈学彬.货币环境、资本充足率和商业银行风险承担[J].金融研究,2012,(7):48—62.

闫伟,杨春鹏.金融市场中投资者情绪研究进展[J].华南理工大学学报(社会科学版),2011,13(3):33—43.

易志高,茅宁,汪丽.投资者情绪测量研究综述[J].金融评论,2010,(3):115—121.

张玲,杨贞柿,陈收. KMV 模型在上市公司信用风险评价中的应用研究[J].系统工程,2004,22(11):84—89.

张强,张宝.货币政策传导的风险承担渠道研究进展[J].经济学动态,2011,(10):103—107.

张泽京,陈晓红,王傅强.基于 KMV 模型的我国中小上市公司信用风险研究[J].财经研究,2007,(11):31—40.

周潮.财政赤字、货币供应与金融稳定:基于中国的经验证据[J].上海金融,2009,(2):13—17.

Barberis,Nicholas,A. Shleifer and R. Vishny, A model of investor sentiment[J], Journal ofFinancial Economics,1998,49:307—343.

Bradford De Long, Andrei Shleifer. Noise trader risk in financial markets [J]. The Journal of Political Economy,1990,98(4):703—738.

Danie,l Kent, D. Hirshleifer and A. Subrahmanyam, Investor psychology and security market under-and overreactions[J],Journal of Finance, 1998,53:1839—1886

Hong,K. J.,"Conditional Value at Risk(COVAR)", in Satchell, S. E. (ed.), Quantitative Financial Risk Management:Fundamentals,Models and Techniques[D].The Business & Management Collection,2011.

Henry Stewart Talks Ltd,London. Kahneman,Tversky. Prospect theory:an analysis of decision under risk [J]. Econometrica,1979,47(2):263—292.

Mico Loretan. Economic models of systemic risk in financial systems[J]. Journal of Economics and Finance, 1996(7):147—52.

Philippe Gilles, Marie-Sophie Gauvin, Nicolas Huchet. Banking sector and monetary policy transmission: bank capital, credit and risk-taking channels [J]. Modern Economy, 2013,(4):77—86.

城市吸引力、劳动力流动与房地产风险
——基于空间面板计量模型的实证研究[*]

王建金[①]　王周伟[②]　崔百胜[③]

摘　要：本文构建数理模型，简要分析房地产需求与劳动力流动之间的关系，得出劳动力流动的影响因素对房地产需求的作用；在实证检验部分，先设计构造了城市吸引力和劳动力流动两个指数，建立空间面板计量分析模型，实证研究了它们对长三角25个城市的房地产风险变化的作用。结果表明，城市吸引力和劳动力流动人口的变化都会增加房地产风险，城市吸引力对房地产风险的作用要大于劳动力流动人口的作用。本文认为可以从城市的产业布局和户籍制度两个方面来化解房地产可能存在的风险。

关键词：城市吸引力；劳动力流动；房地产风险；户籍制度

一、引言

房地产风险一直都是学界讨论较多的问题。房地产的发展依托于城市的发展，有其特点，从区域视角来看，城市群具有的网络化与规模化效应，使得人口与经济形成多中心布局，中心地带房地产风险较低，外围城市人口向核心城

---

[*] 本文获得教育部人文社科研究项目《中国宏观审慎货币政策的调控机制研究》(项目号：11YJA790107)、《通货膨胀惯性、金融市场摩擦与结构性冲击——债务危机下DSGE模型的扩展与应用研究》(项目号：12YJC790020)、上海市教委科研创新重点项目《非正规金融对金融系统和区域经济影响的传导机制与冲击效应研究》(项目号：14ZS105)的资助。

[①] 王建金(1986.2—)，男，特聘助理研究员，上海师范大学房地产与城市发展研究中心，研究领域：城市经济与发展。

[②] 王周伟(1969.1—)，男，博士，副教授，上海师范大学房地产与城市发展研究中心，研究领域：城市经济与发展、区域金融管理。

[③] 崔百胜(1975.3—)，男，博士，副教授，上海师范大学商学院，研究领域：区域金融管理。

市转移,人口的大量流失令市场购买力弱化,从而城市房地产风险放大(克而瑞研究中心《城市房地产发展风险排行榜》,2013)。人口的大量流失不仅会带来房地产风险,还会带来城市经营的问题。人口流动至少带动着五个相互关联的资源流量:消费流、劳力流、资金流、物流和信息流(王国刚,2014),这些相互关联的资源流量常伴随着一个城市经济的衰退与繁荣。

有关房地产风险,目前国内外学者主要从微观资产投资的角度进行论述。Kaiser 和 Ronald 等(2008)从投资组合的角度谈房地产风险在投资中的影响;Edelstein 和 Konstantin 等(2013)则侧重投资信托对房地产风险的影响;Fisher(2005)研究了投资中商业地产的风险管理,这些文章编至从资产组合和个人投资视角讨论如何规避房地产风险和实现风险溢价。其次是房地产价格带来的风险研究,段忠东(2007)从通货膨胀及产出关系的角度,论述房地产价格的问题进而可能会引发经济过热和房价泡沫。再次是从房地产风险的识别、防范、管理等角度进行论述,王维安等(2005)从房地产区域风险扩散的角度来研究房地产风险,认为房地产市场区域风险通过资本跨地区流动从经济发达地区向经济欠发达地区扩散。

上述文献多是从微观视角或区域视角来讨论房地产风险问题,对比国外房地产的发展可以发现,房地产的兴衰无不与一个城市的发展密切相关。城市的繁荣吸引更多人的进入,衣食住行的需求消费就会增加,这其中必然伴随着房地产的发展。我们不禁要问,城市发展外溢的吸引力对房地产风险有影响吗?劳动力的流动对城市房地产风险有影响吗?现有文献并未太多涉及这些问题,而劳动力流动关系就业,城市发展关系经济发展,这将是城市化进程中不可回避的问题。基于此,本文重点研究了城市吸引力和劳动力流动对房地产风险的影响,使用空间计量方法中的面板模型对数据进行分析,同时考虑固定效应和随机效应,使得模型结果更为可靠。

二、理论模型

根据购房需求目的的不同,可以将房地产需求分为消费需求和投资需求(朱孟楠等,2011)。消费需求是为了满足购房者的居住需要,而投资需求是将房地产作为一种投资品以期从投资房地产中获得收益,投资者又分两类,一是购买后再出售,二是购买后用来出租。房地产市场上主要有三类经济主体,需求者、供给者(房地产开发商)和政府(中央政府和地方政府),本文的分析主要从消费者的角度研究住房需求,进而分析影响房地产的宏观因素。

（一）房地产需求模型

本文在朱孟楠等(2011)构建的住房模型基础上,加入劳动力流动行为模型得到新的模型。

1. 房地产消费需求

根据相关文献的分析结果,房地产消费需求函数可以设定为:

$$D^c = f(y, uc, R, \text{FP}, P, P^{ce}, M, \text{other})$$

$$f_y > 0, \quad f_{uc} < 0, \quad f_R > 0, \quad f_{\text{FP}} > 0, \quad f_P < 0, \quad f_{Pce} > 0, \quad f_M > 0 \quad (1)$$

其中,y 是消费者的收入,uc 是房地产的使用成本,R 是城市吸引力得分,FP 是劳动力流动量,P 是房地产价格,P^{ce} 是消费者预期的房地产价格,M 是购买房地产资金的可得性,other 是其他影响房地产需求的因素。

收入 y 提高会刺激房地产的消费需求,房地产使用成本 uc 上升将降低人们的房地产消费需求,劳动力流入量 FP 越大意味着对房地产的需求将增加,房地产价格 P 越高,人们会倾向于降低购房意愿;而预期房地产价格将进一步上涨,人们会选择在房地产价格上涨前买入。此外,购房资金的可得性增加都会刺激人们的购房需求。

2. 房地产投资需求

根据相关文献的分析结果,房地产投资需求函数可以设定为:

$$D^i = g(ic, R, \text{FP}, P^{ie}, m, \text{other})$$

$$g_{ic} < 0, \quad g_R > 0, \quad g_{\text{FP}} > 0, \quad g_{Pie} > 0, \quad g_m > 0 \quad (2)$$

其中,ic 是房地产的投资成本,R 是城市吸引力得分,FP 劳动力流动量,劳动力流入量越大意味着需要租赁房屋的人越多,房地产的投资需求越大,P^{ie} 是投资者预期房地产价格,m 是购买房地产资金的可得性,可得性越高越能刺激对房地产的投资,other 是其他一些影响因素。

房地产的总需求:

$$D = D^c + D^i \quad (3)$$

（二）房地产的总需求与劳动力流动人口

1. 收入与劳动力流动人口

Jones(1998)在经典的 Solow 经济增长模型的基础上,建立了含人力资本的扩展 Solow 模型,得出在稳态条件下,有效劳动收入与人口增长率负相关的结

论,即:

$$Y = K^{\alpha}(AH)^{1-\alpha} \qquad (4)$$

$$H = e^{\psi u}L \qquad (5)$$

其中,K 表示资本存量,H 表示将熟练劳动力折算为粗劳动力后的劳动力数量,e 表示自然对数,ψ 为大于 0 的常数,u 为大于 0 的常数。

稳态时有效人均劳动收入为:

$$\hat{y}^* = \left(\frac{s}{n+g+\delta}\right)^{\alpha/(1-\alpha)} \qquad (6)$$

2. 收入的中间传导路径

根据 Rousseau(1995)和 Henderson(2002)的研究,城市外来人口的增加,将增加城市的通勤成本和生活要素成本,使得居住在大城市的居民直接或间接承受更高生活成本,反过来生活成本又影响着劳动力的流动。当劳动力的收入远大于生活成本,城市具有吸引力,劳动力流入;当劳动力的收入仅能维持生活成本时,城市将不再具有吸引力,劳动力流失。

现有文献研究表明居民收入的增加会促使房地产价格的上涨(张夕琨、缪小林,2007;沈悦、张学峰,2011;马未,2014),即有:

$$\frac{\partial P}{\partial y} > 0 \qquad (7)$$

根据理性预期理论可知,当居民收入增加,人们预期未来房价将会上涨。因普通消费者和投资者从银行获得贷款的难度比较大,同时这部分在本文的分析中并非重点。本文的分析中假定资金的可得性不变。

综上可知,房地产需求的影响因素最后可归因于劳动力流动人口的动态影响,即:

$$D = D^c + D^i = v(\text{FP}, R) \qquad (8)$$

所有对劳动力流动人口有影响的因素都会直接或间接对房地产需求有影响,而劳动力的流动最终又受到一个城市吸引力的影响,城市对劳动力越有吸引力,劳动力人口流入越多,城市房地产的需求越大,房地产市场越活跃,这不仅会影响需求者的预期,也会影响供给者的预期。当房地产的供给小于需求房地产风险较小,当其供给大于需求则房地产风险较大,且随着供给的增大而增大;对于劳动力流失的城市,城市房地产的需求将变小,房地产市场不活跃,开发商回收资金的周期将变长,但房地产风险同样也要受到房地产供给和需求的影响。政策上来看,短期可以通过取消限购,刺激住房的消费需求来化解房地产风险;但长期需要从整个城市的发展和产业布局来化解可能因房地产供给过多而导致的风险。

三、实证结果分析

(一) 城市吸引力得分

本文在前人研究基础之上(赵永平等,2014;王慧英,2013),通过合理选取一些指标变量来测度一个城市对流动人口及现有居住人口的吸引力(如表1),进而可以衡量一个城市的发展潜力。

表1 城市吸引力综合测度指标体系

一级指标	二级指标	三级指标	指标经济意义	指向性
城市吸引力水平	经济总量	人均GDP(万元)	反映城市生活水平,人均GDP越来越大,城市吸引力越大	正向
		社会消费品零售总额(亿元)	反映经济景气程度的重要指标	正向
		固定资产投资(亿元)	城市未来发展的潜力	正向
		公共财政预算支出(亿元)	城市未来发展的潜力	正向
		进出口总额(亿美元)	参与国际贸易的水平	正向
	经济发展潜力	从业人数(万人)	测度城市的就业能力	正向
		人均可支配收入(万元)	反映城市生活水平	正向
		年末总人口(万人)	反映城市的规模	正向
		城市土地面积(平方公里)	反映城市的规模	正向
	经济结构	第一产业占GDP比重(%)	反映城市"三产"结构	逆向
		第二产业占GDP比重(%)	反映城市"三产"结构	正向
		第三产业占GDP比重(%)	反映城市"三产"结构	正向
	居住水平	家庭液化石油气使用量(吨)	生活便利程度	正向
		人均日生活用水量(升)	生活便利程度	正向
		园林绿地面积(万公顷)	生活环境质量	正向
		公交车数量(辆)	出行的便利度	正向
	教育医疗	医院卫生床位数(张)	城市的医疗情况	正向
		医生数(万人)	城市的医疗情况	正向
		高等学校在校学生(万人)	潜在的人力资本	正向
		公共图书馆藏书量(万册)	反映城市的文化底蕴	正向

借鉴赵永平等(2014)的研究方法,本文采用改进的熵值法通过消除主观因

素以确定权重来测度长三角 25 个地级城市的吸引力水平,数据主要来自 2005—2012 年长三角 25 个城市的统计年鉴以及《上海市统计年鉴》《江苏省统计年鉴》《浙江省统计年鉴》等。同时对数据进行了如下处理:

正向指标(指标值越大对系统越有利):

$$x_{ij} = \frac{\alpha_{ij} - \min\{\alpha_{ij}\}}{\max\{\alpha_{ij}\} - \min\{\alpha_{ij}\}} \quad (i = 1,2\cdots,m; j = 1,2\cdots,n)$$

逆向指标(指标值越小对系统越有利):

$$x_{ij} = \frac{\max\{\alpha_{ij}\} - \alpha_{ij}}{\max\{\alpha_{ij}\} - \min\{\alpha_{ij}\}} \quad (i = 1,2\cdots,m; j = 1,2\cdots,n)$$

计算第 i 个指标值在第 j 项指标下所占的比重 p_{ij}:$p_{ij} = \dfrac{x_{ij}}{\sum_{i=1}^{m} x_{ij}}$。

计算第 j 项指标的熵值 e_j:$e_j = -\dfrac{1}{\ln m}\sum_{i=1}^{m}(p_{ij}\ln p_{ij}), e_j \in [0,1]$。

计算第 j 项指标的差异性系 g_j:$g_j = 1 - e_j$。

计算第 j 项指标的权重 w_j:$w_j = \dfrac{g_j}{\sum_{j=1}^{n} g_j}$。

计算各评价对象的综合得分 H_i:$H_i = \sum_{j=1}^{m} w_j \alpha_{ij}$。

最终测算的结果如表 2 所示。

表 2　长三角 25 城市 2005—2012 年城市吸引力综合得分

	2005	2006	2007	2008	2009	2010	2011	2012
上海市	1700.9	1748.5	1835.1	1916.4	1962.4	2088.0	2150.4	2206.7
南京市	574.89	595.38	639.53	681.49	727.99	698.61	862.62	908.17
无锡市	284.71	298.30	317.26	347.01	358.80	385.01	473.47	503.56
徐州市	183.22	204.16	213.78	230.92	245.01	343.14	390.35	406.21
常州市	223.13	215.25	235.33	251.71	294.24	295.26	363.32	386.53
苏州市	278.29	316.64	350.68	377.92	396.97	503.22	619.82	815.02
南通市	129.42	130.40	133.33	144.43	211.74	219.44	268.07	292.17
连云港市	87.80	90.85	105.46	120.83	126.79	142.94	160.14	176.19
淮安市	187.72	192.61	204.26	218.58	229.21	245.02	264.35	284.15
盐城市	130.24	135.69	149.31	156.17	503.76	197.47	218.98	231.81

(续表)

	2005	2006	2007	2008	2009	2010	2011	2012
扬州市	135.85	128.04	137.35	147.36	159.00	171.43	271.70	289.88
镇江市	113.41	118.85	125.55	137.14	148.70	157.21	182.59	195.83
泰州市	63.45	64.77	69.30	82.64	87.18	127.67	145.95	151.59
宿迁市	123.53	128.73	135.18	140.22	145.71	168.94	184.61	197.25
杭州市	495.93	517.46	656.21	704.49	744.36	775.06	840.43	897.83
宁波市	416.12	441.19	476.28	529.63	566.98	602.91	625.99	727.21
嘉兴市	174.83	192.91	209.88	234.08	257.02	283.96	305.12	326.47
湖州市	154.61	165.55	173.30	184.98	207.47	210.87	222.80	230.43
绍兴市	156.80	170.51	180.67	201.80	223.44	249.72	269.02	291.40
舟山市	83.45	89.00	96.57	106.70	115.31	122.42	132.26	140.82
温州市	257.28	271.24	291.75	312.95	333.60	361.20	419.46	471.01
金华市	214.69	238.34	253.73	271.03	279.47	294.42	301.94	333.45
衢州市	154.81	158.39	171.07	178.86	176.10	182.99	195.46	203.80
台州市	201.40	214.76	225.46	239.33	258.36	277.39	298.68	323.86
丽水市	109.32	113.99	116.79	123.08	129.15	134.70	144.16	152.56

数据来源：2005—2012年《上海市统计年鉴》《江苏省统计年鉴》《浙江省统计年鉴》以及各省统计年鉴。

（二）房地产风险的度量

研究房地产风险的文献比较多，对如何衡量房地产历来争论比较多，国内和国外在衡量方法上也有较多不同，本文在借鉴前人的基础上（肖泽群等，2009）从需求角度来衡量房地产风险，如下表：

表3　房地产风险的衡量指标

一级指标	二级指标	指标经济意义	指向性
房地产购买风险	房屋售价与房屋竣工造价之比	房地产泡沫程度	正向
	城镇人均住房消费支出占人均消费性支出的比重	居民住房承受能力	逆向
	城镇人均住宅固定资产投资（元/人）	房地产泡沫程度	正向
	城镇房价比	房地产泡沫程度	正向
	房价增速与收入增速之比	房地产泡沫程度	正向
	人均住宅竣工面积（平方米/人）	衡量房地产潜在风险	正向
	人均住宅销售面积（平方米/人）	衡量房地产潜在风险	逆向

注：城镇房价比是由城镇住宅平均售价与城镇人均住宅面积之积除以城镇人均可支配收入所计算而来的。

通过选取指标,对 2005—2012 年长三角地区 25 个城市的 7 个指标数据进行因子分析,得出房地产风险的综合得分(表 4),得分越高意味着房地产风险越大。

表 4　2005—2012 年长三角地区 25 城市房地产风险综合得分

	2005	2006	2007	2008	2009	2010	2011	2012
上海市	3767.8	4124.2	4642.0	4932.0	5275.3	5122.3	4571.5	4534.6
南京市	2600.3	2768.9	3175.2	3735.1	4470.8	5187.2	7038.0	7535.1
无锡市	2112.8	2477.4	2860.4	3261.3	3988.8	4321.5	5595.7	6033.4
徐州市	390.8	518.5	553.4	790.3	922.5	1400.3	1629.4	1918.1
常州市	1853.0	2035.1	2496.1	2990.5	3803.2	4576.7	6426.3	6847.2
苏州市	1500.4	1668.7	1808.6	1929.5	2203.3	2360.8	3431.8	4984.5
南通市	301.3	370.5	467.4	591.4	974.8	1147.0	1661.8	1921.2
连云港市	432.3	511.2	590.4	760.4	869.1	1036.5	1129.2	1359.6
淮安市	454.6	546.7	663.1	835.8	1093.8	1244.6	1468.2	1708.4
盐城市	225.2	325.9	406.9	475.6	58.1	653.9	775.4	912.4
扬州市	554.7	634.3	758.4	933.6	1043.1	1139.4	2546.6	2969.4
镇江市	1084.1	1203.2	1392.0	1729.4	2211.8	2567.1	3451.9	4080.7
泰州市	313.1	489.7	646.4	771.3	916.6	913.4	1062.9	1230.8
宿迁市	168.8	217.4	325.2	361.3	476.7	595.7	738.8	930.5
杭州市	3039.4	3153.1	3597.6	4113.8	4700.4	5435.9	5706.1	6545.2
宁波市	3437.9	3855.5	4062.9	4322.3	4919.1	5197.8	3622.6	6185.5
嘉兴市	3044.4	3427.9	3836.3	4230.3	5089.1	5926.5	5554.5	5870.1
湖州市	2338.6	2675.8	2554.6	2888.5	3455.8	3769.9	3949.0	4575.5
绍兴市	2250.0	2529.4	2777.5	2976.8	3378.0	3861.7	4151.3	4813.2
舟山市	2410.7	3260.1	4152.8	4983.5	5802.8	5818.6	6286.2	7231.6
温州市	1045.9	1228.8	1384.7	1396.6	1508.4	1602.5	2472.8	3248.1
金华市	1619.0	1597.4	1695.3	1810.9	1922.9	2256.9	2356.6	2950.6
衢州市	1329.1	1594.6	1838.7	2063.9	2330.2	2610.4	2559.8	2759.1
台州市	1391.2	1589.8	1836.5	1882.2	2024.3	2219.7	2202.4	2592.8
丽水市	1141.0	1264.8	1341.7	1384.3	1520.7	1679.4	1827.0	2214.9

数据来源:2005—2012 年《上海市统计年鉴》《江苏省统计年鉴》《浙江省统计年鉴》、各省统计年鉴以及 wind 数据库。

（三）空间权重选择及相关性检验

长三角 25 个城市在文化上相似地理上相接。距离远近对经济的影响比较大，所以本文采用简单二分权重矩阵，遵循 Rook 相邻规则，即两个地区拥有共同边界则视为相邻。用"0—1"表示空间权重赋值，"1"表示空间单元相邻、"0"表示空间单元不相邻，即 $W_{ij} = \begin{cases} 0, & i\text{ 地区与 } j \text{ 地区相邻} \\ 1, & i\text{ 地区与 } j \text{ 地区不相邻} \end{cases}$

通常，建立空间经济计量模型之前需要检验变量之间的空间相关性是否存在，主要的检验方法包括 Moran's I 检验、最大似然 LM-Error 检验以及最大似然 LM-Lag 检验等（Anselin,1988）。本文的检验方法采用学界常用的 Moran's I 检验。检验结果如下图：

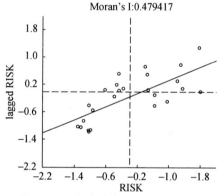

图2　2008 年房地产风险空间相关图

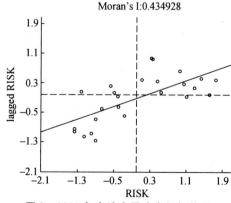

图3　2012 年房地产风险空间相关图

Moran's I 检验可以看作是观测值与它空间滞后之间的相关系数。Moran's I

的取值一般在 -1 到 1 之间,大于 0 表示正相关,值接近 1 时表明具有相似的属性集聚在一起;小于 0 表示负相关,值接近 -1 时表明具有相异的属性集聚在一起。如果 Moran's I 接近于 0,则表明属性是随机分布的,或不存在空间自相关。由上图 2 和图 3 可以知道,无论是 2008 还是 2012 年,Moran's I 值都超过 0.4,25 城市的房地产风险存在空间正相关性。故本文认为,使用空间计量模型进行实证分析比较合理。

(四) 空间计量模型设定

由于房地产风险不仅对本地区有影响,而且对周边城市也会有溢出效应,同时劳动力的流动存在明显的扩散现象,为了更好地分析劳动力流动对房地产风险在空间上的影响,本文选用空间自回归模型(SAR)和空间误差模型(SEM),空间自回归模型主要探讨一个地区是否存在溢出效应或扩散现象(陈海波、张悦,2014),空间误差模型主要考察的是存在于误差扰动项中的空间依赖作用,探讨的是邻近地区对变量误差的影响在多大程度上影响本地区的观测值。

SAR 面板模型表达式为:

$$\text{Risk}_{it} = \rho W_{ij}\text{Risk}_{jt} + \alpha \text{FP}_{it} + \beta R_{it} + \xi_{it} + \varepsilon_{it}, \quad \varepsilon_{it} \sim N(0, \sigma^2 I_n) \quad (9)$$

SEM 面板模型表达式为:

$$\text{Risk}_{it} = \alpha \text{FP}_{it} + \beta R_{it} + \xi_{it} + \varphi_{it}, \quad \varphi_{it} = \lambda \sum_{j=1}^{N} W_{ij}\varphi_{it} + \varepsilon_{it}, \quad (10)$$

其中 i,t 分别为截面维度和时间维度,ξ 表示空间个体效应。根据前文分析,房地产风险综合得分(Risk)为被解释变量,流动人口(FP)、城市吸引力综合得分(R)为解释变量。数据均来自《上海市统计年鉴》《江苏省统计年鉴》《浙江省统计年鉴》,以及各省统计年鉴的 2005—2012 年数据,城市吸引力得分与房地产风险得分是通过熵值法计算得出。表 5 给出了空间面板计量结果。

表 5 劳动力流动与房地产风险的空间面板计量结果

变量	空间自回归模型	空间误差模型	空间误差模型
	随机效应	固定效应	随机效应
R	0.4285***	0.3567***	0.4054***
	(23.8767)	(10.0360)	(29.5550)

（续表）

变量	空间自回归模型	空间误差模型	空间误差模型
FP	0.1014** (5.0883)	0.1165** (8.7423)	0.0905** (10.9504)
W * dep. var	-0.1270 (-1.3081)	—	—
spat. aut.	—	-0.5730** (-5.6756)	-0.4311* (-2.7460)
teta	0.3518** (5.2237)		0.8352* (2.9965)
sigma^2	730.8752	699.4167	778.3030
R^2	0.9752	0.9793	0.9735
Corrected R^2	0.9559	0.7948	0.9527
Log-likelihood	-963.4916	-917.0536	-959.6558
LR-test	136.4927 $P=0.0000$	229.3685 $P=0.0000$	144.1641 $P=0.0157$
Hausman test	-23.4149 $P=0.0000$	—	86.3631 $P=0.0000$

注：括号内为 t 值，***、**、* 分别表示1%、5%、10%显著水平。

空间向量自回归模型主要考察被解释变量在子区域的空间相关性，探讨一个地区是否存在溢出效应或扩散效应。如计量结果所示，城市吸引力的回归系数为0.4285且在1%水平下显著，表明城市吸引力的增大也会带来房地产风险的增大，劳动力流动的回归系数为0.1015，表明劳动力流动的增大同样会带来房地产风险的增大，W * dep. var 并没有通过检验，表明空间滞后变量对房地产风险的作用并不存在或作用不强。

空间误差模型主要考察的是存在于误差扰动项中的空间依赖作用，探讨的是邻近地区对变量误差的影响在多大程度上影响本地区的观测值。由于本文的样本局限于特定个体，且不需要通过个体性质来推断总体性质，所在 SEM 模型中采用固定效应模型更为合适。计量结果表明，城市吸引力的回归系数为0.3567在1%水平下显著，表明城市吸引力的增大也会带来房地产风险的增大，劳动力流动的回归系数为0.1165，表明劳动力流动的增大同样会带来房地产风险的增大。在两模型中，R^2 和 Corrected R^2 都比较显著，虽然 R^2 和 Corrected R^2 在空间计量中并非一个有效的衡量标准，但还是可以侧面说明模型是合适的。在检验中，无论是 LR-test 还是 Hausman test 都能很好地通过检验。

实证结果表明，房地产风险、城市吸引力与劳动力流动之间有显著的线性关系。同时,城市吸引力和劳动力流动对房地产风险都有正向的作用。这也说明城市吸引力和劳动力流动所引起的房地产活跃程度对房地产供给的预期作用大于对房地产需求的预期作用。具有吸引力的城市自然会有大量就业人口流入,政府和房地产企业也会理性预期到会有更多劳动者涌入城市,于是政府会有更多固定投资流向房地产,无形中会增加房屋的供应量,而房地产的消费需求和投资需求都是一个短期过程,受消费群体和年龄结构以及城市的产业布局影响比较大。当房地产的供给大于需求而房屋价格又存在刚性时,就会导致房地产风险的发生。

四、结论与相应政策建议

(一) 结论

本文基于构建的城市吸引力指标和房地产风险指标,实证分析了房地产风险的影响因素。结果表明,城市吸引力和劳动力流动人口两个指标都会增加房地产风险,城市的吸引力对房地产风险的作用要大于劳动力流动人口的作用,同时城市吸引力侧重长期的作用,而劳动力流动侧重短期的作用。

(二) 相应政策建议

1. 房地产市场是一个容易诱发投机和泡沫的市场,这需要政府在充分发挥市场机制作用的前提下,利用适当的、长效的经济手段来干预与规范市场(杜雪君等,2009)。从长远来看,政府应该更多在城市基础建设上、生活环境上增加投入,以增加城市的吸引力,进而增加城市的活力。同时合理布局产业结构,改变当前过度依赖房地产投资来拉动就业和城市发展,而导致房地产供给过量的问题。

2. 当前的户籍制度在某些方面阻碍了人口的流动,劳动者最大的选择权就是用脚投票,因为户籍的问题留不下或者走不了,就将阻碍劳动力的流动以及依附在劳动者身上的福利待遇的流动,户籍制度的优化和调整,让人们能够更自由地进行移动,让他们和他们家庭在更加合适的地方落户(英卓华,2014)。让人口更顺畅地流动,并且以更加人性化的政策留住人,让更多流动人口变成户籍人口,对化解房地产风险也将起到促进作用。

参考文献

陈海波,张悦.外商直接投资对江苏区域经济影响的实证分析——基于空间面板模型[J],国际贸易问题,2014(7):62—71.

杜雪君,黄忠华,吴次芳.房地产价格、地方公共支出与房地产税负关系研究——理论分析与基于中国数据的实证检验[J],数量经济技术经济研究,2009(1):109—119.

段忠东.房地产价格与通货膨胀、产出的关系——理论分析与基于中国数据的实证检验[J],数量经济技术经济研究,2007(12):127—139.

克而瑞研究中心:城市房地产发展风险排行榜,[EB/OL],http://news.dichan.sina.com.cn.

马未.房地产价格VAR模型的实证研究[J],枣庄学院学报,2014(32—2):106—111.

沈体雁,冯等田,孙铁山.空间计量经济学[W],北京:北京大学出版社,2010年版.

沈悦、张学峰.住宅价格、居民收入及住房支付能力稳定性——基于2000—2009年35个大中城市异质面板的实证[J],山西财经大学学报,2011(3):48—56.

王国刚.消费结构升级是新型城镇化的基本内涵[N],上海证券报,2014年6月17日.

王慧英.纳入民生改善的我国特大城市发展指数研究——以北京为例,经济问题探索[J],2013(1):41—45.

王维安,贺聪.基于价格领导模型的房地产区域风险扩散研究[J],数量经济技术经济研究,2005(6):116—124.

肖泽群,程德理,肖万春.基于核主成分子的我国房地产风险分析[J],经济研究导刊,2009(35):67—69.

英卓华.城镇化把人作为改革出发点[N],新华日报,2014年4月30日.

张夕琨,缪小林.我国房地产价格与居民可支配收入关系的实证分析[J],昆明理工大学学报,2007(32—3):104—113.

赵永平,徐盈之.新型城镇化发展水平综合测度与驱动机制研究——基于我国省际2000—2011年的经验分析[J],中国地质大学学报,2014(14—1):116—124.

朱孟楠,刘林,倪玉娟.人民币汇率与我国房地产价格——基于Markov区制转换VAR模型的实证研究[J],金融研究,2011(5):58—71.

Edelstein, Robert H, Magin, Konstantin, The equity risk premium for securitized real estate: the case for U.S. real estate investment trusts[J], Journal of Real Estate Research, 2013, Vol. 35(4):393—406.

Henderson, V., Urbanization in developing countries, The World Bank Research Observer, 2002, Vol. 17:89—111.

Jeffrey D. , Fisher, New strategies for commercial real estate investment and risk management[J], Journal of portfolio Management Special Real Estate Issue, 2005, Vol. 32:154—161.

Kaiser, Ronald W. Clayton, Jim, Assessing and managing risk in institutional real estate investing [J], Journal of Real Estate Portfolio Management, 2008:287—306.